PLUTARQUE.

LIVRES d'Education du même Auteur, qui se trouvent chez le même Libraire.

Histoire de France à l'usage de la Jeunesse, depuis l'établissement de la monarchie jusqu'au 1er juillet 1820, avec des leçons explicatives de chaque règne et de chaque époque intéressante de cette histoire, cinquième édition, par M. de Propiac; 2 forts vol, in-12, avec portraits, fig. et carte. . . . . 6 fr.

Histoire sainte, à l'usage de la Jeunesse, depuis le commencement du monde jusqu'à la destruction de Jérusalem par Tite, contenant l'histoire de l'Ancien et du Nouveau Testament; par M. Propiac, deuxième édition, 2 forts vol. in-12, ornés de 8 gravures en taille-douce. . . . . 6 fr.

Histoire d'Angleterre, d'Écosse et d'Irlande, à l'usage de la Jeunesse, ornée de 14 planches en taille-douce, et du portrait du roi d'Angleterre George III; par le même auteur. Seconde édit.; 2 forts vol. in-12. . . 6 fr.

Plutarque des jeunes Demoiselles, ou *Abrégé des Vies des femmes illustres de tous les pays*. Quatrième édition, avec portraits; par le même auteur; 2 forts volumes in-12. . . . . 6 fr.

Morceaux choisis de l'Histoire Ecclésiastique de l'abbé Fleury; par l'auteur du *Rollin de la Jeunesse*; 2 vol. in-12 portraits. . . . . 6 fr.

Abrégé de l'Histoire d'Espagne de don Thomas d'Yriarte, traduit de l'espagnol par Ch. Brunet, suivi d'une description géographique de l'Espagne et du Portugal; 1 vol. in-12, ouvrage pour servir à l'éducation de la Jeunesse. . . . . 3 fr.

Buffon (le) des Écoles, ou *Histoire Naturelle* mise à la portée de la Jeunesse, et rangée d'après la méthode de Linnée; traduit de l'anglais de W. Mowor; deuxième édition, entièrement revue et augmentée; par M. Breton, traducteur de la *Bibliothèque Géographique de Campe*; 2 forts vol. in-12, ornés de 132 figures en taille-douce. . . . . 7 fr. 50 c.

IMPRIMERIE DE J. M. CHAIGNIEAU FILS,
rue des Vieux-Augustins, n° 8.

PLUTARQUE,

OU

ABRÉGÉ DES VIES

DES HOMMES ILLUSTRES

DE CE CÉLÈBRE ÉCRIVAIN,

AVEC

DES LEÇONS EXPLICATIVES DE LEURS GRANDES ACTIONS;

Ouvrage élémentaire, destiné à l'usage des jeunes personnes de l'un et de l'autre sexes, et adopté pour les Bibliothèques des Colléges;

PAR DE PROPIAC.

CINQUIÈME ÉDITION.

TOME PREMIER.

A PARIS,

CHEZ GÉRARD, LIBRAIRE, RUE POUPÉE, N° 11.

1826.

NOTICE

SUR

PLUTARQUE.

PLUTARQUE naquit à Chéronée (1), proche de Lébadie, petite ville de Béotie, assez renommée dans la Grèce par

---

(1) L'année de la naissance de Plutarque n'est pas précisément connue; mais comme il nous apprend lui-même qu'il écoutait les leçons du philosophe Ammonius, à Delphes, pendant le voyage que Néron fit en Grèce, la douzième année de son règne, correspondant à l'an 66 de l'ère chrétienne, et qu'il est probable que Plutarque devait avoir alors dix-sept ou dix-huit ans, on peut en conclure que ce célèbre écrivain est né l'an 47 ou 48 de l'ère chrétienne.

plusieurs batailles dont parlent les historiens, entre autres, par celle de Philippe de Macédoine contre les Thébains et les Athéniens.

L'aïeul de Plutarque se nommait Lambrias, son bisaïeul Nicharchus. Son père fut un célèbre philosophe dont le nom n'est point parvenu jusqu'à nous.

Plutarque eut deux frères; Timon et Lambrias. Élevé comme eux dans les lettres par Ammonius, Égyptien de nation, il les surpassa promptement, parce qu'il avait plus d'intelligence et plus d'aptitude au travail.

Dès qu'il eut acquis les premières connaissances en littérature, dès qu'il fut imbu de tous les principes de la science, il partit dans le dessein de visiter les villes de la Grèce, et principalement Athènes, où la philosophie avait d'illustres partisans. Ensuite il se rendit en Égypte, pour pénétrer les mystères de la théologie, et à Sparte, pour s'instruire dans l'art de gouverner sagement les républiques.

Il est à remarquer que, dans ces différens voyages, rien n'échappait à ses observations : médailles, inscriptions, peintures, tableaux, statues, épigrammes, épitaphes, il recueillait tout avec la plus scrupuleuse attention. Aussi revint-il dans sa patrie chargé d'un trésor immense, dont il enrichit bientôt toute la Grèce en publiant ses ouvrages.

Les uns attribuent à son ambition, les autres aux tendres importunités de son ami Sossius Senecion, le voyage qu'il fit à Rome, ville qui offrait alors *un abrégé du monde entier*. Mais, quel que fût le motif qui l'y conduisit, il n'eut pas lieu de s'en repentir, puisque son école de philosophie fut aussitôt suivie par une foule de Romains, puisque sa réputation lui mérita l'estime et l'amitié de Trajan, qui le choisit pour son précepteur. Peut-on s'étonner maintenant que cet empereur ait acquis tant de gloire ? Plutarque lui apprit à régner sur les hommes en le forçant de régner sur lui-même. Trajan, il est vrai, en fut reconnaissant ; il éleva son maître à la dignité consulaire, et lui donna un pouvoir absolu sur l'Illyrie.

Après la mort de cet empereur, Plutarque, déjà fort avancé en âge, retourna à la petite ville de Chéronée, où sa conduite dans les affaires publiques le fit nommer prêtre d'Apollon. Cette place ne le détourna point de ses travaux ; ce fut au contraire à cette époque, et malgré son grand âge, qu'il acheva son *Histoire des Hommes illustres*. Il fit encore quelques ouvrages sur la philosophie, et mourut dans une extrême vieillesse, riche d'honneurs, de biens et de réputation. Le peuple romain, qui le regrettait aussi amèrement que ses concitoyens, lui éleva, par ordre du sénat, une statue sur laquelle étaient écrits trois distiques grecs, que l'on peut traduire ainsi :

> Plutarque, les neveux des braves Ausoniens,
> Par ce juste tribut honorent ta mémoire.
> Des Romains belliqueux et des fiers Eoliens
> Tu comparas les traits, le courage, la gloire;
> Mais toi, dont le talent est sublime, divin,
> A qui te comparer? Il n'est pas d'écrivain
>   Qui te dispute la victoire.

A toutes les vertus publiques ce grand homme joignait encore les vertus privées; fils aimant, bon frère, époux fidèle, tendre père, excellent maître, l'admiration que les chefs-d'œuvre de son esprit inspiraient était souvent balancée par celle que l'on devait aux qualités de son cœur : la naïveté, le ton de franchise qui règnent dans ses ouvrages ne semblent-ils pas l'annoncer? Il est agréable pour la postérité de trouver dans le même homme un modèle parfait de talens et de vertus.

LE PLUTARQUE
DE
LA JEUNESSE.

THÉSÉE.

(Avant la fondation de Rome, 478. Avant J. C., 1228.)

Thésée eut pour père Égée, et pour mère AEthra, fille de Pithée. Du côté paternel, il descendait de l'ancien Érechthée et des premiers habitans de l'Attique. Du côté maternel, il était issu de Pélops, qui fut le plus puissant de tous les rois du Péloponèse, non-seulement par ses richesses, mais encore par le nombre de ses enfans, qu'il trouvait moyen d'appeler à ses divers gouvernemens.

Thésée reçut le jour à Trézènes : son origine fut long-temps un mystère dans cette ville. Pithée fit d'abord courir le bruit qu'il était fils de Neptune, dieu révéré des Trézéniens : Thésée le croyait lui-même ; mais AEthra, sa mère, se hâta de le désabuser. Dès qu'elle vit qu'il réunissait la force du corps à la grandeur d'ame, et le courage à la prudence, elle le conduisit près d'une pierre énorme par sa grosseur ; et là, après lui avoir découvert le secret de sa naissance, elle dit : « Egée a » caché sous cette pierre une épée et des souliers » qui t'appartiennent si tu peux les prendre ». A ces mots, Thésée leva la pierre, et s'empara du dépôt sacré de son père. « Maintenant, poursuivit » Æthra, pour obéir aux ordres d'Egée, il faut » que tu te rendes secrètement à Athènes. Le » moyen le plus sûr pour y arriver sans danger » est d'y aller par mer ». Thésée, qu'enflammaient depuis long-temps les belles actions et la gloire d'Hercule, son parent, méprisa les dangers dont sa mère le menaçait pour l'effrayer, et voulut aller par terre à Athènes. A l'instar d'Hercule, il désirait de trouver l'occasion d'exterminer les brigands et les monstres qu'il rencontrerait sur son chemin. Il partit donc de Trézènes dans la ferme résolution de n'attaquer personne, mais d'agir en héros.

La première victime de son généreux courage fut un voleur nommé *Périphétès*, qu'il combattit, et à qui il fit mordre la poussière ; il fut si fier de cette victoire, qu'il porta la massue de cet ennemi comme Hercule porta la peau du lion. Sortant des terres d'Épidaure, après avoir passé le détroit du Péloponèse, il fit mourir Synnis, *le Ployeur de pins*. A Crommyon, il tua une laie, autrement nommée *la Phaye*, monstre aussi dangereux que difficile à vaincre. A l'entrée du territoire de Mégare, il précipita dans la mer l'insolent Scyrron, qui ordonnait aux étrangers de lui laver les pieds, et les jetait du haut des rochers pendant qu'ils s'abaissaient à de pareils soins. Dans la ville d'Éleusine, il lutta contre Cercyon l'arcadien, et lui donna la mort. A Hermione, il tailla le géant Damastès, surnommé *Procruste*, à la mesure de son lit, supplice que ce barbare faisait endurer aux passans. D'Hermione il arriva sur les bords du Céphise, où la famille des Phytalides vint au-devant de lui, le combla d'honneurs, et le purifia avec toutes les cérémonies accoutumées. Ce fut le seul endroit, la seule maison, où, pendant son voyage, il reçut un bon accueil.

On pense que Thésée entra dans Athènes le 8 du mois d'août, nommé alors *Cronius*. La ville était livrée aux troubles, et le palais du roi aux plus grands désordres, parce qu'Égée vivait scandaleusement avec Médée, bannie de Corinthe. Thésée crut donc devoir cacher son nom, sa naissance, et se présenter comme étranger; mais Médée était avertie de son arrivée et de ses desseins. Dès-lors elle résolut de l'empoisonner dans un repas, et persuada même au roi d'être du complot. Égée y consentit : il fit inviter celui qu'il ignorait être son fils au festin qu'on avait coutume d'offrir aux étrangers. Thésée se rendit à l'invitation. Interrogé, en entrant, sur son rang, sa famille, il ne répondit rien ; mais, voulant être remarqué de son père, il tira son épée, comme pour couper les viandes. Égée reconnut aussitôt l'arme qu'il avait cachée sous le roc ; il renversa le poison, nomma son fils, courut dans ses bras, convoqua une assemblée générale, et présenta son successeur aux Athéniens, qui témoignèrent la joie la plus vive.

A peine Thésée fut-il reconnu véritable héritier du royaume, que les fils de Pallas, qui avaient espéré de succéder à Égée, murmurèrent hautement, prirent les armes, et résolurent de combattre le roi et son prétendu fils. A cet effet, ils se divisèrent en deux troupes; mais un héraut nommé *Léos*, du bourg d'Agnus, découvrit à Thésée cette secrète entreprise. Thésée, profitant de son avis, alla surprendre la troupe qui était en embuscade, et la passa au fil de l'épée; l'autre, conduite par Pallas, se dispersa dès qu'elle apprit cette défaite.

Après cette action courageuse, Thésée, afin de ne pas rester oisif, et de s'attirer l'amour du peuple, partit pour combattre le taureau de Marathon, qui faisait beaucoup de mal aux habitans de la contrée nommée *Tétrapole*; il le dompta, le prit tout vivant, et, l'ayant fait passer au travers de la ville, il le sacrifia en l'honneur d'Apollon Delphien.

Peu de temps après ce nouvel exploit, les ambassadeurs du roi Minos vinrent, pour la troisième fois, demander les sept jeunes filles et les sept jeunes garçons qui, suivant les conditions de la paix (1), devaient être livrés pour être dévorés par le Minotaure (2), ou enfermés dans un laby-

---

(1) Androgéos, fils de Minos, ayant été assassiné dans l'Attique, son père y avait porté le fer et la flamme. Les dieux, d'accord avec lui, avaient désolé ce pays par tous les fléaux, la peste, la famine, et le dessèchement des rivières. Les Athéniens, d'après l'oracle d'Apollon, s'étaient soumis à la volonté de Minos, qui leur avait imposé ces conditions.

(2) Monstre horrible, moitié homme, moitié taureau.

rinthe pour y mourir de faim s'ils n'en trouvaient pas l'issue. Les plaintes contre Égée éclatèrent de nouveau de la part des Athéniens, qui se voyaient contraints de tirer au sort pour livrer leurs enfans : ils allèrent jusqu'à dire au roi qu'il devait plutôt consentir au sacrifice de l'enfant illégitime à qui il destinait sa couronne.

Ces reproches suffirent à Thésée pour lui inspirer un nouveau trait d'audace. Il s'offrit volontairement pour victime, sans daigner consulter le sort ; et, malgré la douleur de son père, il se mit à la tête de ceux que le destin avait frappés, descendit avec eux du Prytanée, alla au temple Delphien offrir à Apollon le rameau d'olivier, fit sa prière, et s'embarqua. Égée, tout en pleurs, eut à peine le temps de donner au pilote une voile blanche, en lui enjoignant de la hisser à son retour si son fils était échappé, sinon de revenir avec la voile noire, pour lui apprendre de loin ou son bonheur, ou son malheur.

Bientôt Thésée arriva en Crète. A peine y fut-il entré qu'Ariadne, fille du roi Minos, devint éperduement amoureuse de lui. On prétend que c'est à cet amour qu'il dut son salut, parce qu'Ariadne lui donna un peloton de fil, et lui enseigna tous les moyens de s'en servir pour se tirer des détours du labyrinthe. Une fois sorti de ce cachot, il tua le Minotaure ; et après avoir brûlé les vaisseaux qui se trouvaient dans le port, après avoir tué le capitaine Taurus qui voulait s'opposer à son départ, il quitta la Crète, emmenant avec lui Ariadne et tous les jeunes Athéniens qui, sans son dévouement, eussent perdu la vie.

Échappé à tant de dangers, Thésée reprit la route d'Athènes. En passant par Délos, il s'y arrêta pour y faire, en l'honneur d'Apollon, un sacrifice qui fut suivi d'une danse encore en usage chez les Déliens. Dans cette danse on imitait les tours et les détours du labyrinthe. Ce fut aussi à Délos qu'à la suite des jeux on donna pour la première fois aux vainqueurs une branche de palmier.

Après ce sacrifice, Thésée ne désira plus que de revoir Athènes; il fut bientôt satisfait: les côtes de l'Attique ne tardèrent pas à s'offrir à ses regards; mais la joie que le pilote et lui en ressentirent, leur fit commettre un oubli qui eut des suites funestes: ils ne pensèrent pas à mettre la voile blanche, signal qu'Égée attendait si impatiemment. Ce malheureux père, ne voyant que la voile noire, se précipita de la cime du rocher sur lequel il était monté, et se tua.

Thésée, ignorant un pareil malheur, s'empressa, dès qu'il fut entré dans le port de Phalère, d'envoyer un héraut à son père pour lui apprendre son arrivée. Le héraut trouva les Athéniens plongés dans l'affliction. Il revint aussitôt annoncer avec douleur la fin terrible du roi d'Athènes. Thésée se livra au plus sincère désespoir; et, hâtant ses pas vers la ville, il fut rendre sur-le-champ à son père les plus grands honneurs.

La mort du roi le rendit tout-à-coup maître de l'empire; mais loin d'être enorgueilli par l'éclat du diadème, il conçut le plus rare dessein: il rassembla dans une seule ville tous les habitans de l'Attique, leur proposa une forme de gouvernement populaire qui ne reconnaîtrait point de roi, et où il ne se réserverait que la surintendance de la guerre et l'exécution des lois, laissant au peuple une égale autorité. Ce projet trouva beaucoup de partisans dans la classe peu fortunée, mais beaucoup de contradicteurs parmi les gens qui gouvernaient dans les bourgs; cependant ils se soumirent de bonne volonté, dans la crainte d'être obligés de céder à la force. Thésée supprima donc tous les juges et officiers des bourgs; il fit démolir tous les palais, toutes les salles de conseils élevés çà et là, ordonna qu'on bâtît un édifice qui serait commun à tous les citoyens; ensuite il donna à cette nouvelle ville le nom d'*Athènes*, et y institua un sacrifice général, que pour cette raison il nomma *les panathénées*. Tout cela exécuté, il déposa sur-le-champ l'autorité royale, et ne s'occupa plus de ce moment que du bien de la chose publique.

Son premier soin fut de peupler, d'augmenter la ville, d'y appeler les étrangers, en leur offrant les mêmes droits et les mêmes priviléges qu'aux autres citoyens; et, dès qu'il vit accourir une multitude de gens attirés par ses promesses, il s'occupa, pour empêcher une confusion funeste, de les distribuer en trois classes: la première, des nobles; la seconde, des artisans; la troisième, des laboureurs. Les nobles furent chargés de la surveillance du culte, de l'interprétation des lois, et de l'enseignement des choses divines et humaines. Ces grandes fonctions ne détruisaient pas l'égalité qui devait exister entre les trois états; car si la noblesse avait plus de droits, les artisans imposaient par le nombre, et les laboureurs étaient respectables par leur utilité.

Il fit battre une monnaie qui avait pour marque la figure d'un bœuf, en mémoire du taureau de Marathon ; et après avoir joint à l'Attique le territoire de Mégare, il fit élever, dans l'isthme, une colonne carrée, où il grava ces deux inscriptions :

Ce n'est pas ici le Péloponèse, mais l'Ionie.
C'est ici le Péloponèse, et non pas l'Ionie.

Enfin, il fut le premier qui établit des jeux dans cet isthme en l'honneur de Neptune, ainsi qu'Hercule en avait établi en Élide en l'honneur de Jupiter.

Après tant de travaux, il entreprit le voyage du Pont-Euxin ; et, voulant encore imiter Hercule, il fit la guerre aux Amazones, et leur enleva leur reine Antiope. Ce rapt donna lieu à une bataille terrible où il remporta la victoire, mais où sa captive périt à ses côtés.

Quelques historiens rapportent qu'après la mort de cette épouse, Thésée contracta d'autres nœuds. « D'abord, disent-ils, il épousa Phèdre ; ensuite, » à cinquante ans, il enleva, de concert avec Pi« rythoüs, Hélène, la sœur de Castor et Pollux ». Il est certain que, voulant à son tour aider Pirythoüs à s'emparer de Coré, fille d'Aïdonéus, roi des Molosses, il fut pris en Épire.

Pendant cette captivité, il perdit son influence. Ménesthée, fils de Pétéus, profitant de son absence, gagna la faveur du peuple d'Athènes. Il souleva les nobles, dépouillés de l'autorité qu'ils avaient dans leurs bourgs; il fit regretter aux artisans, aux laboureurs, le gouvernement monarchique, et parvint à faire regarder Thésée comme un étranger impie qui avait supprimé leurs fêtes et leurs sacrifices. La guerre des Tyndarides qui, à cette époque, entrèrent dans l'Attique pour demander Hélène, peut-être par suite des manœuvres de Ménesthée, acheva de perdre le roi dans l'esprit des Athéniens.

En effet, lorsque, délivré par Hercule, Thésée revint dans Athènes, il fit de vains efforts pour reprendre les rênes de l'état, il ne trouva partout que des ennemis et des rebelles. Son premier mouvement fut de recourir à la force ; mais, bien convaincu que ce moyen ne ferait qu'aggraver le mal, il envoya secrètement ses enfans dans l'île d'Eubée, chez Elphenor, fils de Chalcodon, et se rendit lui-même au bourg de Gargette. Là, il maudit les Athéniens dans un lieu que l'on nomme encore aujourd'hui *Araterion*, c'est-à-dire *lieu des malédictions* ; puis il s'embarqua pour l'île de Scyros, où régnait Lycomède. Il n'y vécut pas long-temps. Un jour, le roi, sous prétexte de lui faire voir son île, le conduisit sur la cime des rochers, et l'en précipita.

Sa mort ne fit d'abord aucune impression sur l'esprit des Athéniens; mais quelques siècles après, ils le révérèrent comme un dieu. Leur premier motif fut qu'à la bataille de Marathon ils crurent le voir combattre les barbares ; le second, qu'après la guerre des Mèdes, l'année que Phædon fut archonte, la prophétesse ordonna à ceux qui vinrent consulter l'oracle d'Apollon de ramasser précieusement les os de Thésée, de les mettre dans un lieu honorable, et de les garder religieusement.

S'il était difficile de trouver sa sépulture, il l'était encore plus d'emporter ses cendres, à cause de la férocité des habitans de l'île, qui ne voulaient pas fréquenter leurs voisins. Mais ces barbares furent vaincus par Cymon, et un aigle indiqua, en becquetant la terre, le tombeau de Thésée. On trouva, dans l'endroit qu'il désignait, le corps d'un homme de haute stature, ayant près de lui la pointe d'une lance et une épée. Cymon fit porter ces restes précieux sur son vaisseau, et les remit aux Athéniens, qui firent des sacrifices magnifiques, et érigèrent un tombeau dans leur ville, près du lieu des exercices. Cet endroit devint l'asile des esclaves et de tous les opprimés, pour rappeler que Thésée secourut toujours le faible, et ne refusa jamais son appui au malheureux qui l'implorait.

LEÇON.

Demande. A qui Thésée dut-il le jour?

Réponse. A Egée, roi d'Athènes, et à Æthra, fille de Pithée.

D. Sa naissance ne fut-elle pas un secret?

R. Oui, puisqu'il passa long-temps à Trézènes pour le fils de Neptune.

D. Qui lui découvrit son rang ?

R. Æthra, sa mère : elle lui fit prendre des souliers et une épée cachés par Egée sous une grosse pierre, et lui dit ensuite de rejoindre son père à Athènes.

D. Quels exploits Thésée fit-il en route ?

R. Sur les terres d'Epidaure, il tua Périphétès, et lui prit sa massue, qu'il porta toujours, ainsi qu'Hercule porta la peau du lion. Dans l'isthme de Corinthe, il punit Synnis, *le Ployeur de pins*. A Crommyon, il détruisit une laie qu'on nommait *la Phaye*. Près des frontières de Mégare, il défit Scyrron et le précipita du haut des rochers dans la mer, ainsi que ce barbare en agissait envers les étrangers. A Eleusine, il lutta contre Cercyon l'arcadien, et le défit. Enfin, arrivant à Hermione, il fit mourir le géant Damastès, nommé *Procruste*.

D. Quels dangers courut-il à son retour à Athènes ?

R. Médée, qui vivait scandaleusement avec Egée, voulut l'empoisonner dans un festin ; mais Thésée, tirant son épée comme s'il voulait couper les viandes, fut reconnu par son père, et présenté aux Athéniens pour l'héritier du trône.

D. Que fit-il après cette reconnaissance ?

R. Il combattit les fils de Pallas, qui se disposaient à lui disputer la couronne ; il tua le Minotaure, et, par le secours d'Ariadne, fille de Minos, qui devint éprise de lui, il sortit du labyrinthe ; ensuite il brûla les vaisseaux du roi, enleva sa libératrice, et sauva les sept jeunes filles et les six jeunes garçons qui devaient être sacrifiés avec lui.

D. Que fit-il de retour à Athènes ?

R. Il changea le gouvernement monarchique, et institua une république composée de trois corps; les nobles, les artisans et les laboureurs. Il réunit la vieille et la nouvelle ville, qu'il nomma *Athènes*, et y établit des jeux isthmiques.

D. Se reposa-t-il après ces glorieux travaux ?

R. Il combattit les Amazones, leur enleva Antiope, leur reine, qui périt à ses côtés dans une bataille.

D. N'éprouva-t-il aucun revers ?

R. Voulant, de concert avec Pirythoüs, qui l'avait aidé à enlever Hélène, la sœur de Castor et Pollux, s'emparer de la fille du roi des Molosses, il fut fait prisonnier.

D. Qui le délivra ?

R. Son parent Hercule.

D. Eut-il la même influence à son retour dans Athènes ?

R. Non, il fut obligé de fuir, parce que les Athéniens s'étaient révoltés contre lui.

D. Où se retira-t-il ?

R. Chez Lycomède, roi de l'île de Scyros.

D. Y resta-t-il long-temps ?

R. Lycomède le conduisit un soir sur la cime des rochers, l'en précipita, et cette chute fut mortelle.

D. Reçut-il les honneurs funèbres ?

R. Oui, mais quelques siècles après. Un aigle indiqua le lieu qui recelait son corps; les Athéniens le mirent dans un tombeau qu'ils élevèrent auprès du lieu des exercices.

D. Qui réunit-on alors dans cette place?

R. Tous ceux qui étaient opprimés, afin de rappeler que Thésée avait été l'appui du faible et du malheureux.

ROMULUS.

(Avant la fondation de Rome, 25. Avant J. C., 774.)

Rhéa, fille du roi Numitor, et prêtresse de *Vesta*, mit au jour deux garçons jumeaux. Amulius, usurpateur du royaume de Numitor, craignant que ces enfans ne vinssent un jour redemander les états de leur aïeul, chargea un de ses serviteurs de les jeter dans le Tibre. Cet esclave n'obéit qu'à moitié. Trouvant le Tibre trop rapide pour en approcher, il se contenta de mettre ces enfans près du rivage : l'eau, qui croissait toujours, enleva, un moment après, leur berceau, et le porta dans un lieu que l'on nomme aujourd'hui *Germanum*. Là, ces jumeaux furent, selon une tradition fabuleuse, allaités par une louve, tandis qu'un pivert les gardait et aidait à les nourrir.

Faustulus, berger d'Amulius, fut le premier qui trouva ces enfans ; il les emporta chez lui, les éleva secrètement, et donna à l'un le nom de Romulus, et à l'autre celui de Rémus. Dès le premier âge, la beauté de leur corps, la grandeur de leur taille, la noblesse de leurs traits, annoncèrent ce qu'ils seraient un jour. En effet, leur audace, leur intrépidité réalisèrent toutes les espérances ; mais Romulus l'emportait sur son frère par son esprit et son intelligence ; ennemi de l'oisiveté, il était toujours le premier à entraîner Rémus à la chasse, à la course, à la poursuite des brigands et de tous ceux qui voulaient opprimer les autres.

Un jour, à la suite d'une querelle entre les bergers d'Amulius et ceux de Numitor, Rémus, qui avait profité du moment de leurs combats pour leur enlever des troupeaux, fut fait prisonnier, et conduit devant Amulius, qui le renvoya à Numitor. Ce roi fut si frappé d'admiration à la vue de ce beau jeune homme, qu'il s'empressa de le questionner : « Qui es-tu ? lui dit-il ; comment te nommes-tu ? » Rémus avoua sans détour ce qu'il savait de sa naissance ; il parla du danger que son frère et lui avaient couru, de leur existence miraculeuse, et même de leur berceau, qu'on avait gardé avec soin. Numitor, surpris de ces détails, rapproche les époques, reconnaît dans Rémus un des enfans de sa fille, et court sur-le-champ en conférer secrètement avec elle ; sur ces entrefaites, Faustulus paraît, apporte le berceau, et les doutes sont éclaircis.

A cette nouvelle, Rémus met dans son parti tous les habitans d'Albe ; Romulus marche contre la ville ; Amulius tremble ; il est tué dans son palais.

Cette mort rétablit Numitor sur le trône. Rémus et Romulus, qui ne pouvaient alors exercer dans Albe l'autorité suprême, s'en éloignèrent aussitôt pour fonder une ville dans le même lieu où ils avaient été nourris.

Mais à peine eurent-ils pris cette résolution qu'ils se virent opposés d'avis sur l'emplacement qu'ils choisiraient : Rémus préférait le mont Aventin, et Romulus l'endroit où il avait bâti Rome *carrée*. Pour finir ces débats, ils résolurent de s'en rapporter au vol des oiseaux, et Romulus triompha. On rapporte que, peu de temps après, Rémus l'accusa de supercherie dans cette circonstance, lui reprochant de n'avoir pas vu autant de vautours qu'il avait dit en voir; il voulut donc, ajoute-t-on, faire suspendre les travaux, débaucher les ouvriers, et sauta par mépris le fossé destiné à recevoir la fondation des murailles. Son frère, outragé, le tua sur-le-champ, et le fit enterrer dans le lieu nommé *Remonia*, sur le mont Aventin.

Occupé sans relâche de sa ville, Romulus ne tarda pas à la voir achevée. Aussitôt il choisit toute la jeunesse en état de porter les armes, et la distribua par légions composées chacune de trois mille hommes de pied et de trois cents cavaliers. Le reste fut nommé *peuple*, parmi lequel il prit cent des principaux et des plus recommandables, qu'il créa conseillers, et honora du nom de *patriciens*; leur assemblée fut nommée *sénat*, ce qui veut dire *conseil des anciens*.

Après cet ordre établi, il partagea encore le peuple en deux portions : l'une composée de gens nommés *patrons* ou protecteurs, l'autre de *cliens* ou gens mis sous la sauve-garde des protecteurs. Les patrons étaient en justice les défenseurs des cliens, et ceux-ci, pleins de respect pour eux, les aidaient à payer leurs dettes et à marier leurs filles.

Cet état prenait donc une forme, une apparence de gouvernement; mais il n'y avait point assez de femmes proportionnellement au nombre des hommes, et Romulus craignait avec raison que les étrangers qui abondaient dans la ville, et qui étaient sans compagnes, ne se révoltassent contre ceux qui en avaient. Il imagina, pour obvier au désordre, d'enlever quelques femmes aux Sabins.

Ce fut, si l'on en croit Fabius Pictor, quatre mois après la fondation de Rome qu'il exécuta son projet. Il fit courir le bruit qu'il avait trouvé sous terre l'autel d'un certain dieu nommé *Consus*, et annonça qu'à un jour marqué il ferait un sacrifice solennel suivi de fêtes et de jeux. Ce jour-là les Sabins accoururent avec leurs filles. Romulus, vêtu d'une robe de pourpre, se plaça dans l'endroit le plus élevé : quand il vit tout le monde calme et les yeux fixés sur lui, il se leva, et prit les pans de sa robe, dont il s'enveloppa; c'était le signal convenu. Aussitôt les soldats tirèrent leurs épées, poussèrent de grands cris, enlevèrent toutes les filles, et mirent en fuite les Sabins, justement effrayés. Les historiens varient sur le nombre des Sabines qui furent enlevées. Quelques-uns assurent qu'il n'y en eut que trente, qui donnèrent chacune le nom à une tribu. Mais Valerius Antius dit qu'il y en eut cinq cent vingt-sept, et Juba six cent quatre-vingt-trois. Elles étaient toutes filles. Celle que choisit Romulus se nommait *Hersilie*. Il est aisé de concevoir quelle fut la colère des Sabins, peuple fier et belliqueux. Ils voulurent sur-le-champ recourir à la force; mais, réfléchissant que leur vengeance retomberait peut-être sur les otages précieux que les Romains leur avaient pris, ils envoyèrent des ambassadeurs à Romulus, en lui promettant une amitié, une alliance éternelle, s'il consentait à leur rendre leurs filles. Romulus refusa ces propositions, et leur demanda, au contraire, de reconnaître les Romains pour leurs gendres.

Cette réponse ne laissa plus aux Sabins le choix des moyens : il fallait prendre les armes ; ils s'y déterminèrent, mais avec tant de lenteur, qu'Acron, roi des Céninéens, capitaine plein de valeur et d'expérience, qui, était jaloux de la gloire de Romulus, vint avant eux aux portes de Rome à la tête d'une puissante armée. Romulus vola à sa rencontre. Dès qu'ils furent en présence l'un de l'autre, ils se défièrent mutuellement en combat singulier au milieu des deux armées, et en vinrent aux mains : Jupiter protégea Romulus ; Acron fut tué, son armée mise en déroute, et sa ville rasée. Les habitans furent obligés de venir habiter Rome.

Immédiatement après cette défaite des Céninéens, et pendant que les autres Sabins se préparaient encore, ceux de Fidènes, de Crustumerium et d'Antemnes, fondirent sur les Romains. Le combat fut long et opiniâtre ; mais Romulus y eut encore l'avantage. Les villes de ces Sabins furent prises, leurs terres distribuées, et les habitans conduits à Rome. C'est ainsi que cette ville devint si puissante et si vaste. Romulus y attirait tous les peuples qu'il avait vaincus.

Enfin, peu de temps après cette nouvelle victoire, les autres Sabins, qui se disposaient depuis si long-temps au combat, vinrent à leur tour attaquer Rome. Dès qu'ils parurent, la forteresse nommée *le Capitole* leur fut livrée par Tarpéius. Cette trahison rendit les Romains furieux. Le choc fut terrible de part et d'autre. Le sang coula pendant plusieurs jours sans que la victoire se décidât. De chaque côté mêmes efforts, même valeur. Rien ne présageait la fin d'une bataille aussi sanglante, que la mort de tous les combattans; lorsque Romulus, blessé à la tête, fut forcé de se retirer; son absence découragea les Romains, qui se laissèrent pousser jusqu'au mont Palatin, et les Sabins furent vainqueurs. Mais ce triomphe dura peu; Romulus, au désespoir, invoqua Jupiter : ce dieu ranima son armée, qui, honteuse d'avoir fui, s'arrêta dans la place où est présentement le temple de Jupiter-Stator. Elle reprit ses rangs, et repoussa sur-le-champ les Sabins jusqu'au lieu où sont le palais nommé *Regia* et la chapelle de Vesta.

Là, comme les deux armées se préparaient à de nouveaux combats, elles furent témoins d'un spectacle nouveau et intéressant; les Sabines enlevées se précipitèrent dans les rangs : les unes, échevelées et au désespoir, poussaient des cris lamentables; les autres tenaient leurs enfans dans leurs bras; toutes ensemble adressaient la parole tantôt aux Sabins, tantôt aux Romains; enfin l'une d'entre elles, Hersilie, éleva la voix et s'écria : « Sabins, pourquoi nous préparer de

» nouveaux malheurs ? quoique enlevées par force,
» nous appartenons maintenant aux Romains que
» nous avons épousés. Que ne nous vengiez-vous
» lorsque nous étions encore filles ? Vous ne devez
» pas aujourd'hui arracher des épouses à leurs
» maris, des mères à leurs enfans. Si vous faites
» la guerre par d'autres raisons, pouvez-vous
» consentir à égorger vos fils, les pères de vos
» petits-enfans ! Si vous êtes victorieux, en nous
» séparant de notre nouvelle famille, ce serait
» une seconde captivité bien plus cruelle encore
» que celle où nous sommes maintenant. »

Ce discours attendrissant produisit un effet heureux ; les deux armées se réunirent et firent la paix. Les conditions furent que les Romains et les Sabins habiteraient ensemble ; que la ville serait toujours nommée *Rome* ; que les Romains prendraient le nom de *Quirites*, de *Cures*, capitale des Sabins ; que Romulus et Tatius règneraient tous deux et conduiraient les armées avec une égale autorité. Le lieu où se firent ces conditions fut nommé le *Comices*, du mot *coïre*, qui signifie *convenir*.

Par ce traité, la ville fut augmentée de moitié en population : on ajouta cent sénateurs sabins aux cent sénateurs romains déjà créés. Les légions furent doublées, le peuple fut partagé en trois tribus. Ceux qui composaient la tribu de Romulus furent nommés *Rhamnenses*; ceux de Tatius, *Tatienses* ; et ceux de la troisième, *Lucerences*, à cause du bois sacré où l'on donnait droit d'asile à tous ceux qui s'y retiraient ; car les Romains nommaient les bois sacrés *lucos*.

Mais cet état ne fut pas long-temps gouverné par deux maîtres. Cinq ans après, Tatius ayant été assassiné par les Laurentins, Romulus resta unique possesseur du trône. Révéré de ses sujets, des anciens Latins et même des étrangers, il vit sa puissance s'affermir de jour en jour, et rien ne lui fut plus impossible. Il prit Fidènes, où il établit une colonie de deux mille cinq cents Romains. Il défit une armée de Véïens, marcha sur leur ville, et la fit capituler. Les conditions furent une trêve de cent ans, l'abandon d'une partie de leur territoire nommé *Septempagium*, la cession de leurs salines à l'embouchure du Tibre, et cinquante otages choisis parmi les principaux de la ville.

Ce fut la dernière guerre que soutint Romulus. Bientôt après il se conduisit comme ces hommes extraordinaires élevés par les mains de la fortune. Son orgueil le porta au despotisme : il n'écouta plus les patriciens, gouverna seul, et ne craignit pas de s'afficher pour un tyran : aussi les sénateurs ne s'occupèrent-ils plus alors que des moyens de s'en défaire. Un jour qu'il était à une assemblée du peuple, hors la ville, près le marais nommé *le Marais de la Chèvre*, ils profitèrent d'un orage affreux qui avait fait fuir tous les Romains pour l'assassiner ; du moins, le peuple à son retour ne le trouva plus, et les sénateurs ne purent que donner cette réponse puérile : « Nous l'avons vu » monter au ciel. »

Le mécontentement paraissait presque général. Julius Proculus, qui avait eu le plus de part à l'amitié et à la familiarité de ce prince, se pré-

senta dans la grande place, et jura devant tout le monde que Romulus lui avait apparu beaucoup plus grand que de coutume, et couvert d'armes éclatantes comme le feu; que, tout étonné, il lui avait dit: « Ah! Romulus, que pouvons-nous
» vous avoir fait pour nous quitter ainsi, et nous
» exposer aux plus sanglans reproches? pourquoi
» donc plonger votre ville dans ce deuil,
» dans cette consternation? » Et que Romulus avait daigné lui répondre: « Proculus, telle a
» été la volonté des dieux, qu'après avoir été
» aussi long-temps avec les hommes et avoir bâti
» une ville qui doit être la maîtresse de l'univers,
» je retournasse au ciel d'où j'étais descendu;
» mais prends courage, et ne manque pas de dire
» aux Romains que s'ils s'exercent à de glorieux
» travaux, s'ils pratiquent la tempérance et la
» sagesse, ils s'élèveront au plus haut degré de
» grandeur où les hommes puissent parvenir.
» Pour moi, sous le nom de *Quirinus*, je serai
» désormais votre protecteur et votre dieu tu-
» télaire. »

Ce témoignage, dans la bouche de Proculus, parut digne de foi et apaisa la multitude. Chacun s'empressa de prier, d'adorer *Quirinus*; il lui fut érigé un temple au mont qui de son nom fut appelé *Quirinal*. Le jour de sa disparition fut nommé *la fuite du peuple* et *nones caprotines*, et chaque année les Romains allèrent sacrifier au lieu où ils avaient perdu leur roi.

Romulus mourut le 7 juillet, nommé *quintillis*, à cinquante-quatre ans: il en avait régné trente-huit.

LEÇON.

Demande. A qui Romulus dut-il le jour ?
Réponse. A Rhéa, fille du roi Numitor.
D. A quels dangers fut-il exposé en naissant ?
R. Amulius, qui avait usurpé les états de Numitor, craignant que Romulus ne vînt un jour les lui demander, ordonna qu'on le jetât dans le Tibre; mais son esclave, effrayé par la rapidité du torrent, se contenta de placer le berceau sur le bord de la rivière. Romulus fut porté par les eaux dans un lieu nommé *Cermanum*. Là, on prétend qu'une louve le nourrit : il fut ensuite élevé par un berger nommé *Faustulus*.
D. Quel fut le caractère de Romulus dans sa jeunesse ?
R. Passionné pour le travail, pour les exercices de la chasse, de la course, il fut aussi plein de haine pour les brigands et les oppresseurs.
D. Qui le reconnut pour un fils de roi ?
R. Numitor, son grand-père.
D. Que fit-il dès qu'il fut reconnu ?
R. Il punit Amulius, et replaça Numitor sur le trône.
D. Où alla-t-il ensuite ?
R. Construire une ville dans l'emplacement de Rome *carrée*. Dès qu'elle fut achevée, il y appela

la jeunesse, qu'il distribua par légions; nomma cent patriciens, et partagea le peuple en deux portions, l'une composée de gens nommés *patriciens*, et l'autre de *cliens*.

D. Que fit-il ensuite?

R. Il enleva les Sabines dans une fête qu'il donna exprès, et, par suite de cet enlèvement, il combattit Acron, roi des Céninéens, les Sabins de Fidènes, de Crustumerium et d'Antemnes, qu'il soumit à son pouvoir, et dont il prit les villes.

D. Fut-il vainqueur des Sabins commandés par Tatius?

R. Non; mais les Sabines enlevées se jetèrent dans les rangs, et obtinrent, par leurs prières, une paix dont les conditions furent la réunion des Sabins et des Romains, gouvernés par Tatius et Romulus.

D. Ce règne fut-il long?

R. Cinq ans après, Tatius fut assassiné, et Romulus régna seul.

D. Remporta-t-il encore des victoires?

R. Il s'empara de Fidènes; battit les Véiens, auxquels il imposa des conditions très-dures; ce fut la dernière guerre qu'il soutint.

D. Mérita-t-il depuis la réputation qu'il avait acquise?

R. Non; il devint tyran.

D. Comment mourut-il?

R. De la main des sénateurs, dans une assemblée.

D. A quel âge ?

R. A cinquante-quatre ans. Il en avait régné trente-huit.

D. Lui rendit-on des honneurs ?

R. On lui érigea un temple au mont nommé *Quirinal*.

NUMA POMPILIUS.

(Depuis la fondation de Rome, 39. Avant J. C., 714.)

Numa naquit à Cures, principale ville des Sabins, et eut pour père Pomponius, personnage illustre. Dès sa jeunesse il se montra enclin à la vertu, bannit de sa maison le luxe, la magnificence, se consacra à l'étude de la philosophie, honora les dieux, et secourut ses concitoyens autant par ses richesses que par ses conseils.

Son hymen avec Tatia, fille unique de Tatius, qui régnait à Rome avec Romulus, fut le premier degré de sa réputation ; mais cet hymen ne le rendit pas plus vain : toujours occupé des tendres soins qu'il devait à son père, bien plus que des honneurs qu'il pouvait recevoir dans le palais de Tatius, il ne voulut point quitter le pays des Sabins pour aller à Rome ; et lorsque, treize ans après son mariage, il eut le malheur de perdre son épouse chérie, il se retira dans une campagne isolée, solitaire, déserte, où il vivait seul, errant dans les bois et dans les prairies consacrés aux dieux.

Ce fut là que les Romains, qui avaient voulu, après la mort de Romulus, changer le gouvernement d'un seul en celui de cent cinquante séna-

teurs, envoyèrent des ambassadeurs pour le prier d'accepter l'empire; Numa avait alors quarante ans. Il répondit à ces envoyés, en présence de son père et d'un de ses parens nommé *Martius*: « Que
» tout changement dans la vie de l'homme était
» dangereux; que celui-là était un fou qui ne sa-
» vait pas se contenter de sa fortune présente lors-
» qu'elle était heureuse. Je ne suis pas, ajouta-
» t-il, un fils des dieux, nourri, comme Romu-
» lus, par le plus grand des prodiges; je suis un
» simple mortel, nourri comme tous les hommes,
» et je préfère le repos, mes champs et mes trou-
» peaux, aux fureurs de la guerre, au luxe des
» villes, et à l'indiscipline du peuple. D'ailleurs,
» il est ridicule de vouloir inspirer l'amour des
» dieux, de la justice et de la paix, à un peuple
» fier et guerrier, qui désire plutôt un grand ca-
» pitaine qu'un bon roi. »

Cette réponse de Numa, quelque sage qu'elle fût, ne découragea pas les ambassadeurs : ils lui représentèrent que son refus serait funeste aux Romains et aux Sabins, qui étaient presque en dissension ouverte. Pomponius son père, et Martius, joignant leurs instances à celles de ces députés, Numa consentit à se charger de l'autorité royale, et dès l'instant même il sacrifia aux dieux et se mit en marche pour se rendre à Rome.

Comment décrire la joie du peuple romain en apprenant l'arrivée de Numa dans leur ville! Le sénat, les vieillards, les femmes, les enfans, volèrent au-devant de lui et le reçurent avec des acclamations unanimes. Il semblait, à voir l'allégresse générale, que la ville possédait un nouveau royaume plutôt qu'un nouveau roi.

Quand le cortége arriva sur la place, Spurius Vettius, sénateur, qui gouvernait ce jour-là, voulut, pour la forme, que le peuple procédât à l'élection du roi; tous les suffrages se réunirent aussitôt en faveur de Numa, et les ornemens royaux lui furent présentés; mais il les refusa jusqu'à ce que son élection fût aussi confirmée par les dieux. Prenant donc avec lui les devins et les prêtres, il monta au Capitole, que l'on nommait alors le *mont Tarpéien*, et là, au milieu d'un concours immense de peuple qui gardait néanmoins un religieux silence, le chef des augures proclama l'approbation des dieux. Numa prit la robe royale, descendit dans la place, et fut de nouveau témoin des transports de joie de tous les citoyens, qui le nommaient déjà *l'homme le plus sage et le plus chéri des dieux.*

Le premier acte d'autorité que fit Numa, à son avènement au trône, fut de supprimer le corps des trois cents satellites nommés *célères*, que Romulus avait créés pour être toujours autour de lui; il dit qu'il ne voulait point se défier de ceux qui se fiaient en lui, ni être roi de ceux à qui il n'inspirait point de confiance. Puis il ajouta, en l'honneur de Romulus, un troisième prêtre qu'il nomma *flamen quirinalis*, aux deux autres attachés au service des autels de Jupiter et de Mars.

Après avoir cherché par-là à s'attirer la bienveillance du peuple, il s'occupa d'adoucir les mœurs. D'abord il se dit avoir été disciple de Pythagore; il s'avoua même particulièrement chéri des Muses, de qui il tenait ses révélations; et, comme le silence était un des premiers dogmes de Pythagore, il engagea les Romains à honorer surtout une de ces Muses qu'il nommait *Tacita*. Regardant comme un sacrilége de représenter les choses célestes par des figures terrestres, il défendit d'adorer des dieux sous la forme des images; ensuite il créa les princes des prêtres, ou pontifes, pour être les interprètes de la loi, de la religion, et veiller aux sacrifices publics; enfin il forma l'établissement des vierges sacrées nommées *vestales*, chargées d'entretenir le feu sacré dans un temple qui était de forme ronde, pour représenter l'univers, au centre duquel les pythagoriciens placent le feu, qu'ils nomment *vesta*. Ces vierges, d'après les réglemens de Numa, étaient obligées de garder pendant trente ans leur vœu de chasteté; si elles y manquaient, elles étaient enterrées vivantes près la porte Colline. Elles avaient, d'ailleurs, les plus grands priviléges. Elles pouvaient, du vivant de leur père, faire leur testament sans l'entremise d'un curateur. Quand elles sortaient, des licteurs armés de faisceaux les précédaient; elles sauvaient la vie aux criminels qu'elles rencontraient par hasard sur leur route, et tout homme qui osait passer sous leur chaise dans les rues de Rome était puni de mort. Quand les trente années de leur vœu étaient écoulées, elles pouvaient se marier et embrasser un autre genre de vie.

Numa fit encore d'autres lois par lesquelles il chargeait les pontifes de marquer les usages et les cérémonies à observer aux funérailles. Il régla la durée du deuil selon l'âge de ceux qu'on pleurait. Un enfant, qui n'avait pas trois ans, ne devait point mériter de larmes ; et, pour les autres enfans, il ordonna de les pleurer autant de mois qu'ils avaient vécu d'années, pourvu qu'ils n'eussent vécu que dix ans, attendu que le deuil même des veuves n'excédait pas ce temps.

Numa institua par suite plusieurs autres collèges de prêtres, entre autres celui des saliens et celui des féciaux. Les féciaux étaient à peu près à Rome ce qu'étaient parmi les Grecs les *érénophylaques*, c'est-à-dire les conservateurs de la paix, qu'on députait vers l'ennemi avant de déclarer la guerre ; les saliens étaient chargés de garder les onze boucliers faits par Mamurius Véturius, sur un modèle soi-disant tombé du ciel entre les mains de Numa, à la huitième année de son règne, lorsque la peste se manifestait à Rome ; la garde de ces boucliers importait au salut et à la conservation de Rome.

Après ces institutions, Numa fit bâtir, près du temple de *Vesta*, un palais qu'il nomma *Regia*, c'est-à-dire *palais du roi*, où il passait avec les prêtres la plus grande partie du temps à sacrifier aux dieux et à étudier la religion. Il avait de plus, sur le mont Quirinal, une maison dont on montre encore la place. A tous les sacrifices publics et à toutes les processions de prêtres, il y avait des hérauts qui marchaient devant, qui imposaient silence, et qui faisaient quitter les travaux.

Par suite de l'amour que Numa affectait hautement pour la religion, les Romains devinrent peu-à-peu très-crédules. Un soir que Numa soupait au milieu d'un grand nombre de citoyens qui remarquaient la frugalité des mets, la simplicité des meubles, il s'écria tout-à-coup que sa déesse ou sa muse venait le voir, et dans le même moment la salle fut remplie de meubles précieux, et les tables couvertes de mets exquis.

Numa fut le premier qui bâtit un temple à la Foi et au Therme (1), pour apprendre aux Romains que le plus grand serment qu'ils pussent faire était de jurer leur foi.

Ce fut aussi lui qui, le premier, borna le territoire de Rome. Il distribua toutes les terres conquises à la classe indigente du peuple, pour que la misère ne lui fît pas faire de mauvaises actions, et que, livrée aux travaux des champs, elle devînt tranquille et laborieuse. De plus, il établit des bourgs qu'il faisait visiter par des gens nommés *maîtres des bourgs*, dont il remplissait lui-même très-souvent les fonctions. Tous ceux qui se montraient actifs, entreprenans, étaient avancés en honneurs et en autorité, tandis que les paresseux et les lâches étaient publiquement réprimandés. Par ce moyen, Numa cherchait à faire aimer l'agriculture.

Parmi tous les établissemens que créa ce grand homme, celui qu'on estime le plus est la division du peuple par arts et métiers. On loue aussi, entre ses ordonnances, la réformation de la loi qui permettait aux pères de vendre leurs enfans, car il en excepta ceux qui se seraient mariés par l'avis et le consentement de leur père, trouvant

(1) Le dieu des bornes.

très-injuste et très-dur qu'une femme qui aurait épousé un homme libre se fût ensuite tout d'un coup mariée à un esclave par le seul caprice de son beau-père.

Il réforma aussi le calendrier, et ajouta, suivant l'opinion de Tite-Live et d'Ovide, les deux mois, janvier et février. Avant lui, l'année n'était que de dix mois; l'un fut nommé *janvier*, du nom de Janus, et l'autre *février*, à cause des purifications qui se faisaient à cette époque.

Numa mourut d'une maladie lente, à l'âge de quatre-vingt-trois ans, ne laissant qu'une fille, nommée *Pompilia*. La magnificence de ses funérailles, son cercueil porté par les patriciens, la douleur et les gémissemens du peuple, l'affluence des femmes, des enfans désolés, tout attesta, tout prouva que les Romains avaient perdu le plus cher de leurs amis. Son corps, selon sa défense, ne fut pas brûlé : on l'enterra au pied du Janicule, et on mit dans un autre cercueil, à côté du sien, tous les livres sacrés qu'il avait écrits lui-même sur les mystères de la religion.

Pendant le règne de Numa, on ne vit ni guerres au-dehors, ni divisions dans l'intérieur, ni conjurations contre le roi. Ce qui confirme cette grande vérité de Platon, que le peuple, pour être heureux, a besoin que le ciel réunisse dans le même homme la souveraine autorité et la philosophie. Le sage n'est pas heureux lui seul, ceux qui l'écoutent et qui l'imitent ont aussi part à son bonheur.

LEÇON.

Demande. Où naquit Numa ?
Réponse. A Cures, principale ville de Sabins.
D. Qui fut son père ?
R. Pomponius, personnage illustre.
D. A quel âge fut-il roi et successeur de Romulus ?
R. A quarante ans.
D. Que fit-il aussitôt son avènement au trône ?
R. Il supprima la garde établie par Romulus pour veiller autour du roi. Il institua les pontifes, établit les vestales, fit bâtir le palais nommé *Regia*, éleva un temple à la Foi et au Therme, enfin, employa tous les moyens de porter le peuple à l'amour de la religion, des mœurs et des vertus.
D. Comment secourut-il la classe indigente du peuple ?
R. Il lui distribua les terres conquises, l'obligea d'aimer le travail et de s'adonner à l'agriculture.
D. Des institutions de Numa, quelle est celle qu'on loue davantage ?
R. C'est la division du peuple par arts et métiers.
D. Quelle est sa plus belle ordonnance ?
R. C'est celle qui porte réformation de la loi

qui donnait aux pères le pouvoir de vendre leurs enfans.

D. Pourquoi l'année est-elle de douze mois ?

R. Parce que Numa ajouta au calendrier les mois de janvier et février.

D. A quel âge Numa mourut-il ?

R. A quatre-vingt-trois ans, d'une maladie de langueur.

D. Fut-il honoré après sa mort ?

R. Les patriciens portèrent son cercueil, et tout le peuple montra la plus vive douleur.

D. Son corps fut-il brûlé ?

R. Non : il l'avait défendu.

D. Où fut il enterré ?

R. Au pied du Janicule, et on y plaça, dans un second cercueil, tous les livres sacrés qu'il avait composés.

D. Pourquoi Numa fit-il le bonheur du peuple romain ?

R. Parce que le ciel avait réuni dans le même homme la souveraine autorité et la philosophie.

LYCURGUE.

(Avant la fondation de Rome, 153. Avant J. C., 904.)

Lycurgue eut pour père Eunomus, roi de Sparte, et pour mère Dianasse, seconde femme d'Eunomus. La mort de son père et celle de Polydecte, son frère aîné, qui n'avait point laissé d'enfans, le rendirent maître du trône. Il régna donc, mais huit mois seulement, car, dès qu'il apprit que sa belle-sœur était enceinte, il déclara que la royauté appartenait à l'enfant qui naîtrait, si c'était un fils, et de ce moment il n'administra plus le royaume que sous le nom de *prodicos*, nom que les Lacédémoniens donnaient aux tuteurs des rois.

Cependant, malgré cet éloignement bien marqué de Lycurgue pour le trône, la veuve de Polydecte, s'imaginant qu'il le quittait à regret, lui envoya dire secrètement que, s'il lui promettait de l'épouser quand il serait roi, elle détruirait son fruit. Lycurgue feignit d'approuver cet horrible dessein; mais quand cette marâtre fut arrivée au terme de ses couches, il chargea plusieurs gardes d'être présens à l'accouchement, et de lui apporter l'enfant si c'était un garçon. Les gardes obéirent. La veuve de Polydecte accoucha d'un fils qui fut remis à l'instant même entre les mains de Lycurgue, pendant qu'il était à table avec les principaux seigneurs de la ville. Ce grand homme le pressa avec respect dans ses bras, et s'écria : « Seigneurs spartiates, voici le roi qui vient de » naître ». En même temps il le mit à la place réservée au maître de l'empire, et le nomma sur-le-champ *Charilaüs*, à cause de la joie que témoignèrent tous les spectateurs, enchantés d'un si beau trait.

Croirait-on qu'après un si noble désintéressement, Lycurgue fut soupçonné d'ambition ? Une foule d'envieux, de calomniateurs, parmi lesquels étaient les parens de la mère du monarque, ne perdirent aucune occasion de le diffamer, et lui supposèrent l'intention d'empoisonner le jeune roi. Révolté par ces propos injurieux, Lycurgue crut devoir s'éloigner de Sparte : il partit, se proposant bien de ne revenir que lorsque le nouveau souverain aurait un fils pour lui succéder.

Il se rendit d'abord en Crète. Là, trouvant quelques-unes des lois aussi belles que sages, il les recueillit pour en faire présent aux Lacédémoniens ; et, ne cherchant toujours que l'avantage de son pays, il fit tant d'efforts qu'il détermina Thalès, un des sept sages de la Grèce, à se fixer à Sparte.

De Crète il passa en Asie. Son dessein était de comparer le luxe des Ioniens avec la vie simple des peuples de Crète, pour voir la différence que peuvent apporter, dans un gouvernement, des mœurs et des coutumes opposées. Il est probable que ce fut dans ce pays qu'il rassembla les poésies d'Homère, qui étaient chez les descendans de Cléophylus.

Les Egyptiens disent qu'il vint dans leur pays, et qu'il y prit connaissance de la loi qui séparait les guerriers du reste du peuple. Mais qu'il ait été en Afrique, en Espagne, et jusque dans les Indes, pour s'entretenir avec les gymnosophistes, Aristocratès, fils d'Hyparchus, est le seul qui l'ait écrit.

Ce qu'il y a de certain, c'est que les Lacédémoniens le regrettèrent beaucoup dès qu'il fut parti, et que, persuadés qu'il avait seul les qualités nécessaires dans un roi, ils lui envoyèrent plusieurs fois des ambassadeurs pour qu'il revînt à Sparte. Il céda à leurs instances, mais bien résolu de changer la forme du gouvernement. L'oracle d'Apollon, qui lui avait dit, par la bouche de sa prêtresse, qu'il était *ami des dieux et dieu plutôt qu'homme*, et que sa république serait la meilleure qui eût jamais existé, le décidait à tout entreprendre pour accomplir son dessein. Il le communiqua aux principaux de la ville ; tous l'approuvèrent, et, au jour convenu, trente d'entre eux, parmi lesquels on remarquait sur-tout Arithmiadas, se rendirent en armes dès le matin, sur la place publique, afin d'imposer à ceux qui voudraient résister. Le roi, effrayé et tremblant pour ses jours, courut se réfugier dans le temple de Junon, nommé *Chalcioëcos* ; bientôt, instruit des vues de Lycurgue, il perdit toute crainte et se réunit à lui.

Pour balancer et affermir en même temps l'autorité souveraine, Lycurgue établit d'abord un sénat composé de vingt-huit sénateurs et des deux rois, conformément à l'oracle de Delphes. Le peuple, suivant les circonstances, était rassemblé entre la Babyce et le Cnacion ; les sénateurs y proposaient les matières, et dissipaient l'assemblée, sans que le peuple eût le droit d'y haranguer.

Le second établissement de Lycurgue, et qui était plus hardi encore, fut le partage des terres, qui se trouvaient toutes entre les mains d'un petit nombre de particuliers. Il persuada à tous les citoyens de remettre leurs propriétés en commun et d'en faire un égal partage; cela fut exécuté : les terres de la Laconie furent divisées en trente mille parts aux habitans de la campagne, et le territoire de Sparte fut distribué en neuf mille parts, qui furent données à autant de citoyens. Chaque part pouvait fournir un revenu annuel de soixante-dix boisseaux d'orge par homme.

Après les terres, Lycurgue voulut faire partager les autres biens. Pour y parvenir, il prit le moyen suivant, qui tua l'avarice : il décria toutes les monnaies d'or et d'argent, et en substitua une autre de fer, d'un si grand poids et d'un prix si modique, qu'il fallait une charrette à deux bœufs pour traîner une somme de cent écus, et une pièce très-vaste pour la serrer. Cette nouvelle monnaie produisit l'effet qu'il en attendait.

Lycurgue fit encore disparaître de Sparte toutes les professions inutiles et superflues. Pour détruire le luxe des tables et l'amour des richesses, il établit des repas publics, où tous les citoyens étaient forcés de manger les mêmes viandes, sans qu'il leur fût permis de s'asseoir sur des lits somptueux. Cet établissement le fit un jour lapider par les riches, et comme il se sauvait dans un temple, un jeune homme, nommé *Alcandre*, lui creva un œil. Lycurgue ne tira d'autre vengeance de ce crime que celle de prendre le coupable dans sa maison, et de lui inspirer le plus vif attachement par sa douceur et sa bonté. Quelque temps après, en mémoire de cet événement, il éleva un temple à Minerve, et défendit aux Spartiates de porter des armes dans leurs assemblées.

Une des plus belles lois de Lycurgue est celle qui défendait d'écrire les lois, pour forcer le peuple à les apprendre. On admire aussi celle qui prescrivait de ne pas faire continuellement la guerre aux mêmes ennemis, dans la crainte de les aguerrir en les obligeant toujours de se défendre.

Lycurgue fit encore un règlement très-sage pour les sépultures. Afin de bannir toute superstition, il permit d'enterrer les morts dans la ville et autour des temples. Il voulut qu'on enveloppât simplement le corps d'un drap rouge, couvert de feuilles d'olivier, ne permit d'écrire le nom du mort sur son tombeau que lorsque c'était un guerrier tué sur le champ de bataille, ou une femme consacrée à la religion, et fixa la durée du deuil à onze jours ; le douzième on le quittait, après avoir fait un sacrifice à Cérès.

La loi qui s'opposait à ce que tout citoyen pût voyager chez les autres peuples n'est pas moins remarquable, puisqu'elle avait pour but d'empêcher que les Lacédémoniens n'en rapportassent des mœurs corrompues. On peut placer à côté d'elle la loi qui expulsait de Sparte tous les étrangers que la seule curiosité y attirait.

Quoique Lycurgue s'occupât beaucoup de la législation, il ne négligeait rien des autres parties de la chose publique. Regardant l'éducation comme un objet important, et bien digne des regards du législateur, il régla lui-même la manière d'élever les enfans.

Lorsque les garçons avaient sept ans, il les distribuait par classes, et les soumettait aux mêmes usages, tant pour les travaux que pour les jeux. Un gouverneur, homme des plus qualifiés de la ville, les commandait. Le plus raisonnable des *irènes* (jeunes gens âgés de vingt ans) les conduisait, et le plus sage, le plus brave des élèves, était chef de classe. On ne leur donnait point le goût des belles-lettres, on les accoutumait à parler peu et avec esprit, enfin on les châtiait rigoureusement.

L'éducation des filles fut aussi réglée par Lycurgue : elles étaient obligées de s'adonner à la lutte, à la course, et à tous les exercices du corps, afin qu'elles fussent robustes.

Il établit ensuite des coutumes propres à exciter l'émulation parmi la jeunesse. Aux fêtes solennelles, les jeunes Lacédémoniennes chantaient des vers où les jeunes garçons qui s'étaient bien conduits se voyaient comblés d'éloges, tandis que les lâches, les paresseux, étaient publiquement tournés en dérision. Rien ne causait plus d'enthousiasme ou de honte aux jeunes

Spartiates que ces chansons entendues par le peuple, les sénateurs et les rois.

Lycurgue prit aussi les moyens de propager les mœurs en protégeant l'institution du mariage. Tout homme qui refusait de prendre une épouse était noté d'infamie, et ne pouvait assister aux fêtes où les jeunes filles dansaient. S'il osait s'y présenter, il était condamné à faire, tout nu, le tour de la place publique, en récitant des vers faits contre lui. De plus, il était privé, dans un âge avancé, de tous les soins, de tous les honneurs qui sont dus à la vieillesse.

Après tant de lois sages, que penser de celle qui obligeait les pères à déposer leurs enfans, aussitôt leur naissance, dans un lieu nommé *Lesché*, afin qu'ils y fussent visités ? Ceux qui étaient sains et forts devaient être conservés avec soin ; ceux qui étaient délicats et faibles étaient jetés dans un lieu nommé les *Apothètes*, qui était une fondrière, près du mont Taigète.

Mais quel est le législateur qui ne s'est point trompé dans ses vues politiques ? Et pour une erreur, Lycurgue en est-il moins admirable ? On a pu le juger par ses lois; maintenant, qu'on le juge par ses discours.

Un Spartiate lui disait qu'il aurait dû établir un gouvernement populaire, où le plus petit eût autant d'autorité que le plus grand. « Commence, répondit-il, à l'établir dans ta maison ». Un autre lui demandait pourquoi il offrait en sacrifice des victimes d'un si faible prix. « Afin que nous ayons toujours de quoi honorer les dieux ». On le consultait pour savoir s'il était nécessaire d'entourer une ville de murailles. « Une ville est-elle sans murailles, répliqua-t-il, quand elle est entourée d'hommes qui la défendent ? »

Le résultat des lois et des réglemens de Lycurgue fut avantageux aux Spartiates. Ils vivaient indépendans et tranquilles : leur ville ressemblait à un camp ; chacun savait ce qu'il devait faire pour vivre, et ce qu'il devait faire pour les autres ; ils n'étaient occupés ni d'amasser des richesses, ni d'apprendre des arts inutiles ; les procès avaient été bannis de Lacédémone avec l'argent. Pendant la paix, ce n'était que fêtes, jeux, danses, banquets, chasses et assemblées. Pendant la guerre, toujours réunis autour de leurs chefs, ils s'oubliaient eux-mêmes pour se dévouer à leur pays.

Quand Lycurgue vit que tous ces établissemens étaient bien consolidés, il ne s'occupa plus que de la manière dont seraient remplacés les membres du sénat qui viendraient à mourir. Il ordonna qu'on choisît les sexagénaires les plus instruits de la ville, et que leur réception fût faite par le peuple. Ce fut sa dernière loi, après laquelle il convoqua une assemblée générale, où il démontra les avantages de son gouvernement, et où il dit qu'il était obligé d'aller à Delphes pour y consulter l'oracle d'Apollon.

Avant de partir, il fit jurer aux rois, aux sénateurs, et ensuite à tous les citoyens, que jusqu'à ce qu'il fût de retour, ils maintiendraient la forme du gouvernement qu'il avait établie.

Arrivé à Delphes, son premier désir fut de savoir de l'oracle si ses lois étaient bonnes, et suffisaient pour rendre les Spartiates aussi heureux que sages. L'oracle lui répondit que le bonheur de Lacédémone était assuré tant qu'elle vivrait d'après ses institutions. Aussitôt il écrivit cette réponse, l'envoya à Sparte, et, après avoir embrassé son fils Antiorus et ses amis, il se laissa mourir, en s'abstenant de manger. Son motif était qu'il se trouvait aussi heureux qu'il pouvait jamais l'être.

C'est ainsi que sortit de la vie cet homme aussi étonnant par ses préceptes que par ses exemples de sagesse; cet homme qui avait surpassé la gloire de tous ceux appelés avant lui à gouverner les états. Il lui fut élevé un temple où chaque année on lui offrait, comme aux dieux, un sacrifice solennel.

LEÇON.

Demande. A qui Lycurgue dût-il le jour ?

Réponse. A Eunomus, roi de Sparte, et à Dianasse, seconde femme d'Eunomus.

D. Fut-il roi ?

R. Oui, après la mort de Polydecte, son frère aîné ; mais il ne régna que huit mois.

D. Quelle fut la première action remarquable que fit Lycurgue ?

R. Sa belle-sœur, qui était veuve et enceinte, lui fit dire qu'elle détruirait son enfant s'il voulait lui promettre de l'épouser quand il serait roi. Lycurgue feignit d'y consentir; mais quand cette marâtre fut sur le point d'accoucher, il mit autour d'elle des gardes à qui il ordonna de lui apporter le nouveau né. Les gardes obéirent fidèlement. Lycurgue était à table au milieu des principaux de la ville quand on lui remit l'enfant. Il s'écria : « Seigneurs spartiates, voilà votre roi. »

D. Ce trait dut le faire aimer généralement ?

R. Non : Lycurgue eut dès ce moment tant d'envieux qu'il fut obligé de s'expatrier.

D. Où alla-t-il ?

R. En Grèce, dans l'île de Crète, en Asie, en Afrique, en Espagne, et même dans les Indes, pour conférer avec les sages, les savans de tous ces pays, et s'instruire de leurs mœurs, de leurs usages et de leurs lois.

D. Pourquoi revint-il à Lacédémone ?

D. Parce qu'il y fut rappelé par le vœu général.

D. Que fit-il à son retour dans sa patrie ?

R. Il changea le gouvernement d'un seul en celui de vingt sénateurs et de deux rois.

D. Quels autres changemens opéra-t-il ?

R. Il partagea les terres, discrédita l'or et l'argent, fit disparaître toutes les professions inutiles, établit l'égalité entre les citoyens, et devint le législateur de Lacédémone.

D. Quelles furent ses principales lois ?

R. D'abord celles sur l'éducation. Dès l'âge de sept ans les enfans étaient distribués par classes et soumis aux mêmes usages, à la même discipline. Les filles étaient exercées à la lutte et à la course, pour qu'elles devinssent robustes. Parmi les lois de Lycurgue, on remarque encore celle qui ordonnait d'enterrer les morts dans la ville, autour des temples, pour bannir la superstition; celle qui réglait la durée du deuil, celle qui défendait aux Spartiates, indistinctement, de faire de longs voyages, de peur qu'ils ne revinssent avec des mœurs corrompues; enfin, la loi qui chassait de Lacédémone les étrangers attirés par la seule curiosité.

D. Lycurgue ne fit-il pas une loi barbare?

R. Oui; celle qui ordonnait de jeter dans les *Apothètes* les enfans faibles et mal faits.

D. Où se retira Lycurgue quand toutes ses lois furent en vigueur?

R. A Delphes, où, content de tout ce qu'il avait pu faire pour sa patrie, il se laissa mourir en s'abstenant de manger.

SOLON.

(Avant la fondation de Rome, 153. Avant J. C., 598.)

Solon eut pour père Exechestides, homme peu riche, mais de la plus noble maison d'Athènes, puisqu'il descendait de Codrus ; sa mère était une cousine-germaine de Pisistrate.

Solon, à qui son père n'avait rien laissé par excès de bienfaisance pour les autres, prit dans sa jeunesse le parti du commerce ; s'il s'exerça à la poésie, ce ne fut que par amusement. On dit qu'il mit en vers des sentences philosophiques, et même des réflexions sur la politique.

Quand Anacharsis vint à Athènes, Solon commençait à se mêler du gouvernement de la république, et transcrivait des lois. Anacharsis lui dit à ce sujet : « Solon, vos écritures ressemblent
» aux toiles d'araignée : *les faibles s'y prendront,*
» *les forts les rompront.* Cependant, répartit So-
» lon, les hommes exécutent fort bien tous les trai-
» tés qu'ils ont faits, quand aucune des parties ne
» trouve son profit à les rompre. Il en sera de
» même de mes lois ; car je les accommode si
» bien aux intérêts de mes concitoyens, qu'ils
» connaîtront évidemment qu'il leur est plus avan-

» tageux de les observer que de les violer ». Mais l'avenir fit voir que la comparaison d'Anacharsis était plus juste que l'espérance de Solon n'était bien fondée. Anacharsis dit encore à Solon, après avoir assisté à une assemblée des Athéniens : « Qu'il ne pouvait assez s'étonner de voir que, dans leurs délibérations, c'étaient les sages qui parlaient et les fous qui décidaient. »

Sur ces entrefaites, les Athéniens, fatigués de la guerre qu'ils soutenaient contre les Mégariens pour la possession de l'île de Salamine, firent une loi qui défendait, sous peine de la vie, d'avancer en public qu'on dût disputer cette île. Solon, irrité de cette loi, parce qu'il voyait l'ardeur bouillante de la jeunesse, contrefit l'insensé, et composa une élégie intitulée *Salamine*, qu'il récita sur la place. Cette élégie ranimant les Athéniens, Pisistrate demanda lui-même la révocation de la loi ; la guerre fut recommencée, et Solon élu général.

Avant de faire cette nouvelle expédition, il s'embarqua avec Pisistrate, et alla au temple de Vénus, surnommé *Coliade*, où toutes les femmes étaient assemblées pour le sacrifice solennel offert à la déesse. Dès qu'il y fut arrivé, il envoya secrètement à Salamine un homme qui, se disant transfuge, assura aux Mégariens que, s'ils voulaient enlever les principales femmes d'Athènes, ils n'avaient qu'à le suivre. Les Mégariens le crurent et firent partir des soldats. Dès que Solon aperçut leurs vaisseaux, il renvoya les femmes, fit prendre leurs habits aux plus jeunes des soldats, leur distribua des poignards, et leur ordonna de danser tous sur le bord de la mer, jusqu'à ce que les ennemis fussent à terre. Ses intentions furent si bien suivies que les Mégariens, trompés, périrent tous de la main des soldats déguisés. Aussitôt les Athéniens montèrent sur les vaisseaux des Mégariens, et se rendirent à Salamine, dont ils s'emparèrent sans difficulté.

Par ce succès, Solon vit accroître son autorité dans Athènes. Il n'acquit pas moins de considération par le beau discours qu'il fit sur la nécessité de secourir Delphes, et de ne pas abandonner ce sanctuaire au pillage des Cyrrhéens. Ce discours détermina le conseil des amphictions à déclarer la guerre à ce peuple.

Solon fit encore plus dans une circonstance terrible pour les Athéniens, parce que la vengeance des dieux les menaçait pour le meurtre des complices de Cylon, qui était resté impuni. Il fit consentir ceux que l'on regardait comme coupables à se laisser juger. Sur son avis, trois cents des principaux de la ville furent nommés juges, et l'accusateur fut Milon, du bourg de Phylée. Les coupables furent exilés, les ossemens de leurs complices morts furent déterrés et jetés hors du territoire d'Athènes.

Cependant les Athéniens n'étaient pas encore tranquilles ; ils étaient troublés par des spectres et des fantômes. Solon fit alors venir Epiménide le Phestien, homme religieux et savant dans les choses divines : d'accord avec lui, il engagea ses concitoyens à pratiquer les lois, les accoutuma à mettre plus de simplicité dans leurs sacrifices, à supprimer des coutumes barbares, sur-tout à obéir à la justice, et à vivre au sein de l'union et de la concorde.

Après cette entreprise heureuse, Epiménide partit; Athènes fut délivrée de toutes craintes superstitieuses, mais les dissensions éclatèrent. Chaque sorte d'habitans de l'Attique forma un parti : ceux qui vivaient dans les montagnes voulaient un gouvernement populaire; ceux de la plaine un état oligarchique; ceux de la côte maritime un gouvernement mixte. Solon, étranger à tous les partis, fut alors choisi pour gouverner et apaiser ces différends. Il refusa d'abord. Sollicité par les pauvres comme par les riches, et même par sa famille, il céda, et, d'un consentement unanime, fut élu archonte et législateur. On dit qu'il reçut dans le même temps un oracle de Delphes conçu en ces termes : « Assieds-toi au » milieu de la poupe du vaisseau, prends en main » le gouvernail; la plupart des Athéniens te se- » ront favorables. » Il ne voulut point pourtant accepter la monarchie, répondant à tous ses amis que *la royauté était un beau pays qui n'avait point d'issue.*

Malgré ce refus, il ne s'en appliqua pas moins à la réforme du gouvernement, conservant toutefois les anciennes institutions qui lui paraissaient bonnes, et basant les nouvelles sur la force et la justice. Si ses ordonnances, comme il le disait lui-même, n'étaient pas les meilleures des lois, elles étaient au moins les meilleures de toutes celles que les Athéniens étaient capables de recevoir.

Il abolit les dettes et l'usure : cette abolition

lui fit éprouver un sensible déplaisir. Voici comme on rapporte le fait. Il avait consulté ses meilleurs amis, Conon, Clinias et Hipponicus, sur l'exorde qu'il devait mettre à la tête de son édit, et leur avait confié qu'il ne toucherait point aux terres, mais que pour toutes les dettes, il voulait absolument les abolir. Ces amis allèrent, aussitôt après, emprunter de grosses sommes qu'ils savaient ne pas devoir rendre. Quand l'édit fut publié, les mécontens, instruits de ce fait, ne manquèrent pas d'accuser Solon d'un trait aussi intéressé, en disant qu'il avait aidé ses amis à tromper les autres. Solon fut indigné de cette calomnie. Heureusement qu'il perdit mille écus par cette abolition, ce qui détruisit ces faux bruits.

Cette ordonnance, qui déplut d'abord généralement, fut ensuite l'objet d'un sacrifice, sous le nom du *sacrifice de la décharge*. Bientôt les Athéniens, reconnaissans envers Solon, lui donnèrent l'intendance des lois et de la police, avec des pouvoirs illimités. Il put à son gré nommer les magistrats, convoquer les assemblées, prononcer les jugemens, élire des officiers, régler leurs biens, leur nombre, et le temps qu'ils seraient en place. Enfin, il eut le droit de casser ou de confirmer toutes les ordonnances anciennes.

D'abord, il annulla les lois de Dracon, excepté celles qui étaient contre les meurtriers. Ces lois, qui, suivant Démadès, avaient été écrites plutôt avec du sang qu'avec de l'encre, ordonnaient pour toutes les fautes la même peine, qui était la mort. Ensuite, pour laisser les emplois aux riches, sans mécontenter le peuple, il fit une estimation des biens de chaque particulier; après quoi il mit au premier rang, et nomma *pentacosiomedimnes* ceux qui avaient cinq cents mesures de revenu; il plaça au second, et nomma *chevaliers*, ceux qui en avaient trois cents, et qui pouvaient nourrir un cheval de guerre; enfin il choisit pour le troisième rang, et nomma *zeugites*, ceux qui avaient deux cents mesures. Tous les autres furent compris sous le nom de *thètes*, c'est-à-dire mercenaires. Ces derniers n'étaient admis dans aucune place; ils n'avaient que le droit d'opiner dans les assemblées et dans les jugemens du peuple. Ce droit, qui ne parut rien d'abord, acquit bientôt un grand avantage, parce que la plupart des procès retournaient au peuple, devant lequel on pouvait appeler de tous les jugemens des magistrats, et parce que les lois de Solon étaient écrites avec une telle obscurité, qu'elles avaient plusieurs sens qui laissaient toutes les affaires à la décision des juges.

Solon, pour subvenir à la faiblesse du menu peuple, fit une loi qui permettait à tout particulier d'épouser les querelles d'un autre; il dit à ce sujet, que *la ville la plus heureuse était celle où tous les citoyens demandaient réparation d'une injure faite à l'un d'entre eux*. Il créa le sénat de l'aréopage, qu'il composa de ceux qui avaient été archontes, et dont il fut membre, puisqu'il avait lui-même exercé cette charge. Il donna à cet aréopage, comme à la cour souveraine, l'intendance de toutes choses, le soin de garder et de faire observer les lois, persuadé que les deux autorités affermiraient le bonheur de l'État. Enfin, pour imposer au peuple, trop fier depuis l'abolition des dettes, il établit un second conseil de quatre cents hommes, cent de chaque tribu, pour connaître des affaires qui devaient être soumises à l'assemblée populaire.

Parmi les lois que fit encore Solon, on regarde comme singulière celle qui déclare infâmes les citoyens qui resteraient neutres dans une sédition : son dessein fut d'empêcher l'égoïsme, et de forcer tout le monde à prendre part aux misères de la patrie en se mettant du parti le plus juste. Pour que le mariage cessât d'être un trafic, il abolit les dots, et voulut que les épouses n'apportassent à leurs maris que trois robes et quelques meubles de peu de valeur. Il défendit expressément qu'on dît du mal des morts ; car il y a de la religion à regarder les morts comme sacrés, de la justice à les épargner, et de la politique à empêcher les haines d'être éternelles. Il défendit aussi que l'on s'injuriât dans les temples, dans les lieux d'assemblées, et même dans les théâtres, sous peine d'une amende de cinq drachmes d'argent : trois étaient donnés à l'offensé, les deux autres versés dans le trésor public.

Il fut le premier qui permit de tester ; il régla les promenades des femmes, leur deuil, leurs fêtes et leurs sacrifices. Pour mettre fin aux excès et à la licence, et, pour que les citoyens pussent commercer et faire des échanges avec les étrangers, il les exhorta à cultiver les arts et à activer les manufactures. Ce fut aussi dans l'intention de faire naître le commerce et de chasser l'oisiveté qu'il publia la loi par laquelle le fils n'était pas tenu de nourrir son père dans la vieillesse, si celui-ci ne lui avait fait apprendre aucun métier. Une loi plus sévère encore était celle qui dispensait l'enfant né d'une courtisane de prendre soin de son père : le motif de Solon était que le père ayant méprisé la sainteté du mariage, puisqu'il n'avait pris une femme que par volupté, ne devait pas sentir le bienfait d'avoir des enfans.

S'occupant des choses les plus minutieuses, Solon fit creuser des puits, régla la distance à garder dans les plantations d'arbres, entre les ruches d'abeilles ; il ne permit de vendre aux étrangers que les fruits, les huiles, etc.

Après avoir établi son code de législation dans toutes ses parties, il fixa à cent années l'existence de ses lois, et les fit écrire sur des rouleaux de bois, qui tournaient dans des cadres. Il fit jurer au conseil, ainsi qu'à chacun des *thesmothètes*, ou officiers, qui avaient soin des lois, de les respecter, et lui-même s'engagea de consacrer dans le temple de Delphes une statue d'or massif du même poids que lui s'il venait à en violer une seule.

A peine les lois de Solon furent-elles publiées, qu'il fût importuné par une foule de gens qui allaient chez lui pour le louer, ou pour l'engager à faire des changemens ; ces importunités le décidèrent à s'embarquer, et, prenant pour prétexte le désir de commercer sur mer, il demanda et obtint un congé de dix années.

Il alla d'abord en Égypte, où il demeura quelque temps : ensuite il passa en Chypre, où Philocypre, roi de cette île, le prit en si grande amitié, qu'il consentit, sur son conseil, à transporter sa ville capitale dans une plaine voisine, plus agréable que les bords du fleuve de Claros. Ce roi fit plus ; pour le récompenser de tous ses soins, il donna le nom de *Soli* à cette ville que Solon avait bâtie et rendue aussi sûre que commode.

L'entrevue de Solon avec Crésus, roi de Lydie, est contestée par quelques écrivains ; cependant elle est parfaitement d'accord avec le caractère de ce grand homme. Elle mérite d'être racontée.

Solon fut mandé par Crésus, et consentit à le voir. Le jour qu'il se rendit au palais, il s'aperçut que Crésus avait déployé toute la magnificence possible ; il ne parut point y faire attention. Crésus ordonna qu'on lui fît voir ses trésors, ses appartemens, ses meubles ; Solon n'examina rien. A son retour, le roi lui demanda s'il avait jamais vu d'homme plus heureux que lui. « J'ai vu, ré» pondit Solon, un simple bourgeois d'Athènes, » nommé *Tellus*, homme de bien, mort pour sa » patrie, et père d'enfans estimés. Mais après ce » Tellus, continua Crésus. Après lui : Cléobis et » Biton, deux frères tendrement unis, qui, par » amour et par piété filiale, traînèrent eux» mêmes, un jour de fête, le char de leur respec» table mère. » Le roi irrité s'écria : « Mais tu » ne me compteras donc point parmi les heu» reux » ? Solon lui répondit avec douceur : « Roi de Lydie, je suis un Grec, homme simple » et populaire ; je ne puis admirer une félicité » passagère. L'avenir peut amener à l'homme » bien des accidens ; l'homme heureux est celui

» que les dieux ont protégé jusqu'au tombeau.
» Celui-là ne l'est pas, qui vit au milieu des
» écueils ; son bonheur est aussi incertain que la
» couronne de lauriers pour celui qui combat et
» qui n'a pas encore vaincu ». Solon se retira
après cette réponse, qui ne fit qu'offenser l'orgueil
du roi sans le corriger : mais Crésus ne put
s'empêcher de se la rappeler ; et lorsqu'il fut
défait par Cyrus, lié et garrotté pour être brûlé
au milieu des Perses, il s'écria alors trois fois,
de toute sa force, *Solon ! Solon ! Solon !* Cyrus,
étonné de l'exclamation, demanda quel dieu c'était
que ce Solon. « C'est, lui dit Crésus, un des
» sages de la Grèce, qui m'a prédit les vicissitudes
» de la vie. Il avait raison de dire que les faveurs
» de la fortune n'étaient qu'un songe, les revers
» des malheurs réels ; qu'il ne fallait s'enorgueillir
« ni de son rang, ni de ses richesses, mais re-
» garder toujours à la fin de sa vie. »

Ces paroles frappèrent tellement Cyrus qu'il
délivra Crésus : Solon eut donc la gloire d'avoir,
d'un seul mot, sauvé la vie à un roi et l'honneur
à l'autre.

Ce législateur, à son retour dans Athènes,
trouva les habitans divisés : on observait encore
ses lois, mais on en désirait de nouvelles. Il continua à inspirer du respect, de la vénération ;
mais il n'avait plus, à cause de son grand âge,
la force de parler en public. Il ne retrouva assez
de vigueur que dans une seule circonstance ; lorsque Pisistrate, après s'être blessé lui-même, se
fit exposer sur la place publique, en accusant ses
ennemis de l'avoir assassiné, il lui dit : « Fils

» d'Hippocrate, tu représentes mal l'Ulysse d'Ho-
» mère ; tu t'es déchiré pour tromper tes con-
» citoyens, il ne le fit que pour tromper les en-
» nemis ». Une autre fois, quand Ariston demanda
qu'il fût donné cinquante gardes à Pisistrate pour
la sûreté de sa personne, Solon se leva et s'y
opposa de tout son pouvoir, en démasquant l'hy-
pocrite bonté de Pisistrate ; mais le peuple ne
l'écouta pas, et eut bientôt sujet de s'en repentir ;
car, peu-à-peu Pisistrate prit tant de gardes,
qu'il s'empara de la citadelle. Cet attentat répandit
la consternation dans Athènes. Solon se rendit
sur la place, et eut encore la force de dire, pour
ranimer le courage des Athéniens : « Avant ce
» jour il était facile d'étouffer la tyrannie nais-
» sante : maintenant qu'elle est puissante, il est
» glorieux de l'abolir. » Cette phrase sublime ne
produisit aucun effet. Alors il se retira dans sa
maison, en disant : « J'ai défendu, autant que
» j'ai pu, les lois et la liberté de ma patrie ; et
» je promets de ne plus me mêler du gouverne-
» ment ». Mais bientôt il se lia avec Pisistrate,
qui le combla d'honneurs, le prit pour son conseil,
et fit suivre ses lois.

Solon mourut quelques années après, lorsqu'il
s'occupait de mettre en vers l'histoire ou la fable
de l'île Atlantique, qu'il avait apprise des sages
de la ville de Saïs, et qui concernait particulièrement les Athéniens. Suivant quelques écrivains
célèbres, et même suivant Aristote, ses cendres
furent semées dans toute l'île de Salamine.

LEÇON.

Demande. A qui Solon dut-il le jour ?
Réponse. A Exechestides, noble athénien ; sa mère était cousine-germaine de Pisistrate.

D. Quelles furent les occupations de Solon pendant sa jeunesse ?
R. Le commerce, la littérature et l'étude de la philosophie.

D. Quelle fut sa première dignité ?
R. Celle de général.

D. Remporta-t-il quelques victoires ?
R. Après avoir déterminé les Athéniens à reconquérir Salamine, il se mit à leur tête, et, par ruse, se rendit maître de cette île.

D. Que fit-il encore de remarquable ?
R. Il décida les amphictions à déclarer la guerre aux Cyrrhéens, qui voulaient piller le temple de Delphes, et fit punir les auteurs du meurtre des complices de Cylon.

D. Ne fut-il pas appelé à la tête du gouvernement ?
R. Pour mettre un terme aux divisions intestines, il fut élu archonte, nommé arbitre souverain, et législateur.

D. Quelles furent ses institutions ?
R. Il établit le sénat de l'aréopage, qu'il com-

posa de ceux qui avaient été archontes. Il divisa les citoyens en trois classes : la première, nommée *pentacosiomedimnes* ; la seconde, *chevaliers* ; la troisième, *zeugites* ; le reste du peuple fut nommé *thètes*.

D. Quelles furent les lois de Solon ?

R. Après avoir aboli les lois cruelles de Dracon, il en publia d'autres par lesquelles les dettes furent éteintes, les dots supprimées ; il ordonna qu'on respectât les morts ; que tout citoyen qui resterait neutre dans une sédition fût déclaré infâme ; enfin, il défendit qu'on s'injuriât dans les temples, dans les lieux d'assemblées, et même dans les théâtres.

D. Ne fit-il pas aussi d'autres réglemens ?

R. Oui, il régla les promenades des femmes, leur deuil, leurs jours de fêtes. Il donna ses soins aux manufactures ; il veilla à l'entretien des routes, des puits, et fit défense que l'on vendît aux étrangers autre chose que des huiles et des fruits.

D. Quand il eut tout réglé, que fit-il ?

R. Il fixa à cent années l'existence de ses lois, et s'éloigna d'Athènes pour aller en Égypte et en Chypre.

D. Quand il revint à Athènes, ses lois étaient-elles encore en vigueur ?

R. Non : il retrouva les Athéniens divisés. Il voulut en vain les ramener à lui ; il ne fut plus écouté : son influence était détruite.

D. Solon mourut-il âgé ?

R. A quatre-vingts ans.

D. Fut-il honoré après sa mort ?

R. On sema ses cendres dans l'île de Salamine.

PUBLIUS-VALÉRIUS,

surnommé

PUBLICOLA.

(Depuis la fondation de Rome, 245. Avant J. C., 5o6.)

Publius-Valérius fut un des descendans de cet ancien Valérius qui pacifia les Romains et les Sabins. Dès qu'il entra dans la carrière politique, il se fit renommer par son éloquence et sa fortune. Rome était encore dominée par les rois, mais tout annonçait que si l'état se changeait en république, Valérius y tiendrait le premier rang. Il était éloquent pour faire rendre la justice; il était riche pour exercer la bienfaisance.

Ce fut lui qui, de concert avec Brutus, se mit à la tête de ceux qui voulaient venger Lucrèce, outragée par un des fils de Tarquin-le-Superbe; il contribua même beaucoup à faire chasser de Rome tous les Tarquin; mais il n'en fut pas récompensé comme il devait s'y attendre : Brutus et Collatinus furent élus consuls.

Cette préférence, offensante pour Valérius, lui donna d'abord tant d'humeur, qu'il se retira du sénat, cessa de plaider pour les particuliers, et de se mêler des affaires publiques. Ce petit ressentiment inquiétait ses amis ; heureusement qu'il dura peu. Lorsque Brutus fit jurer aux sénateurs de ne point écouter les propositions des Tarquin, Valérius jura le premier, et saisit bientôt l'occasion de remplir son serment. Les noms des conjurés dévoués à ces tyrans étant parvenus jusqu'à lui, il les dénonça, et conduisit lui-même les coupables dans la place publique. Ce trait le fit nommer consul. Il marcha aussitôt contre les Toscans, gagnés par les Tarquin, leur livra une bataille terrible, où Aruns et Brutus se tuèrent du même coup, mais où l'avantage resta aux Romains.

La récompense de cette victoire fut les honneurs du triomphe. Aucun consul, avant lui, n'était entré victorieux dans Rome sur un char à quatre chevaux. Enivré de tant de gloire, Valérius n'oublia pas ce qu'il devait à la mémoire de Brutus : il ordonna des funérailles magnifiques, et prononça lui-même une oraison funèbre qui obtint des applaudissemens si unanimes, que de ce moment tous les grands hommes furent honorés de cette manière.

Mais si la conduite de Valérius dans cette circonstance fut agréable au peuple, celle qu'il tint ensuite déplut généralement : il gardait seul toute l'autorité, à l'instar de Tarquin, il marchait environné de faisceaux ; il avait une maison plus grande et plus apparente que celle du roi détrôné. Le peuple murmura, Valérius l'entendit, et fit raser dans une nuit son palais. Cette soumission apaisa les Romains ; et par suite la disparition des haches, l'hommage rendu à la souveraineté du peuple, devant qui il faisait baisser les faisceaux, lui méritèrent l'affection générale, et lui firent donner le nom de *Publicola*, c'est-à-dire *qui honore le peuple*; ce nom lui resta, et nous nous en servirons dans la suite.

Publicola, tandis qu'il fut seul consul, s'occupa des lois nécessaires à l'affermissement de la république. D'abord il augmenta le sénat, diminué par les cruautés de Tarquin et par la dernière bataille ; ensuite, pour ajouter à la puissance populaire, il permit à tout criminel d'en appeler au peuple du jugement des magistrats ; il établit la peine de mort pour ceux qui exerceraient un office que le peuple ne leur aurait pas donné. Il déchargea cent trente mille pauvres citoyens, sans compter les veuves et les orphelins, des impôts et des tailles : cette loi tournait au profit des arts et des manufactures, parce que ces malheureux, plus satisfaits, travaillaient davantage. Il permit de tuer, sans autre forme de justice, celui qui aspirerait à la tyrannie : enfin, il créa une garde pour le trésor public, qui fut déposé dans le temple de Saturne, et confié à deux jeunes gens choisis par le peuple.

Quand ces lois furent mises en vigueur, Valérius nomma pour son collègue Spurius Lucrétius, père de Lucrèce, et lui céda la première place à cause de son grand âge ; mais Lucrétius mourut peu de jours après : Marcus Horatius lui succéda.

Rome alors commençait à fleurir ; le calme y

renaissait : tout-à-coup Porsenna, gagné par Tarquin, envoya sommer les Romains de recevoir leur roi, leur déclarant que, sur leur refus, il se mettrait à la tête d'une puissante armée. Publicola, consul pour la seconde fois, avec Titus Lucrétius, loin de s'effrayer de ces menaces, s'occupa par mépris et par fierté de bâtir une ville nommée *Sigliuria*. Porsenna, furieux, se rendit aux portes de Rome ; il se disposait à y entrer quand Publicola parut à la tête de ses troupes et l'arrêta dans sa marche. Il est difficile de peindre avec quel acharnement le combat fut livré de part et d'autre sur les bords du Tibre : Valérius et son collègue y furent si dangereusement blessés, que les soldats se virent obligés de les emporter.

Cet événement décourageant l'armée, tous les Romains fuyaient. L'ennemi allait se saisir du pont de bois et prendre la ville ; mais Horatius Coclès, jeune homme plein de courage, soutint le choc avec deux officiers, à la tête du pont, que les soldats coupaient derrière lui : ensuite il se jeta à la nage et revint dans Rome. Publicola fut si frappé d'admiration pour un pareil trait, qu'il combla de récompenses ce jeune héros, et lui éleva, dans le temple de Vulcain, un statue de bronze.

Porsenna resta donc aux portes de Rome, cherchant à réduire par un siége l'ennemi à la famine. Il allait y parvenir, si Publicola, nommé consul pour la troisième fois, n'eût tenté un coup de désespoir, en tendant aux Toscans un piège où ils se laissèrent prendre, et où cinq mille d'entre eux perdirent la vie. Cet échec le conduisit à faire abandonner à Porsenna le parti des Tarquin. Pour l'y déterminer, il lui rendit les terres conquises dans la Toscane, tous les prisonniers, et lui donna pour otages dix jeunes gens de famille patricienne, et dix jeunes filles, au nombre desquelles était sa fille Valérie. Ces filles, quelque temps après, s'échappèrent et revinrent à Rome; mais Publicola, fidèle à ses engagemens, les remit à Porsenna.

Un an après la conclusion de cette paix avec les Toscans, sous le consulat de Marcus Valerius, frère de Publicola, et de Posthumius Tubertus, les Sabins entrèrent en armes sur le territoire romain; ce fut encore Publicola qui régla la marche des armées, et qui fit gagner à son frère deux grandes batailles. Le peuple le nomma consul pour la quatrième fois. Ce fut alors qu'il fit un trait de politique digne d'être cité.

Il apprit qu'un Sabin, nommé *Appius Clausus*, craignant le courroux injuste du peuple, avait rassemblé autour de lui une foule de parens et d'amis, tous dévoués et prêts à le défendre; il envoya aussitôt des gens affidés, qui engagèrent de sa part ce mécontent à venir à Rome, où il recevrait les honneurs dus à ses talens et à ses vertus. Clausus accepta, et, après avoir annoncé son dessein à ses amis, il prit le chemin de Rome à la tête de cinq mille Sabins, suivis de leurs femmes et de leurs enfans. Publicola les reçut à bras ouverts, leur donna le droit de cité, distribua à chacun deux arpens de terre, le long de la rivière de l'Anio, et en donna vingt-cinq à Clausus, en l'honorant de la dignité de sénateur. C'est de ce

Clausus que descendit la famille des Claudiens, qui, en noblesse et en gloire, ne le cédait à aucune des plus anciennes maisons de Rome.

La fuite de cet illustre Sabin fit déclarer la guerre aux Romains; mais, par le moyen d'une nouvelle ruse, et de concert avec son collègue Lucrétius, Publicola battit complètement les Sabins près de la ville de Fidènes. Cette dernière victoire, attribuée avec raison non aux dieux, mais à l'adresse et à la prudence de ce grand capitaine, mit le comble à sa gloire et à l'amour du peuple, qu'il enrichit et sauva tout à la fois.

Publicola mourut quelque temps après. Il avait vécu au milieu de tout ce qu'il y avait de grand et de vertueux. Les Romains voulurent qu'il fût enterré aux frais des citoyens, et donnèrent chacun une pièce de monnaie nommée *quadras* (1). Les femmes portèrent le deuil pendant un an, ce qui fut l'hommage le plus éclatant rendu à sa mémoire. On éleva son tombeau dans une contrée nommée *Velia*, et l'on accorda à sa postérité le privilège d'être enterrée dans le même lieu.

LEÇON.

Demande. De qui descendait Publius-Valérius ?
Réponse. De cet ancien Valérius, qui pacifia les Romains et les Sabins.

(1) Le quart d'un as romain, d'un sou.

D. Pourquoi fut-il nommé *Publicola* ?

R. A cause de son amour pour le peuple, devant qui il faisait baisser ses faisceaux.

D. Valérius jouit-il de bonne heure d'une grande réputation ?

R. Dès qu'il entra dans la carrière politique, il se fit renommer par son éloquence et sa fortune.

D. Quelles furent ses dignités pendant sa vie ?

R. Il fut sénateur, et quatre fois consul.

D. Quelles furent ses victoires ?

R. Il battit les Toscans, gagnés par les Tarquin, retint Porsenna aux portes de Rome, et défit complètement les Sabins près de Fidènes.

D. Quelles lois et quels réglemens fit-il ?

R. Il permit à tout criminel d'en appeler au peuple du jugement des magistrats; il établit la peine de mort pour ceux qui exerceraient un office contre l'avis du peuple; il déchargea des impôts cent trente mille citoyens, sans compter les veuves et les orphelins; il laissa la liberté de tuer, sans autre forme de justice, quiconque aspirerait à la tyrannie; enfin, il créa une garde pour le trésor public.

D. Quel est le trait le plus remarquable de sa vie ?

R. Celui qu'une adroite politique lui suggéra. Sachant qu'un nommé *Appius Clausus*, qui avait un grand nombre d'amis et de gens dévoués à ses intérêts, ne cherchait qu'à fuir de sa patrie, Valérius l'envoya prier de se réfugier à Rome; ce que fit ce mécontent, à la tête de cinq mille Sabins, suivis de leurs femmes et de leurs enfans. Dès qu'ils furent arrivés, Valérius leur fit distribuer des terres, et donna à Appius Claudius la dignité de sénateur.

D. Les Sabins ne déclarèrent-ils pas alors la guerre aux Romains ?

R. Oui ; mais Publicola les battit près de la ville de Fidènes, et mit ainsi le comble à sa gloire et à l'amour du peuple, qu'il enrichit et sauva tout à la fois.

D. Vécut-il long-temps après cette victoire ?

R. Non ; il mourut peu de temps après.

D. Fut-il honoré et regretté ?

R. Les Romains fournirent une pièce de monnaie pour ses obsèques, et les femmes portèrent le deuil pendant un an. Son tombeau fut élevé dans une contrée nommée *Velia*, et l'on accorda à sa postérité le privilège d'être enterrée dans le même lieu.

THÉMISTOCLE.

(Depuis la fondation de Rome, 273. Avant J. C., 478.)

Une naissance illustre ne commença point la réputation de Thémistocle, puisqu'il était le fils d'une étrangère et de Néoclès, un des moins considérables citoyens d'Athènes. Dès son enfance, il se montra entreprenant, hardi, d'un sens droit, et très-porté à la politique. Dédaignant les jeux de son âge, et toujours méditant, il étonnait son maître, qui lui dit un jour : « Tu ne seras jamais
» un homme ordinaire ; tu feras un grand bien
» ou un grand mal ». Les arts ne lui plaisaient pas, les sciences même n'avaient qu'un faible attrait pour lui ; mais il apprenait facilement tout ce qui avait rapport au gouvernement. Son peu d'urbanité dans le monde lui attirait les railleries de ses compagnons ; il répondait avec fierté : « Je
» ne sais ni accorder une lyre, ni jouer d'un psaltérion ; mais qu'on me donne une ville petite,
» faible et inconnue, je la rendrai grande, formidable et célèbre. »

Il fut par ambition, dès sa jeunesse, ennemi d'Aristide et de tous les gens puissans : il les frondait avec audace. Son premier conseil aux Athéniens fut d'abolir la distribution des revenus annuels qu'on tirait des mines d'argent situées dans un lieu de l'Attique nommé *Laurium*, et d'employer ces revenus à construire des vaisseaux pour combattre les Eginètes, alors redoutables à la Grèce, et maîtres de la mer par le nombre de leurs bâtimens. Son avis prévalut, malgré les efforts de Miltiade, et cet argent servit à construire cent vaisseaux.

Les écrivains ne sont pas d'accord sur Thémistocle; les uns disent qu'il fut avare, les autres lui reprochent une coupable prodigalité, mais du moins tous s'accordent à dire qu'il savait se montrer impartial, et ne rien permettre contre le bon droit. Il répondit un jour au poète Simonide, de Céos, qui lui demandait quelque chose d'injuste : « Comme tu ne serais pas bon poète si tu ne suivais pas les règles de la poésie, je ne serais pas bon magistrat si je t'accordais une chose qui est contraire aux lois ». Il est malheureux d'avoir à lui reprocher, après un pareil trait de sagesse, de s'être servi injustement de son autorité et de la faveur du peuple pour faire bannir Aristide.

Lorsque les Mèdes armèrent contre les Grecs, les Athéniens, qui étaient leurs alliés, s'apprêtèrent aussi au combat. Thémistocle fut nommé pour les commander. Vainement il essaya de persuader au peuple qu'il fallait combattre sur mer; il ne fut point écouté. Mais lorsqu'il eut conduit une forte armée à Artémise pour couvrir la Thessalie, et qu'il eut trouvé les Thessaliens déclarés pour le roi de Perse et non pour les Athéniens, il reproduisit son avis, qui fut accueilli unanimement. Il partit donc sur-le-champ, avec un grand nombre de vaisseaux, pour garder le détroit d'Artémise. Dès qu'il y fut arrivé, une querelle s'éleva entre les Athéniens et les Grecs. Ceux-ci prétendaient que le général devait être choisi parmi eux. Thémistocle, pour finir ces discussions, déposa son pouvoir, et Eurybiade le remplaça.

A peine ce nouveau général vit-il la flotte nombreuse des barbares qu'il voulut regagner l'intérieur de la Grèce, et côtoyer le Péloponèse pour être secouru par l'armée de terre. Thémistocle l'en empêcha : le combat fut engagé, et, quoiqu'il n'en résultât pas un succès décisif, les Grecs virent du moins que leur courage était plus fort que la nombreuse armée de leurs ennemis, montés sur de riches vaisseaux.

Sur ces entrefaites, la nouvelle de la mort de Léonidas, défendant les défilés des Thermopyles, et de la victoire de Xerxès en ce lieu, força les Grecs de rentrer dans l'intérieur de leur pays. Dans cette retraite, les braves Athéniens se mirent à l'arrière-garde, et Thémistocle, dans chaque lieu où devaient passer les Ioniens, grava ces mots sur des pierres : «Peuple d'Ionie, rentrez
» dans nos rangs, reprenez le parti de vos pères,
» combattez pour le maintien de la liberté; ou,
» si cela vous est impossible, ne restez parmi les
» Perses que pour mettre le désordre dans leur
» armée. » Par là il espérait attirer les Ioniens ou les rendre suspects.

Cependant Xerxès, entré dans la Phocide, la

brûlait et la saccageait. Les Athéniens n'avaient d'autre parti à prendre que celui d'abandonner leur ville et de s'embarquer : ils s'y refusèrent encore ; alors Thémistocle rappela Aristide, qu'il mit dans ses intérêts, et, d'intelligence avec les prêtres, il interpréta l'oracle de la Pythie de manière à forcer le peuple de monter sur les vaisseaux. Les prêtres dirent que la déesse avait quitté la ville en leur montrant le chemin de la mer ; les Athéniens ne purent plus résister, et se séparèrent de leurs femmes et de leurs enfans, au désespoir. Après tant d'obstacles, Thémistocle en éprouva encore d'autres quand il fallut livrer combat. Eurybiade et ses capitaines voulaient, au lieu d'engager la bataille, se retirer dans l'isthme où était rassemblée l'armée de terre des Péloponésiens ; Thémistocle fut obligé de menacer les Grecs de se voir abandonnés par les Athéniens s'ils ne se soumettaient à ses ordres : ils obéirent, et se montrèrent résolus à se défendre jusqu'à la mort. Mais l'apparition de l'armée innombrable sur terre et sur mer, à la tête de laquelle était Xerxès, les déconcerta, et leur donna l'idée de fuir dans la nuit. Thémistocle, ne sachant plus quel parti prendre, instruisit Xerxès de cette fuite. Ce roi fit fermer tous les détroits, et, par ce moyen, força les Grecs de se battre ; Thémistocle, dans ce danger qu'il avait causé à dessein, ranima les troupes, profita d'un vent contraire aux Perses, et, mettant le désordre dans la flotte ennemie, qui se trouvait embarrassée de son grand nombre de vaisseaux, obtint la victoire la plus signalée que les Grecs eussent jamais remportée. Puis, recourant à une seconde ruse imaginée par Aristide pour contraindre Xerxès à abandonner la Grèce, il envoya à ce roi un de ses eunuques, qui avait été fait prisonnier, et qui feignit d'être échappé des mains des Grecs. Cet eunuque dit que les Grecs avait l'intention d'aller dans l'Hellespont, à l'endroit appelé *Zeugma*, et d'y couper le seul pont de bateaux qui restait aux Perses pour leur retraite. Cet avis adroit fit fuir Xerxès avec précipitation. Le reste de son armée fut défait à la bataille de Platée, et la Grèce se vit délivrée de l'invasion des Perses.

Thémistocle, dans cette circonstance, méritait les honneurs du triomphe ; il obtint à Sparte, où les Lacédémoniens le conduisirent, les prix dus à son adresse, à sa prudence et à son courage. Il reçut une couronne d'olivier, un char magnifique, et quand il partit, trois cents jeunes gens des premières familles l'accompagnèrent jusqu'aux montagnes. Mais, de son propre aveu, le triomphe auquel il fut le plus sensible fut l'accueil qu'il reçut, trois jours après, aux jeux olympiques. Dès qu'il parut, tous les yeux se fixèrent sur lui, et chacun le montra aux étrangers en poussant des cris de joie et en battant des mains.

Après tant de hauts faits, Thémistocle s'occupa de rebâtir Athènes, et de l'entourer de murailles. Voulant accoutumer les Athéniens à la marine, il fortifia le port de Pirée, qui lui paraissait très-commode. Ensuite, pour augmenter la puissance d'Athènes, il imagina de brûler les vaisseaux grecs en station à Pégases ; mais le peuple, sur l'avis d'Aristide, le lui défendit.

Peu de tems après, les Lacédémoniens demandant à être seuls admis dans les assemblées, et voulant par là en exclure les Thessaliens, les Argiens et les Thébains, qui ne s'étaient point armés contre Xerxès, Thémistocle s'opposa à cette proposition ; ce fut là le principe de la haine des Lacédémoniens contre lui ; peu-à-peu cette haine augmenta par suite de quelques exactions dont il se rendit coupable, et enfin un ressentiment général éclata et le fit bannir.

Thémistocle exilé se rendit d'abord à Argos. Il y fut bientôt rejoint par le traître Pausanias, qui, disgracié comme lui, vint lui proposer de se mettre du parti des Perses pour marcher contre son ingrate patrie ; il refusa. Cependant on trouva bientôt après des écrits qui le compromettaient, et qui firent donner l'ordre de l'arrêter pour le traduire devant le conseil de guerre. Thémistocle, averti à temps, passa dans l'île de Corcyre, de là en Epire, et, se voyant toujours poursuivi, se réfugia chez Admète, roi des Molosses. Sa femme et ses enfans, qu'Epicrate d'Arcananie trouva moyen de faire évader d'Athènes, vinrent le rejoindre dans cette cour. Une partie de ses biens fut sauvée par des amis, le reste fut confisqué.

Après avoir fui de ville en ville, d'états en états, épié partout, et mille fois sur le point d'être pris, il se détermina à chercher un asile dans la cour même de Xerxès. Dès qu'il y fut arrivé, il s'adressa

au capitaine Artaban, et lui dit qu'il était Grec de nation, qu'il voulait parler au roi. « Étran-
» ger, répondit Artaban, tu ne verras le roi que
» si tu consens à l'adorer; telle est notre cou-
» tume. J'obéirai à vos lois, repartit Thémisto-
» cle; mais ne retardez point une audience qui
» est intéressante pour Xerxès. Qui es-tu donc?
» s'écria Artaban. Le roi seul le saura, répliqua
» Thémistocle. Aussitôt il fut mené devant le roi.
Là, interrogé sur son nom, il dit avec tranquillité : « Je suis Thémistocle, cet Athénien qui vous
» fit tant de mal. Je viens me soumettre à vous;
» profitez de mon malheur plutôt pour montrer
» votre vertu que votre colère ». D'abord le roi
de Perse ne répondit rien; mais bientôt, enchanté
de posséder son plus dangereux ennemi, il donna
un grand festin, et le lendemain, dès la pointe
du jour, en présence des plus grands seigneurs
de la cour, il dit à Thémistocle : « Voilà les deux
» cents talens promis à celui qui t'amènerait;
» compte sur ma bienveillance, sur mes bons of-
» fices, ne me cache rien de ce que tu as à me
» proposer sur la Grèce ». Thémistocle demanda,
» pour le satisfaire, le temps d'apprendre la lan-
» gue persanne; en moins d'un an il la sut, et devint alors l'intime ami du roi, avec qui il allait à
la chasse, et passait presque tous les jours. La
plupart des auteurs assurent qu'il lui fut donné
trois villes pour son pain, pour son vin et pour sa
viande : savoir : Magnésie, Lampsaque et Myonte;
d'autres ajoutent que Percote et Palaescepsis lui
furent aussi données pour ses habits et pour ses
meubles.

Tant de bienfaits de la part du roi le rendirent un objet de jalousie pour les seigneurs, qui, dès ce moment, méditèrent sa mort. Les dieux le protégèrent; il échappa à tous les dangers, mais il n'y survécut pas long-temps.

Un jour Xerxès, instruit d'une révolte des Athéniens, voulut le mettre à la tête de ses armées. Craignant de ternir sa mémoire, et embarrassé de refuser le roi, Thémistocle se décida à terminer sa vie. Après un sacrifice solennel, auquel il invita ses amis, il les embrassa, et but un poison violent qui le fit expirer sur-le-champ. Xerxès, loin d'être irrité de cette mort, l'admira, combla de biens les enfans, les amis, les domestiques de ce grand homme, et lui fit élever un tombeau magnifique sur la place de Magnésie.

Thémistocle mourut à soixante-cinq ans, après avoir passé sa vie à gouverner le peuple ou à commander les armées.

LEÇON.

DEMANDE. A qui Thémistocle dut-il le jour?

RÉPONSE. A Néoclès, un des moins considérables citoyens d'Athènes.

D. Quel fut son caractère dès sa jeunesse?

R. Il se montra entreprenant, d'un sens droit, et très-porté à la politique.

D. Quelle fut sa première dignité ?

R. Celle de général des Athéniens.

D. Sa première victoire ?

R. Celle qu'il remporta sur mer, contre Xerxès, auprès de Salamine.

D. Quel fut le prix de cette victoire ?

R. Une couronne d'olivier et un char magnifique.

D. Pourquoi fut-il disgracié par les Athéniens ?

R. Parce qu'il ne voulut pas souffrir que les Lacédémoniens eussent seuls le droit d'entrer dans les assemblées.

D. Où se retira-t-il lors de son exil ?

R. A Argos et en Perse, où Xerxès, ravi de tenir entre ses mains son plus formidable ennemi, le combla de bienfaits, et lui donna trois villes pour son existence.

D. Que fit-il quand Xerxès, instruit d'une révolte des Athéniens, voulut le mettre à la tête de ses armées ?

R. Craignant de ternir sa mémoire s'il marchait contre son pays, il résolut de mourir, et but un poison violent qui le fit expirer sur-le-champ.

D. Lui rendit-on des honneurs ?

R. Xerxès, loin d'être irrité de cette mort, l'admira, et fit élever, sur la place de Magnésie, un tombeau magnifique à la mémoire de ce grand homme.

D. A quel âge Thémistocle mourut-il ?

R. A soixante-cinq ans.

FURIUS CAMILLUS.

(Depuis la fondation de Rome, 365. Avant J. C., 386.)

Furius Camillus était d'une famille peu renommée dans la république romaine. Dès sa jeunesse, sa modération, son affabilité, sa prudence, le firent distinguer de ses compagnons d'armes. Simple cavalier lorsque les Romains livrèrent bataille aux Volsques, il commença par un trait de bravoure qui le fit nommer censeur, charge alors très-considérable, et qui donnait un grand pouvoir. Il usa de son autorité pour marier les veuves des guerriers, et mettre à la taille les orphelins, jusqu'alors exempts de tout impôt : cette mesure était commandée par les dépenses excessives de l'armée qui assiégeait Véies depuis sept ans.

Dans la dixième année de ce siége, Furius Camillus fut nommé dictateur par le sénat : aussitôt il marcha contre les Falisques et les Capenates leurs alliés, qu'il défit en bataille rangée. De là il se rendit devant Véies pour en presser le siége; mais la ville lui paraissant presque imprenable d'assaut, il essaya d'ouvrir des chemins sous terre. Ce moyen lui réussit. Pendant qu'il occupait les Véiens sur les murailles, ses soldats pénétrèrent, par un souterrain, dans le temple de Junon, au moment où le général des Toscans sacrifiait aux dieux. L'apparition subite des Romains effraya les Véiens, qui prirent la fuite et abandonnèrent leur ville au pillage.

Après un tel exploit, Camillus rentra dans Rome. Enivré par la flatterie, il célébra lui-même son triomphe, en traversant la ville monté sur un char traîné par quatre chevaux blancs. Cet orgueil offensa les Romains, qui croyaient qu'un pareil char n'était destiné qu'au père des dieux. Camillus était donc déjà vu de mauvais œil par le peuple : il en fut tout-à-fait détesté lorsque, mis en avant par le sénat, que la destruction de Rome inquiétait, il s'opposa à la loi qui ordonnait que la moitié des sénateurs et du peuple romain allât habiter la ville conquise.

Un autre motif d'aversion contre lui fut la loi que le sénat rendit pour forcer chaque soldat à remettre la dixième partie du butin rapporté de Véies. Camillus avait fait vœu, avant de partir pour l'armée, de consacrer à Apollon le dixième des dépouilles ennemies s'il était vainqueur; mais les soldats, qui n'en avaient pas été prévenus, avaient tout pris : il était cruel pour eux de rendre ce qu'ils avaient peut-être déjà dépensé ; aussi leurs murmures éclatèrent-ils de tous côtés. La guerre des Falisques vint fort à propos pour les faire cesser. Camillus, reconnu pour grand capitaine, fut nommé tribun militaire; ce choix tranquillisa le peuple sur sa destinée, et calma sa colère.

Camillus entra aussitôt sur les terres des Falisques, et mit le siége devant Phalères, ville forte et bien approvisionnée.

Les Phalériens, peu inquiets des efforts que les Romains feraient pour prendre leur ville, se livraient, quoique assiégés, à leurs occupations ordinaires; les enfans même, conduits par leur maître (1), continuaient leurs exercices hors les murs; mais ce maître était un homme perfide, qui ne cherchait que l'occasion de les livrer aux Romains. Lorsqu'il se fut rendu coupable de cette trahison, conduit devant Camillus, il lui dit avec joie « qu'il était précepteur des enfans qu'il met-
» tait en sa puissance; que le désir de l'obliger
» était plus fort que le devoir, et qu'en lui livrant
» ces enfans il lui livrait la ville ». Sans doute, il s'attendait à une récompense. Camillus, indigné de l'atrocité de cette action, fit déchirer les habits de ce traître, ordonna qu'on lui attachât les mains derrière le dos, et qu'on distribuât à ces enfans des verges et des courroies, afin qu'ils le reconduisissent, en le fouettant, jusque dans la ville.

Quel fut l'étonnement des Phalériens, qui pleuraient déjà la perte de leurs fils, lorsqu'ils les virent rentrer en fouettant leur précepteur, et en appelant Camillus leur dieu, leur sauveur et leur père! Camillus, par ce trait généreux, décida la paix; il n'exigea des Phalériens, qui lui envoyè-

---

(1) Les Phalériens, à l'exemple des Grecs, avaient un maître commun, voulant que leurs enfans s'accoutumassent, dès leur bas âge, à être nourris et élevés les uns avec les autres.

rent des députés, que quelques sommes d'argent, et retourna à Rome, content d'une victoire aussi heureuse. Mais les soldats ne partagèrent pas sa joie : ils avaient espéré le pillage de Phalères, et s'en voyaient frustrés ; ils élevèrent donc leurs plaintes, et décrièrent Camillus comme un homme qui craignait de voir le pauvre s'enrichir. Dans ce moment, les tribuns, pressés par le peuple, proposèrent de nouveau la loi sur le partage des habitans ; Camillus s'y opposa plus fortement que jamais, et parvint même à la faire abroger. Ce nouveau trait d'audace irrita le peuple au point qu'un nommé Lucius Apuléius accusa Camillus d'avoir détourné une grande partie des richesses de la Toscane. Alors ce grand homme, qui ne pouvait compter sur ses amis, et qui craignait de se voir condamner injustement, prit le parti de s'exiler lui-même. Après avoir embrassé sa femme et son fils, il sortit de sa maison, se rendit en silence jusqu'aux portes de la ville, et là, tournant ses regards vers le Capitole, il s'écria : « Dieux, » punissez les Romains de leur injustice envers » moi, et qu'ils regrettent mon absence ! »

Les dieux l'exaucèrent : les Gaulois, conduits par Brennus, s'avancèrent bientôt vers Rome, la prirent, la brûlèrent, et l'eussent entièrement détruite si les Romains ne se fussent retirés dans le Capitole, qui était heureusement pourvu de toutes sortes d'armes.

Brennus les y assiégea aussitôt ; mais ne pouvant les soumettre, le siége dura si long-temps qu'il se vit obligé de répandre ses soldats de tous côtés pour trouver des vivres. Les Gaulois vinrent précisément à la ville d'Ardées, où Camillus, depuis son exil, vivait en simple particulier. La nouvelle des malheurs de Rome, qui parvint alors jusqu'à lui, réveilla dans son ame son énergie et son courage. Se trouvant dans une ville assez peuplée, il rassembla la jeunesse, et lui dit : « Que » la fortune avait un moment favorisé les Gau» lois, mais qu'il leur appartenait de les vaincre, » et qu'il s'offrait de les conduire à la gloire ». La jeunesse, enflammée par ces mots, s'arma promptement ; les chefs et le sénat d'Ardées firent partir tous les citoyens en état de porter les armes, et bientôt Camillus se vit à la tête d'une troupe assez forte. Aussitôt, profitant d'une nuit pendant laquelle les Gaulois, ivres et endormis, reposaient sans défense près d'Ardées, il les égorgea tous dans leur propre camp. Cette nouvelle parvint bientôt jusqu'aux villes voisines de Rome : tous les soldats romains qui s'y trouvèrent accoururent se mettre dans les rangs de Camillus, et le supplièrent d'être leur général. Camillus refusa cette dignité jusqu'à ce que les Romains enfermés dans le Capitole lui eussent donné leur suffrage. Le jeune Pontius Comminius, malgré les périls auxquels l'exposait la tentative de pénétrer secrètement dans un fort assiégé, fut le premier et le seul qui s'offrit volontairement pour aller recueillir les vœux des Romains. Le destin favorisa son audace : il arriva sain et sauf dans le Capitole. Le sénat s'assembla, élut Camillus dictateur, et Pontius retourna heureusement au camp des Romains, où il était attendu avec autant d'inquiétude que d'impatience.

Camillus, appelé à la tête des affaires pour la seconde fois, se trouva commander une armée de vingt mille hommes. Il se rendit sur-le-champ à la ville de Véies, et, après s'être réuni aux alliés de Rome, il marcha contre les ennemis.

Peu s'en fallut alors que le Capitole ne fût pris; les traces que Pontius avait laissées en y montant avaient indiqué aux Gaulois le chemin qu'ils devaient suivre. Une nuit, ils gravirent le rocher, et déjà ils étaient maîtres des murailles, si les oies sacrées du temple de Junon n'eussent, par leurs cris, averti les Romains, et entre autres Manlius; les Gaulois eurent à peine le temps de fuir. Cet événement, qui les découragea, et la famine qui menaçait les Romains assiégés, engagèrent les deux partis à s'entendre. Brennus consentit d'abord à la paix, pourvu qu'il lui fût donné mille livres pesant d'or; ensuite il voulut davantage; bientôt il se montra insolent, audacieux envers les Romains.

Ce fut à ce moment que Camillus arriva aux portes de Rome. Apprenant la conduite de Brennus, il se rendit de suite, avec ses troupes, au lieu où se faisait le traité, et apercevant l'or que l'on pesait, il le prit, le donna à sa troupe, et dit à Brennus : « La coutume des Romains n'est point » de conserver leur patrie avec l'or, mais avec le » fer. » Brennus irrité, voulut réclamer les conditions du traité; Camillus lui répondit : « Je suis » dictateur; moi seul avais le pouvoir de traiter » avec vous; moi seul suis le maître de vous pardonner si vous avez recours aux prières, ou de » vous punir si vous résistez ». Brennus, furieux, tire son épée, et le combat s'engage d'homme à homme avec une égale fureur. Les deux partis se fussent taillés en pièces si Brennus, devenu plus calme, n'eût fait retirer ses troupes dans son camp, et, dès la nuit même, ne se fût réfugié à huit milles près du chemin qui mène à Gabies; Camillus, à la pointe du jour, l'y rejoignit, et y défit complètement le reste de l'armée gauloise.

Ainsi Rome, qui avait été prise d'une manière étrange, fut aussi étrangement reprise, après avoir été sept mois au pouvoir des Gaulois.

Camillus rentra triomphant dans Rome. Les femmes et les enfans suivaient son char; les Romains, sortant du Capitole, accouraient au-devant de lui; les prêtres, les ministres des temples, rapportaient les vases sacrés, et dans ce moment toute la ville se livrait à cette joie qu'inspirerait la présence d'un dieu.

Camillus, après les sacrifices, s'occupa de la réédification des temples, cachés sous les ruines; il ordonna qu'on rebâtît la ville; mais les Romains, découragés par l'aspect des décombres, en revinrent à l'idée d'aller habiter Véies. Le dictateur s'y opposa pour la troisième fois; les murmures recommencèrent; le sénat fut convoqué. Pendant l'assemblée, au moment où Lucrétius allait opiner, un centurion, de garde ce jour-là, qui passait par hasard avec sa troupe, cria à l'enseigne de la première compagnie, en lui commandant de s'arrêter : « Nous demeurerons fort bien ici, sans aller plus loin. » Lucrétius, frappé de ces paroles, les regarda comme un oracle pour Rome, et le peuple fut de son avis; chacun mit aussitôt la main à l'œuvre, et, en moins d'un an, la ville de Rome fut entièrement rebâtie.

Camillus n'était plus alors dictateur; mais l'invasion des Æsques, des Volsques et des Latins, le siége de Sutrium formé par les Toscans, mirent la patrie dans un tel danger qu'il fut élu une troisième fois. La situation était pressante : il arma même ceux qui n'étaient plus en état de porter les armes. En cernant le mont Marcius, où campaient les Volsques et les Latins, il remarqua que leurs retranchemens étaient de bois, et garnis d'arbres; il y fit jeter des javelots enflammés qui causèrent un incendie si affreux et si prompt, que les Latins furent brûlés, et ceux qui voulurent prendre la fuite taillés en pièces. Ensuite il alla fourrager leurs terres, prit la ville des Æsques, soumit les Volsques, et marcha au secours des Sutriens. Il ignorait que les Toscans venaient de s'emparer de Sutrium, et ne l'apprit que par les habitans, qu'ils en avaient chassés, en ne leur laissant que leurs habits. Cet indigne traitement le révolta, ainsi que sa troupe, au point qu'il résolut de prendre sur-le-champ cette ville; il y réussit. Les Toscans, se croyant loin de tout ennemi, se livraient aux plaisirs de la table; ils furent tous passés au fil de l'épée, dans l'instant même où ils fêtaient leur victoire. Sutrium fut donc pris deux fois dans le même jour.

La rentrée de Camillus à Rome fut encore plus triomphante que les autres; son âge, à cette époque, devait le contraindre au repos : mais sa glorieuse carrière n'était pas achevée, il fut nommé tribun pour la sixième fois, et marcha contre les

Prénestins et les Volsques. C'est dans cette guerre que, malgré une maladie sérieuse, il vécut dans un camp; c'est dans une bataille donnée à cette époque, que, voyant les Romains prêts à fuir, il s'échappa de son lit, courut les rallier, et remporta la victoire. De là il se rendit à Satricum, colonie des Romains, y combattit les Toscans, qui s'en étaient emparés, et fut encore vainqueur. De retour à Rome, envoyé contre les Tusculaniens, il les soumit. Peu de temps après, le sénat, craignant une sédition populaire, le nomma dictateur une quatrième fois. Comme cette nomination était faite malgré le peuple et malgré lui, il abdiqua sous prétexte de santé. Cependant il fut élu une cinquième fois, lorsque les Gaulois, revenant encore des rivages de la mer Adriatique, marchèrent vers Rome avec une armée formidable. Ce fut sa dernière victoire. Camillus avait alors quatre-vingts ans, et devait assurément mériter la vénération publique. Néanmoins il faillit être victime d'une sédition du peuple, qui, au mépris de la loi, voulait qu'on choisît un des consuls parmi les plébéiens. Les esprits ne furent calmés que parce que le sénat consentit au choix de Lucius Sextus, plébéien; alors Camillus reconquit l'amitié du peuple, et fit élever, en face de la place et du comice, un temple à la Concorde. Il mourut l'année suivante, victime d'une peste qui désola Rome. La mort de Camillus, dont la vie avait été aussi longue que glorieuse, fut l'objet d'une douleur générale, et sa perte fit plus de sensation que celle d'un nombre infini de magistrats et de citoyens, victimes du plus horrible fléau.

LEÇON.

Demande. Camillus était-il d'une famille distinguée dans Rome ?

R. Non.

D. Que remarqua-t-on en lui dès sa jeunesse ?

R. De la modération, de l'affabilité, de la prudence et de la bravoure.

D. Quelles furent ses dignités ?

R. Il fut cinq fois dictateur, six fois tribun militaire, et une fois censeur.

D. Quels furent ses principaux exploits ?

R. Il battit les Falisques, les Capenates, et prit la ville de Véies, en y pénétrant par un souterrain. Au siége de Phalères, le trait de générosité qu'il fit, en renvoyant les enfans des Phaléricns, que leur maître lui avait livrés, décida la paix. Après avoir été obligé de s'exiler de Rome, il n'y revint que pour délivrer les Romains, assiégés par Brennus dans le Capitole ; il conquit la ville des Æsques, soumit les Volsques, reprit Sutriam, dont les Toscans s'étaient emparés. Sa dernière victoire fut celle qu'il remporta sur les Gaulois, revenant des rivages de la mer Adriatique pour assiéger Rome.

D. Combien de fois reçut-il les honneurs du triomphe ?

R. Quatre fois.

D. Pourquoi fut-il si souvent l'objet du ressentiment des Romains, et pourquoi s'exila-t-il ?

R. Parce qu'il s'opposa constamment à ce que la moitié des habitans de Rome allât habiter Véies, ville conquise; et ensuite, parce qu'il ne permit pas à ses soldats le pillage de la ville de Phalères.

D. Mourut-il fort âgé ?

R. A quatre-vingts ans.

D. Quelle fut la cause de sa mort ?

R. La peste, qui désolait à cette époque la ville de Rome.

PÉRICLÈS.

(Depuis la fondation de Rome, 322. Avant J. C. 429.)

Périclès, ayant eu pour père Xantipe, et pour mère Agariste, nièce de Clysthène, descendait d'illustres maisons des deux côtés, et était de la tribu Acamantide, du bourg de Cholargue.

Périclès apprit la musique de Damon; il eut pour maître Zénon d'Elée; mais celui qui présida réellement à son éducation fut Anaxagore le Clazoménien, nommé l'*Intelligence*, parce qu'il était le premier qui eût avancé qu'une intelligence pure et simple avait seule démêlé et séparé toutes les parties de l'ancien chaos. Périclès, admirateur de ce grand philosophe, qui le nourrissait de la connaissance des choses célestes, l'imita en tout. Il montra, dès sa jeunesse, une ame élevée; il fut éloquent sans flatterie ni bassesse, sérieux, marchant avec gravité, simple dans ses habits, et sur-tout d'un sang-froid imperturbable; il étonnait tous ceux qui le voyaient.

Est-il un plus bel exemple de patience que celui qu'il donna lorsqu'un citoyen, après l'avoir injurié toute la journée, le poursuivit jusque chez lui ? Il était nuit alors ; Périclès appela un de ses gens, pour qu'il reconduisît avec un flambeau celui qui venait de l'accabler d'invectives.

La puissance était partagée en deux factions, celle de Thucydide et celle de Périclès. Bientôt la chute de Thucydide fit passer le pouvoir de la république aux mains seules de Périclès, qui affecta, dès ce moment, de mépriser les nobles et les riches, et qui changea même de manière de vivre. Il ne parut plus dans les rues que pour aller à la place ou au conseil ; il renonça aux festins, aux assemblées, à tous les plaisirs, et il n'approcha du peuple que le plus rarement possible, parce qu'il savait que l'extrême popularité entraîne le peuple à l'inconstance.

Périclès, à cause de son éloquence ornée de toutes les beautés de la rhétorique, fut surnommé *Olympien*. Cette éloquence ne pouvait cependant l'empêcher d'être timide au point que, chaque fois qu'il devait parler en public, il faisait adresser aux dieux la prière de ne rien dire qui ne convînt à son sujet.

Le gouvernement de Périclès, quoique nommé démocratique, était vraiment monarchique, puisqu'un seul avait l'autorité. Le peuple était dissolu, parce qu'il était trop riche, trop ami des plaisirs. Car on dit que Périclès faisait distribuer les terres conquises, les deniers du trésor dans les fêtes, et qu'il donnait des salaires à ceux qui exerçaient les fonctions publiques.

Mais cette richesse du peuple avait un but pour Périclès, et ce but était de gagner tellement la faveur générale qu'il pût bannir Cimon, guerrier vaillant, d'une grande naissance, dont la magnificence lui déplaisait. Cimon fut, en effet, banni pour dix ans ; et, lorsque les Lacédémoniens entrèrent sur le territoire de Tanagre, Périclès l'empêcha, comme exilé, de prendre part à la guerre, parce qu'il voulait avoir seul l'honneur de la victoire. Malgré ses prodiges de valeur, la bataille ayant été perdue, on regretta Cimon, qu'il eut la politique de rappeler sur-le-champ. Cimon mourut peu de temps après, dans la guerre en Chypre, et fut remplacé par Thucydide, son beau-frère.

Périclès, pour conserver la faveur publique, donnait chaque jour des fêtes ; de plus, il équipait par an plus de soixante vaisseaux, qu'il faisait monter par de pauvres citoyens, payés neuf mois de l'année, pour devenir marins ; il envoyait, à prix d'argent, les oisifs sur les frontières, pour soulager Athènes et imposer aux alliés.

Rien n'égalait, à cette époque, la magnificence des temples et la beauté des édifices publics. Phidias était chargé de ces travaux.

Ce fut alors que Callicratès et Ictinus firent le Parténone ou temple de Pallas, qui avait cent pieds en tous sens ; que Corœbus commença le temple des Mystères, continué par Métagenès et achevé par Xénoclès ; que Callicratès entreprit cette longue muraille qui ne put s'achever, et qu'on vit s'élever l'Odéon ou théâtre de la musique, dont l'intérieur était orné de plusieurs rangs de colonnes, et dont le comble finissait en pointe,

Ce fut alors que la fête des Panathénées fut célébrée par des jeux, où Périclès, après avoir réglé la manière dont les musiciens joueraient de la flûte, de la lyre, et dont on chanterait, était le juge et le distributeur des prix ; enfin, dans ce temps, le vestibule et le portail de la citadelle furent achevés en cinq ans, sous la conduite de Mnésiclès, qui en était l'architecte.

Tant de dépenses devaient nécessairement attirer des ennemis à Périclès. Les orateurs de la faction de Thucydide l'accusèrent hautement d'avoir dissipé les finances et perdu tout le revenu de la ville. Périclès, instruit de ces accusations, demanda au peuple, en pleine assemblée, s'il trouvait qu'il eût trop dépensé : « Beaucoup trop, répondit le peuple. Eh bien ! répliqua Périclès, » ce sera donc à mes dépens et non aux vôtres ; » mais je mettrai mon nom sur le frontispice de » ces monumens ». Cette réponse fit revenir le peuple de son erreur ; et, ne voulant pas céder à Périclès toute la gloire de ces ouvrages, il consentit à ce que le trésor public continuât les dépenses nécessaires.

Cette réconciliation avec le peuple ne fit qu'exciter davantage la haine de Thucydide : la rupture entre ce chef et Périclès devint bientôt si ouverte, qu'il fallait qu'un des deux fût exilé. Thucydide succomba, ainsi que son parti, et fut chassé.

Périclès fut donc seul maître d'Athènes, disposant à son gré des finances, des troupes et des vaisseaux ; mais alors il changea son gouvernement en un état tout-à-fait aristocratique.

Son autorité dura quarante ans parmi les Ephialte, les Léocrate, les Myronide, les Cimon, les Tolmidas et les Thucydide; et, après l'expulsion de ces derniers, il fut quinze ans au-dessus de tous les autres. La perpétuité d'un pouvoir originairement annuel et borné ne le rendit pas plus accessible aux richesses. Il vivait même avec économie dans l'intérieur de sa maison. S'il oublia un moment Anaxagore, il ne faut en accuser que la multiplicité de ses affaires; car dès qu'il sut que ce bon maître voulait mourir, il alla le trouver, et lui fit les plus vives excuses. Il n'entendit qu'avec douleur cet ami lui répondre: « Périclès, ceux qui ont besoin de la lumière d'une lampe n'oublient pas d'y verser de l'huile. »

Ce fut en vain qu'il dépêcha aux Lacédémoniens, jaloux de sa gloire, des ambassadeurs pour les prier d'envoyer des députés à Athènes, à l'effet de former une alliance durable, et de relever les temples détruits par les barbares. Ce fut également en vain qu'il voulut empêcher l'imprudent Tolmidas d'entrer en armes dans la Béotie, avec l'élite de la jeunesse, lui prédisant sa défaite, qui ne tarda pas à être publiée. Du moins ce dernier présage annonçant sa prévoyance et sa sagesse, ajouta à la réputation qu'il avait déjà, de ne jamais exposer des soldats à des dangers certains.

De toutes ses expéditions pendant qu'il fut chef de l'armée, la plus remarquable est celle de la Chersonèse, si avantageuse à tous les Grecs de ce pays; car, outre qu'il y mena mille citoyens d'Athènes pour l'habiter, il la fortifia, en ferma l'isthme par une grande muraille et par des forts, depuis une mer jusqu'à l'autre. Son expédition contre le Péloponèse, pour laquelle il était parti avec cent vaisseaux du port de Pégès, sur la côte de Mégare, fut aussi admirée des étrangers. La défaite des Sycioniens, le pillage de l'Arcanie, sa bienveillance envers les Grecs, le présent aux Synopiens de treize vaisseaux garnis de troupes, pour les défendre contre le tyran Timésiléon, la soumission de quelques peuples révoltés de la Grèce, son refus de conquérir l'Egypte, de bouleverser la Perse, de ravager la Toscane et Carthage, tout attesta son courage, sa bonté, sa prudence et sa philosophie.

Le fruit d'une administration si sage et si éclairée, fut une trève de trente ans entre les Athéniens et les Lacédémoniens. On ne peut pas louer également la guerre qu'il déclara aux Samiens pour plaire à Aspasie, Milésienne de naissance ; elle eut cependant pour lui les résultats les plus avantageux. Lorsqu'après neuf mois les Samiens se rendirent, il rasa leurs murailles, leur ôta leurs vaisseaux, exigea d'eux des sommes immenses, payables moitié comptant, et le reste à époque fixe. Des otages furent donnés pour la sûreté des paiemens.

Périclès, de retour à Athènes, rendit des honneurs à ceux qui étaient morts dans cette guerre, et prononça lui-même leur oraison funèbre. Les femmes le couronnèrent, et même coururent l'embrasser. La seule Elpinice lui dit : « Périclès, le beau triomphe d'avoir ruiné, perdu une ville notre alliée et descendue de nous ! »

Ce fut quelque temps après que commença la

guerre du Péloponèse, pendant laquelle Périclès fut accusé d'un meurtre, et Aspasie d'impiété. Il sauva cette courtisane à force de prières et de larmes, et les accusations cessèrent contre lui lorsque les Lacédémoniens et leurs alliés, sous la conduite du roi Archidamus, vinrent camper au bourg d'Acharnes.

Malgré l'ardeur des Athéniens, Périclès, dans cette circonstance, refusa de livrer bataille, disant qu'il était trop près d'Athènes. Il se contenta d'envoyer cent vaisseaux au Péloponèse, et laissa retirer les ennemis ; mais les hommes qu'il avait craint de voir sacrifier dans les combats périrent d'une peste qui se déclara dans la ville, et qui emporta la fleur de la jeunesse. De peur que ce fléau ne produisît un plus grand ravage, Périclès fit équiper cent cinquante vaisseaux, qu'il remplit de troupes, et mit à la voile. Il alla assiéger la ville sacrée d'Épidaure ; mais se voyant, ainsi que ses soldats, attaqué de la peste, il ne tarda pas à être obligé d'en lever le siége.

Alors les Athéniens se révoltèrent contre lui, le forcèrent de quitter le commandement en chef, et le condamnèrent à une amende de cent cinquante talens. Xantipe, son fils aîné, qui bientôt mourut de la peste, fut un de ses plus acharnés dénonciateurs. Périclès perdit en même temps sa sœur et plusieurs de ses parens et de ses amis qui lui étaient très-nécessaires dans le gouvernement. Il avait résisté avec force à tant de chagrins ; mais la mort de Paralus, le dernier de ses enfans légitimes, ébranla son ame si vivement qu'il lui fut impossible de mettre sur la tête du mort la couronne de fleurs.

Il fut encore une fois général du choix des Athéniens, qui se repentirent de leur ingratitude. Rétabli dans ses fonctions, la crainte de n'avoir pas de successeur, et que sa famille ne fût éteinte, puisque tous ses enfans légitimes étaient morts, l'engagea à demander l'abolition de la loi faite par lui-même contre les bâtards. Les Athéniens, par compassion pour ses malheurs domestiques, lui permirent de faire écrire son bâtard sur les registres de sa tribu, et de lui donner son nom propre.

Peu de temps après, Périclès mourut de la peste. Les événemens qui arrivèrent après sa mort le firent beaucoup regretter, principalement de ceux qui n'avaient cessé de le calomnier et de lui nuire.

LEÇON.

DEMANDE. A qui Périclès dut-il le jour ?

RÉPONSE. A Xantipe et à Agariste, nièce de Clysthène.

D. Qui furent les maîtres qui instruisirent sa jeunesse ?

R. Zénon d'Élée et Anaxagore.

D. Que lui apprirent-ils ?

R. A montrer toujours une ame élevée, un sang-froid imperturbable, à être éloquent sans flatterie, et simple dans ses habits comme dans ses manières.

D. Comment Périclès se trouva-t-il seul à la tête de la république ?

R. Par la chute de Thucydide, qui jusque là avait partagé le pouvoir.

D. Que fit-il lorsqu'il tint les rênes de l'Etat ?

R. Il s'éloigna du peuple, méprisa les nobles et les riches, et rendit les citoyens dissolus, en leur faisant distribuer les terres conquises, les deniers du trésor dans les fêtes, et en donnant des salaires pour les fonctions publiques.

D. Quel était son but, en enrichissant le peuple ?

R. De pouvoir bannir Cimon.

D. Que fit-il de remarquable pendant qu'il fut chef de l'armée des Athéniens ?

R. Il fit l'expédition de la Chersonèse, et celle contre le Péloponèse : il défit les Sycioniens, pilla l'Acarnanie, soumit quelques peuples révoltés de la Grèce, envoya aux Synopiens des vaisseaux garnis de troupes pour les défendre contre le tyran Timésiléon ; enfin, il refusa de reconquérir l'Egypte, de bouleverser la Perse, de ravager la Toscane et Carthage.

D. Quelle guerre les Athéniens eurent-ils à lui reprocher ?

R. Celle qu'il déclara aux Samiens pour plaire à Aspasie, Milésienne de naissance.

D. Quels furent ses derniers travaux comme général ?

R. Il envoya cent vaisseaux au Péloponèse, et assiégea la ville d'Epidaure, où il fut attaqué de la peste, ainsi que ses troupes.

D. Combien de fois avait-il encouru la disgrâce des Athéniens ?

R. Deux fois, à cause de la guerre entreprise contre les Samiens, et à cause du siége de la ville sacrée d'Epidaure.

D. Comment Périclès termina-t-il sa carrière ?

R. Il fut attaqué de la peste, qui le conduisit au tombeau.

FABIUS MAXIMUS.

(Depuis la fondation de Rome, 530. Avant J. C. 221.)

Fabius Maximus descendait en droite ligne, au quatrième degré, du célèbre Fabius Rullus, que ses grandes actions firent surnommer *Maximus*, c'est-à-dire *très-grand*. Fabius Maximus, dont nous écrivons la vie, avait aussi le surnom de *Verrucosus*, à cause d'une petite verrue placée sur la lèvre. Dans son enfance, il fut nommé *Ovicula*, c'est-à-dire *petite brebis*, à cause de la douceur de son naturel.

Fabius ne décela point d'abord ce qu'il serait un jour : il paraissait peu intelligent. Il était d'une lenteur qui allait jusqu'à la niaiserie ; mais ce n'était là qu'une ombre qui devait rendre le tableau plus brillant. Quand Fabius fut dans l'âge de se faire connaître, il s'exerça aux combats, étudia ce genre d'éloquence qui persuade le peuple plus qu'il ne le séduit, et se montra aussi grand par son courage que par sa sagesse, aussi admirable par ses talens que par ses connaissances.

Fabius Maximus fut cinq fois consul ; dans son premier consulat, il remporta une grande bataille sur les Liguriens, et les contraignit de se renfermer dans les Alpes. Quelque temps après, lorsqu'Annibal, vainqueur à Trébia, s'avançait à grandes journées sur Rome, Fabius fut le seul qui ne trembla point. Instruit de la détresse des Carthaginois, il engagea les Romains à temporiser; mais le consul Flaminius, qui n'était pas de son avis, livra une bataille où il périt, après avoir eu quinze mille hommes tués et quinze mille faits prisonniers.

La situation critique où Rome se trouvait rendait indispensable la nomination d'un dictateur; Fabius fut élu. Il commença par demander au sénat la permission de monter à cheval à l'armée, ce qui était expressément défendu au dictateur par une loi fort ancienne; ensuite, pour imposer au peuple, il sortit dans la ville, précédé des licteurs armés de faisceaux; et, pour lui prouver sa confiance dans la divinité, il fit de nombreux sacrifices.

Quelques jours après, il marcha contre Annibal, toujours bien résolu de ne pas l'attaquer, mais de l'observer et de le suivre. Cette prudence, sagement prolongée, lui attira bientôt le mépris du soldat. L'ennemi lui-même, excepté Annibal, qui jugeait bien de son habileté, le regardait comme un lâche. Minucius, général de sa cavalerie, et en faveur à l'armée, le faisait nommer *le pédagogue d'Annibal*; Fabius n'y faisait aucune attention, et continuait son plan. Par malheur, ses ennemis eurent occasion de murmurer plus haut. Annibal, par une bévue de ses gardes, était presque venu se livrer aux Romains, dans les extrémités de la Campanie, près de la ville de Casilinum; sa position était affreuse, mais il eut l'adresse de s'en tirer, et même de battre les Sabins. La ruse dont il se servit fut d'attacher des torches enflammées aux cornes de deux mille bœufs, qu'il fit chasser sur la montagne, pour effrayer les Romains.

Cette nouvelle, portée à Rome, excita encore davantage le mécontentement du peuple contre Fabius. Les tribuns ne cessaient de déclamer contre lui ; le sénat refusa même de payer les rançons des prisonniers faits par Annibal. Fabius fit vendre ses terres, et les racheta lui-même.

Bientôt après, rappelé à Rome pour les sacrifices, et se voyant obligé de laisser son armée au commandement de Minucius, il ne s'éloigna qu'après avoir prié, supplié ce général de ne rien entreprendre contre l'ennemi pendant son absence. Mais Minucius s'empressa, dès qu'il fut parti, de harceler les Carthaginois, et eut le bonheur de les battre.

La nouvelle de ce succès parvint aussitôt à Rome, où se trouvait alors Fabius. Le peuple fut ivre de joie. Le tribun Métellus, montant à la tribune, exalta Minucius, son propre parent, et accusa de perfidie Fabius et les plus puissans de Rome. Fabius, sans répondre à ces fausses accusations, dit seulement qu'il était impatient de voir achever les sacrifices pour retourner à l'armée, et châtier la témérité de Minucius, qui, contre ses ordres, avait attaqué l'ennemi.

A ces mots, le peuple, qui savait que le dictateur avait sur les citoyens le droit de vie et de mort, trembla pour les jours du vainqueur, et fit un grand tumulte. Le sénat n'eut d'autre moyen, pour l'apaiser, que de donner à Minucius un pouvoir égal à celui du dictateur, chose jusqu'alors inconnue.

Les sacrifices achevés, Fabius retourna au camp; il trouva Minucius qui, aussi fier qu'insolent, prétendait commander toute l'armée. Fabius lui en donna la moitié, et ces deux chefs se séparèrent.

Bientôt les dieux donnèrent enfin à Fabius l'occasion de se signaler, en faisant reconnaître sa prudence. Il y avait, entre les camps romains et celui d'Annibal, une petite colline bordée de ravins, de cavernes et de creux très-profonds; pendant la nuit, Annibal y avait caché un grand nombre de soldats. Dès que le jour vint, il feignit de monter sur la colline pour y prendre poste. Minucius, toujours impatient d'en venir aux mains, s'empressa de l'y suivre et de lui livrer combat. Annibal soutint vigoureusement l'attaque, attirant toujours les Romains sur la hauteur; quand il fut bien certain qu'ils donnaient dans le piége, il fit le signal convenu; tous les soldats cachés sortirent de l'embuscade, enveloppèrent l'armée de Minucius, et la taillèrent en pièces.

Fabius, qui avait prévu ce malheur, tira aussitôt son épée, et dit : « Soldats, marchons au se» cours de Minucius. Trop de valeur l'a perdu; » sauvons-le, nous le rendrons plus prudent une » autre fois ». A peine eut-il achevé ces mots, qu'à la tête de son armée il fondit sur les Numides, les battit, délivra Minucius, et força Annibal de retourner dans son camp.

Fabius ne montra pas plus d'orgueil après cette

victoire : il resta au milieu de ses guerriers, sans laisser échapper un seul mot de reproche contre Minucius. Mais celui-ci, reconnaissant son erreur, s'écria : « Mes compagnons, ne point commettre
» de fautes dans les grands emplois est au-dessus
» de la nature humaine ; mais se servir de ses
» fautes passées pour n'en plus commettre, voilà
» ce que peut l'homme sage. Je me suis cru ca-
» pable de vous commander, et je vois aujour-
» d'hui que j'ai besoin, au contraire, que quel-
» qu'un me commande. Vous n'aurez plus qu'un
» seul dictateur à votre tête, c'est celui à qui je
» vais témoigner ma reconnaissance en me sou-
» mettant à ses ordres et en lui obéissant le pre-
» mier ». Au même instant il se rendit à la tente de Fabius, le nomma son père, et lui dit : « Dic-
» tateur, vous avez remporté deux victoires en
» ce jour ; par votre valeur, vous avez vaincu
» l'ennemi ; par votre prudence, vous m'avez
» vaincu. Par l'une de vos victoires, vous m'avez
» sauvé ; par l'autre, vous m'avez instruit. Si je
» vous appelle mon père, c'est qu'il n'est pas de
» nom plus révéré, car vous le mériteriez. Mon
» père ne m'a donné que la vie ; et vous, en me
» la rendant, vous l'avez rendue à tous les sol-
» dats qui me restaient ». Après ce discours, il embrassa Fabius, et les soldats, émus par ce spectacle, les imitèrent en s'embrassant les uns et les autres.

Fabius ne tarda pas à se démettre de la dicta-ture, et on nomma des consuls. Les premiers qui furent choisis continuèrent la guerre d'après ses avis ; mais Varron, homme obscur, un des flatteurs du peuple, n'eut pas plutôt été promu au consulat, qu'il fit lever une armée de quatre-vingt-huit mille hommes, promettant de vaincre les ennemis en un jour. Il donna cette fameuse bataille, nommée *la bataille de Cannes*, où il eut, en une journée, cinquante mille hommes tués, et seize mille faits prisonniers.

Ce fut alors que les Romains connurent la prudence de Fabius; et tous, dans ce péril imminent, s'abandonnèrent à lui. Il fit assembler le sénat, établit des gardes à toutes les portes de la ville pour empêcher qu'on en sortît; et instruit qu'Annibal ne se dirigeait plus sur Rome, il se mit en campagne, reprit par ruse Tarente, dont Annibal s'était emparé par trahison, fit trente mille prisonniers, mit la ville au pillage, enleva du trésor public trois mille talens, fit transporter au Capitole le colosse d'Hercule, et ne laissa que les statues des dieux.

La nouvelle de cette prise fit dire à Annibal, qui accourait pour secourir Tarente: « Les Ro-
» mains ont aussi leur Annibal. Nous avons
» perdu Tarente comme nous l'avions gagné. Je
» vois qu'il nous sera très-difficile de conquérir
» l'Italie. »

Fabius rentra triomphant à Rome pour la seconde fois; son triomphe fut encore plus magnifique que le premier. Les Romains, satisfaits de tant de gloire, donnèrent à son fils les honneurs du consulat; mais ce jeune homme mourut peu de temps après. Son père prononça lui-même son oraison funèbre.

Ce fut pendant les grands succès de Scipion

contre Annibal, que Fabius tomba malade, et mourut presque dans la pauvreté. Chacun fournit, pour ses funérailles, une petite pièce de monnaie; ce qui prouva que tous les Romains le regardaient comme leur père.

LEÇON.

Demande. De qui descendait Fabius Maximus ?

Réponse. Du célèbre Fabius Rullus, que ses belles actions firent surnommer *Maximus*, c'est-à-dire *très-grand*.

D. Quels étaient les surnoms de Fabius Maximus ?

R. Dans son enfance, on le nommait *Ovicula*, à cause de sa grande douceur, et par suite *Verrucosus*, à cause d'une petite verrue placée sur sa lèvre.

D. Annonça-t-il dès sa jeunesse ce qu'il serait un jour ?

R. Il était d'abord d'une extrême lenteur, et paraissait peu intelligent; mais ces défauts furent bientôt remplacés par des qualités éminentes; il se montra aussi grand par son courage que par sa sagesse, aussi admirable par ses talens que par ses connaissances.

D. Combien de fois fut-il consul ?
R. Cinq fois.

D. Quelles furent ses victoires pendant son premier consulat ?

R. Il vainquit les Liguriens, força, en temporisant, Annibal de s'éloigner de Rome, et reprit Tarente.

D. Combien de fois reçut-il les honneurs du triomphe ?

R. Deux fois.

D. Comment mourut il ?

R. De maladie, et presque dans la pauvreté.

D. A quelle époque ?

R. Lorsque Scipion remportait de nombreuses victoires sur Annibal.

D. Fut-il honoré après sa mort ?

R. Les Romains fournirent tous une pièce de monnaie pour ses funérailles, ce qui prouva qu'ils avaient perdu leur ami et leur père.

ALCIBIADE.

(Depuis la fondation de Rome, 341. Avant J. C., 410.)

Clinias, descendant d'Eurisaces, fils d'Ajax, fut le père d'Alcibiade; Dinomache, fille de Mégaclès, fut sa mère. Clinias son père étant mort à la bataille de Coronée, Alcibiade eut pour tuteurs Périclès et Ariphron, et pour précepteur Zopyre. Il était d'une beauté remarquable dès son enfance, et laissait déjà entrevoir cette vanité, cette audace, cette ambition qui le caractérisèrent pendant sa vie.

Les premiers traits de son jeune âge ont été recueillis; en voici un digne d'être remarqué : Alcibiade jouait aux osselets dans une rue étroite : c'était à son tour de les jeter : dans ce moment, un charretier voulut passer avec sa voiture; Alcibiade, furieux, se couche devant les bœufs, et lui dit : *Passe.* Le charretier, épouvanté, s'arrêta.

Aux écoles, il était studieux, obéissant, et apprenait avec facilité; il dédaignait seulement de savoir jouer de la flûte, regardant cet art comme indigne de lui.

Malgré le nombre infini de gens qui l'entouraient, et qui lui faisaient goûter les plaisirs de la vie, il ne reconnut jamais de meilleur ami que Socrate, et se fit un devoir d'écouter ses sages leçons. Dans l'expédition de Potidée, il le logea toujours dans sa tente, et combattit à ses côtés : aussi, quand il y fut blessé, Socrate le défendit seul, et le sauva. A la bataille de Délium, Alcibiade lui rendit le même service.

De jeunes Athéniens se défiaient un jour, les uns et les autres, à qui donnerait un soufflet à Hiponitus, un des principaux de la ville. Alcibiade s'offrit et courut le donner. Le lendemain il se présenta nu chez Hiponitus pour en être châtié à discrétion. Hiponitus, que ce repentir toucha, oublia son ressentiment, et lui donna sa fille Hipparète.

Cette violence qui l'entraînait au mal, le portait également au bien. Lorsqu'Hipparète, son épouse, instruite de ses infidélités, se présenta à l'archonte pour divorcer, Alcibiade, honteux de ses fautes, la prit dans ses bras, traversa toute la place, et l'emporta chez lui, où elle resta jusqu'à sa mort, qui arriva peu de temps après, pendant un voyage qu'il fit à Éphèse.

Alcibiade était si jaloux de remporter les prix aux jeux olympiques, qu'il avait toujours une grande quantité de chevaux. Aucun citoyen, le roi lui-même, n'avait envoyé, avant lui, sept chars pour les courses. Thucydide et Euripide s'accordent à dire que le même jour il remporta trois prix.

Il s'appliqua aux affaires publiques lorsqu'il était encore très-jeune. Phœax, fils d'Erasistrate, et Nicias, fils de Nicératus, furent les seuls qui balancèrent son influence. Eloquent et voluptueux, brave et efféminé, Alcibiade, à la tribune, attirait par ses discours, et chez lui repoussait par ses plaisirs. A l'armée, il étonnait par son audace; à la ville, il faisait pitié par sa mollesse. Il portait toujours de longues robes de pourpre; son bouclier d'or avait pour emblème un amour armé d'un foudre, et sa magnificence insultait aux citoyens. Les murmures éclataient de toutes parts; les sages mêmes le décriaient; cependant il fut nommé général avec Lamachus, pour aller conquérir la Sicile, et même un décret le laissa maître de toutes les opérations de cette guerre et de tous ses préparatifs.

Au moment de son départ, quelques signes fâcheux effrayèrent le peuple, les statues de Mercure se trouvèrent mutilées. Le sénat fit chercher les coupables. Alors des esclaves accusèrent Alcibiade d'avoir causé ces malheurs en contrefaisant, dans une débauche, les mystères secrets. Alcibiade ne voulait point partir sans être disculpé; mais le peuple, dont la colère avait été contenue par l'armée, lui ordonna de faire voile. Il s'éloigna donc avec cent quarante vaisseaux à trois rangs de rames, cinq mille cent hommes de troupes, près de treize cents archers, frondeurs ou soldats légèrement armés, et toutes les provisions nécessaires.

Dès qu'il eut abordé en Italie, il prit terre à Rhège; et, malgré l'avis de Nicias, il navigua en Sicile, où il se rendit maître de Catane. Ce fut le seul exploit qu'il put faire, puisque les Athéniens le rappelèrent pour qu'il répondît aux crimes dont il était accusé.

Ce ne fut pas sans regret que l'armée le vit s'embarquer et s'éloigner d'elle. Dès qu'il fut arrivé à Thurium, apprenant que les Athéniens avaient, en secret, résolu sa perte, il se cacha, et refusa de se rendre à Athènes.

Les Athéniens le condamnèrent à mort par contumace. Il dit, lorsqu'il en eut connaissance : *Je leur ferai bien voir que je suis encore en vie.* Tous ses biens furent confisqués, les prêtres et les prêtresses eurent ordre de le maudire ; la seule prêtresse du temple d'Agrole, nommée *Théano*, refusa, en disant : *Je suis prêtresse pour bénir, et non point pour maudire.*

Alcibiade, dans la situation critique où il se trouvait, se rendit d'abord à Argos ; mais là, redoutant encore ses ennemis, il demanda asile aux Spartiates, qui le reçurent à bras ouverts. Il gagna bientôt leur amitié par son empressement à suivre leurs coutumes. Il avait, en effet, un talent particulier pour se plier à tout, et possédait principalement l'art de l'imitation. A Sparte, il était laborieux, frugal et austère ; en Ionie, délicat, oisif et voluptueux ; en Thrace, aussi infatigable cavalier qu'intrépide buveur ; chez les Perses, somptueux et magnifique ; enfin, il prenait les formes plus facilement que le caméléon ne change de couleur.

Cependant il se trahit à Sparte, en faisant publiquement la cour à Timéa, épouse du roi Agis ; et même, pour éviter le ressentiment des Spartiates, il fut obligé de se réfugier chez le tyran Tisapherne. Celui-ci, ennemi juré des Grecs, le combla d'amitié, et cette liaison fit repentir les Athéniens d'avoir aussi légèrement condamné Alcibiade.

Dans ce temps, les principales forces des Athéniens étaient à Samos. Alcibiade, qui ne désirait rien tant que de rentrer dans sa patrie, fit dire aux chefs de l'armée que, s'ils voulaient promettre de réprimer l'insolence du peuple en rendant les nobles maîtres des affaires, il leur procurerait l'amitié de Tisapherne. Malgré l'opposition d'un général nommé *Phrynicus*, ces chefs acceptèrent sa promesse, et envoyèrent secrètement à Athènes un général nommé *Pisander*, pour changer le gouvernement, encourager les nobles à abolir la démocratie, les assurant qu'Alcibiade leur offrait l'appui de Tisapherne ; ce qui fut fait. Mais aussitôt que la noblesse vit le pouvoir entre les mains de ses quatre cents membres, elle ne se fit aucun scrupule de tromper Alcibiade. L'armée, qui était à Samos, fut si révoltée de cette conduite, qu'elle élut Alcibiade pour général, et résolut de marcher contre les traîtres. Alcibiade, dans cette circonstance, se conduisit avec autant de sagesse que de grandeur d'ame. Il pouvait se voir tout-à-coup à la tête du gouvernement, et se venger de sa proscription, mais il prévit les malheurs de la guerre civile ; il se contenta d'empêcher les Athéniens de commettre une faute qui eût entraîné leur ruine entière.

Quelque temps après, cette faction des quatre cents fut dissipée ; alors Alcibiade fut, de nouveau, rappelé par le peuple. Il ne voulut céder à son désir qu'après avoir fait quelque chose de remarquable. Il attaqua la flotte des Lacédémoniens, et remporta la victoire ; mais, fier de ce grand succès, il eut l'ambition de vouloir paraître devant Tisapherne avec la magnificence d'un général des Athéniens. Ce trait le fit conduire à Sardis, d'où il s'échappa trente jours après. De Clazomène, où il se réfugia, il se rendit sur la flotte des Athéniens, pilla tout le pays de Pharnabase, alla assiéger Chalcédoine, qui s'était révoltée contre les Athéniens, surprit la ville de Sélymbria, et marcha contre Byzance. Alors, désirant de revoir sa patrie, ou de se faire voir après tant de succès, il reprit le chemin d'Athènes. Ses vaisseaux étaient bordés de boucliers et de dépouilles en forme de trophées. Il traînait à sa suite les navires qu'il avait pris, et mettait en évidence les enseignes de ceux qu'il avait brûlés ; ce fut à la tête d'une flotte de deux cents vaisseaux qu'il reparut dans sa patrie. Le peuple courut au-devant de lui, le bénit, le couronna de fleurs, et, dans une assemblée publique, rappela lui-même de son jugement. Alcibiade, pour entretenir cet enthousiasme, parla de ses grands desseins, et annonça l'intention qu'il avait de punir les habitans de l'île d'Andros de leur rébellion. Les Athéniens le nommèrent aussitôt général sur terre et sur mer, lui décernèrent des couronnes d'or, lui donnèrent un pouvoir illimité, lui rendirent tous ses biens, et ordonnèrent aux eumolpides et aux hérauts de l'absoudre des malédictions prononcées contre lui. Après tant d'honneurs, il partit.

Son espoir, dans cette expédition, ne fut pas couronné. Une partie de sa flotte, confiée à Antiochus, fut défaite, et il perdit encore la confiance des Athéniens, qui nommèrent d'autres généraux. Il fit alors la guerre à ses dépens dans les parties de la Thrace qui ne reconnaissaient pas de roi, et s'y établit. Il ne fut pas long-temps sans apprendre la prise d'Athènes par Lysandre, chef des Lacédémoniens; l'incendie des vaisseaux, et la démolition des longues murailles qui joignaient la ville au port du Pirée. Inquiet du succès des ennemis de sa patrie, qui étaient les siens, il se retira, avec une partie de ses immenses richesses, à la cour d'Artaxerce, qui l'accueillit avec honneur.

Alors tous les Athéniens, désolés de la tyrannie de Lysandre, qui les avait mis sous le joug de trente gouverneurs, regrettèrent Alcibiade, et se reprochèrent de l'avoir proscrit deux fois. Ce repentir fut cause de sa mort, car dès que Lysandre en fut instruit, il résolut de le faire tuer. Magée se chargea de ce crime, et se rendit avec ses complices dans une bourgade de Phrygie, où Alcibiade vivait avec une femme nommée *Timandre*. Arrivé devant la maison, Magée, ne se sentant pas le courage d'y entrer, y mit le feu. Alcibiade s'élança aussitôt, l'épée à la main, à travers les flammes. Les assassins lui lancèrent tant de flèches qu'il périt. Quand ces barbares furent partis, sa maîtresse, au désespoir, recueillit son corps, l'ensevelit elle-même, et lui fit des funérailles aussi magnifiques que le permettait sa grande fortune.

LEÇON.

Demande. A qui Alcibiade dut-il le jour?
Réponse. A Clinias et à Dinomache.

D. Que remarqua-t-on en lui dès sa jeunesse ?
R. Une beauté aussi rare qu'admirable, beaucoup de vanité, d'audace et d'ambition.

D. Qui fut son maître ?
R. Socrate.

D. Quelle fut sa première dignité?
R. Celle de général, pour aller, de concert avec Lamachus, conquérir la Sicile.

D. Remporta-t-il quelques victoires ?
R. Il se rendit seulement maître de Catane. Un décret des Athéniens, qui le rappelaient pour répondre aux crimes dont il était accusé, l'empêcha de poursuivre ses conquêtes.

D. Ne fut-il pas condamné à mort?
R. Oui ; ayant refusé de se rendre à Athènes, il fut condamné par contumace.

D. Où se réfugia-t-il ?
R. Chez les Argiens, les Spartiates, les Ioniens, les Thraces et les Perses. Pour plaire à ces différens peuples, il prenait leurs mœurs, leurs habitudes. Aussi était-il frugal à Sparte, voluptueux en Ionie, cavalier infatigable en Thrace, et somptueux chez les Perses.

D. Resta-t-il toujours à Sparte ?

R. Non, il s'en éloigna parce qu'il fut accusé d'avoir fait une cour trop assidue à Timéa, épouse du roi Argis. Il se retira chez le tyran Tisapherne.

D. Ne fut-il pas rappelé à Athènes ?

R. Oui, mais il n'y revint qu'après avoir pillé le pays de Pharnabase, assiégé Chalcédoine, pris la ville de Sélymbria, et marché contre Bysance. Ce fut monté sur une flotte de deux cents vaisseaux, garnis de dépouilles et de trophées, qu'il reparut devant Athènes.

D. Comment y fut-il reçu ?

R. Le peuple courut au-devant de lui, le bénit, le couronna de fleurs, et rappela lui-même de son jugement.

D. Conserva-t-il cet amour public ?

R. Dans l'expédition contre l'île d'Andros, son général Antiochus, qui perdit la bataille, fut cause de sa disgrâce. Alcibiade alla d'abord en Thrace, ensuite il se retira chez Artaxerce.

D. Comment mourut-il ?

R. Percé de flèches par des assassins que Lysandre, maître d'Athènes, avait envoyés pour l'assassiner dès qu'il avait appris que les Athéniens le rappelaient secrètement.

D. Fut-il honoré après sa mort ?

R. Timandre, jeune femme avec laquelle il vivait dans une bourgade de Phrygie, recueillit son corps, l'ensevelit elle-même, et lui fit des funérailles magnifiques.

CAÏUS MARCIUS CORIOLAN.

(Depuis la fondation de Rome, 263. Avant J. C., 498.)

Caïus Marcius perdit son père dans son bas âge, et fut élevé par sa mère. D'une nature forte et vigoureuse, il parut de bonne heure appelé au métier des armes. Aucun enfant n'était ni plus hardi ni plus persévérant que lui, mais aussi nul n'était plus âpre et plus colère. Il fit sa première campagne encore très-jeune, lorsque Tarquin-le-Superbe, chassé du trône, tâchait de prendre Rome. Dans la bataille, il couvrit de son corps un soldat blessé, et tua celui qui le poursuivait. Ce trait de bravoure lui valut une couronne de chêne, qui n'était autre chose qu'une couronne civique.

Cet honneur l'enflamma au point que, dans les nombreux combats donnés par les Romains, il n'y en eut pas un où il ne remportât des couronnes et des prix. Eh ! qui n'admirerait pas tant de gloire, en pensant que Marcius n'avait d'autre intention que de plaire à sa mère, qu'il adorait ?

Dans la guerre contre les Volsques, il fut au-dessus de toute admiration, et rien ne peut égaler l'audace, l'intrépidité avec laquelle il entra dans la ville de Corioles, assiégée par ses compatriotes. Au moment où les Romains étaient repoussés, il se jette sur l'ennemi, l'intimide, le poursuit, et, malgré une nuée de traits, malgré la fuite de la plupart de ses soldats, pénètre avec lui dans la ville, le repousse jusque dans ses derniers quartiers, et donne le temps au lieutenant Titus Lartius de prendre Corioles. Cet exploit ne lui suffit pas. Couvert de sang et de poussière, au point d'effrayer ses compagnons, il revient trouver le consul Cominius dans son camp, et lui demande, comme une grâce, d'être opposé aux bandes antiates, les plus braves de l'armée ennemie. Cominius y consent, et, dès le premier choc, Marcius enfonce leurs bataillons. Trop d'ardeur faillit le perdre, car il se vit enveloppé; Cominius le secourut à temps pour le sauver ; alors il recommença, malgré sa lassitude, à poursuivre les Volsques avec une furie telle qu'on lui criait : *Marcius. arrêtez....* Il répondait : *Ce n'est pas au vainqueur à être las.* Tant d'héroïsme fut bien funeste à l'ennemi : son armée fut défaite ; il eut beaucoup de morts, et un grand nombre de prisonniers.

Le lendemain, Marcius se rendit auprès du consul: toutes les troupes étaient rassemblées. Le consul lui rendit des hommages publics, le laissa maître de choisir parmi le butin, et lui fit présent d'un beau cheval magnifiquement harnaché. Il refusa ces dons. Alors le consul invita ses soldats à le nommer *Coriolan*, en mémoire de la prise de Corioles ; cet avis fut général, et c'est depuis ce jour qu'il ajouta à son nom celui de Coriolan.

Cette guerre achevée, les troubles recommencèrent entre les riches et le peuple. Coriolan se déclara pour les riches : il soutint le sénat contre Brutus et Sicinius, qui s'opposaient à ce qu'on envoyât une colonie de Romains pour repeupler la ville de Vélitres ; enfin il ravagea les terres d'Antium, où il trouva tant de blé et de bétail que ses troupes rentrèrent dans Rome chargées d'un butin considérable.

Après tant de hauts faits, il crut pouvoir aspirer au consulat, et le demanda pour prix de ses blessures. Il ne fut pas élu à cause de son amour pour les patriciens. Le sénat fut indigné de cette ingratitude ; et Coriolan, furieux, dit un jour au peuple, qui se mutinait pour avoir du blé gratuitement : « Vous êtes des séditieux ; on devrait abolir cette puissance tribunitienne qui détruit le pouvoir du consulat ». Les tribuns, présens lors de ce discours, sortirent avec rage, sommèrent Coriolan de comparaître devant eux pour se justifier ; les patriciens s'y opposèrent, repoussèrent les tribuns, et frappèrent les édiles. La nuit put seule mettre fin à ce désordre ; mais le lendemain, nouveau tumulte : Coriolan comparut, et répondit avec fierté. Le tribun Sicinius s'écria : « Coriolan, les tribuns te condamnent à mort ». Au moment où les édiles allaient le saisir et l'emmener pour le précipiter du haut de la roche Tarpéienne, les patriciens et le peuple même s'y opposèrent : alors Sicinius fixa l'époque du jugement définitif au troisième jour de marché.

Arrivé à ce jour, Coriolan parut devant le peuple assemblé. Accusé de tyrannie, d'attentats

aux droits du peuple, d'une vive opposition à ce qu'on diminuât le prix du blé; enfin, d'avoir partagé à ses soldats le butin fait à Antium, au lieu de l'avoir remis au trésor public, il fut condamné à un bannissement perpétuel.

Alors les sénateurs se repentirent de n'avoir pas sauvé Coriolan; pour lui, cette sentence ne parut ni l'humilier, ni l'étonner; il se montra calme et ferme. De retour chez lui, il embrassa son épouse, sa mère au désespoir, leur dit quelques paroles de consolation, et sortit de la ville accompagné de tous les patriciens.

Son premier désir en s'éloignant de Rome fut de tirer de l'injustice des Romains une vengeance éclatante. S'arrêtant aussitôt à l'idée de leur susciter une guerre avec les Volsques, il se rendit de nuit à Antium, et alla se présenter chez Tullus Amphidius, son plus implacable ennemi. Il lui dit, après s'être assis près du foyer : « Je » suis Marcius, qui ai fait tant de mal aux Vols- » ques; mon surnom de Coriolan le dit assez. » Banni par un peuple insolent, je viens chez » toi, non pour sauver ma vie, mais pour t'offrir » mon bras. Sers-toi de mes malheurs pour ton » propre avantage. J'ai combattu heureusement » contre les Volsques, je combattrai pour eux » plus heureusement encore, puisque le secret de » leur ennemi m'appartient. Si tu ne veux pas la » guerre, je dois cesser de vivre, et ce n'est pas » à toi à sauver la vie à ton ennemi ». Tullus, ravi de l'entendre, lui tendit la main, le fit mettre avec lui à table, et les jours suivans furent employés à chercher les moyens de faire la guerre aux Romains.

Rome était alors en proie aux dissensions : l'occasion était favorable, mais les principaux habitans d'Antium n'osaient rompre la trêve faite avec les Romains, quand ceux-ci leur en donnèrent un motif, en ordonnant que les Volsques sortissent de Rome avant le soleil couché.

Cet ordre injuste fut regardé par les Volsques comme un affront sanglant ; ils envoyèrent sur-le-champ sommer les Romains de leur rendre toutes les terres et toutes les villes qu'ils leur avaient prises. Les Romains répondirent que si les Volsques prenaient les armes les premiers, les Romains les poseraient les derniers. Après cette réponse, la guerre fut déclarée, et Coriolan nommé général. Il n'eut pas la patience d'attendre que l'armée fût rassemblée : il partit avec les plus déterminés, et tomba sur les terres des Romains, ménageant toutefois celles des nobles, pour exciter encore plus de trouble dans Rome. Cette expédition achevée, il se réunit à l'armée, et marcha contre la ville de Circée, colonie des Romains, qui se rendit à discrétion. Après avoir vainement ravagé les terres des Latins, pour forcer les Romains de secourir leurs alliés, il tourna ses armes contre les villes du Latium, prit d'assaut Toleriaum, Labicum, Pedum et Boles, qui osèrent lui résister. Les hommes furent vendus, les biens pillés ; il n'épargna que les villes qui lui ouvrirent leurs portes.

Déjà les succès de Coriolan alarmaient le peuple

romain au point de lui faire demander la révocation de l'arrêt prononcé contre ce général ; mais le sénat s'y refusait. Quand Coriolan apprit cette résistance des sénateurs, plus irrité encore, il quitta le siége de Lavinium, marcha vers Rome avec ses meilleures troupes, et alla camper près des fossés Cluiliens, à quarante stades de la ville. Alors les Romains lui envoyèrent des ambassadeurs pour l'instruire de son rappel ; il les chassa avec colère, en leur donnant trente jours pour obéir à la première sommation des Volsques. Les prêtres des dieux, les sacrificateurs et les augures, revêtus de leurs ornemens sacrés, vinrent à leur tour, par ordre du sénat, lui demander les conditions de la paix ; il ne voulut rien accorder. Les Romains se renfermèrent donc dans leur ville, en s'abandonnant à la fortune.

Les femmes, justement effrayées des malheurs qui menaçaient leur patrie, s'occupaient aussi des moyens d'apaiser la colère de Coriolan. Après s'être réunies dans le temple du Capitole, elles se rendirent chez Volumnie, mère de Coriolan. Valérie, sœur du grand Publicola, porta la parole et dit : « Volumnie, et toi Virgilie épouse
» de Coriolan, vous voyez des femmes qui vien-
» nent vers vous, non par ordre du sénat, mais
» par l'inspiration d'un dieu. Aidez-nous à sauver
» Rome. Votre gloire effacera celle des Sabines,
» qui rétablirent la paix en se jetant au milieu
» des combattans. Venez avec nous vers Coriolan
» et apaisez sa colère en lui faisant voir que,
» malgré les maux qu'il a faits à sa patrie, les
» Romains n'ont rien entrepris contre vous par

» un mouvement de vengeance. Dites-lui bien que
» Rome vous rend à ses vœux, quand même elle
» n'en obtiendrait aucune condition raisonnable».
Volumnie répondit : « Nous oublions nos malheurs
» domestiques, et nous ne nous occupons que de
» notre patrie. Menez-nous vers Coriolan : nous
» l'apaiserons, ou nous expirerons à ses pieds
» en le suppliant pour Rome » ; et aussitôt
» elle prit ses petits-fils dans ses bras, se fit suivre
de Virgilie, et, à la tête des Romaines, dirigea ses
pas vers le camp.

Le spectacle de ces femmes venant implorer la paix inspira aux Volsques le plus tendre respect. Coriolan était alors sur son tribunal. Leur approche ne fit d'abord que le surprendre : même en reconnaissant de loin sa mère, il se promit d'être inflexible ; mais quand elle fut près de lui, son cœur le trahit, il vola dans ses bras, et, pressé par sa femme, par ses enfans, il s'abandonna à toute sa tendresse, et versa un torrent de larmes. Ces premiers momens passés, il vit que sa mère voulait parler ; il rassembla les Volsques, et donna audience à Volumnie, qui lui dit :
« A la pâleur de notre visage, à nos longs vête-
» mens, tu vois assez, mon fils, dans quelle dé-
» solation tu nous as plongées. L'objet le plus
» doux, le plus agréable à nos cœurs, est donc,
» en ce moment, un ennemi terrible et cruel !
» Dans cette calamité, nous n'avons pas même
» la consolation de pouvoir prier les dieux, puis-
» que nos vœux pour toi seraient contre Rome,
» et nos vœux pour Rome seraient contre toi.
» Cependant il faut que ta femme et tes enfans

» soient privés de toi ou de leur patrie. Je ne te
» parlerai pas de ta mère : tu vas décider son
» sort. Si tu ne consens à la paix, tu passeras,
» pour entrer dans Rome, sur le corps mou-
» rant de celle qui t'a donné le jour. Je verrais
» mon fils triompher de Rome, ou Rome triom-
» pher de mon fils ! Non ; plutôt mourir ! Co-
» riolan, écoute Volumnie : ce n'est pas la perte
» des Volsques que je te demande ; je sais trop
» qu'il n'est pas plus généreux de trahir ses amis
» que de perdre ses concitoyens, mais c'est une
» paix honorable que j'implore. Songe que,
» vainqueur, ou vaincu, tu auras à soutenir les
» reproches, ou des Romains, ou des Volsques.
» Pourquoi te taire, mon fils.... Crois-tu qu'il
» soit indigne d'un grand homme de céder à sa
» mère ? Tu poursuis tes concitoyens à cause de
» leur ingratitude : tu dois donc connaître plus que
» personne les droits de la reconnaissance, et tu
» ne dois refuser rien à celle dont le moindre
» bienfait est de l'avoir porté dans son sein ». A
ces mots Coriolan la vit embrasser ses genoux ; il
lui cria : « Que faites-vous, ma mère » ? Puis, la
relevant avec tendresse, il lui dit : « Votre vic-
» toire est aussi heureuse pour les Romains que
» funeste pour moi ; je me retire vaincu par vous
» seule. » Il s'entretint avec elle un moment en
particulier, la renvoya à Rome, et emmena les
Volsques.

Cette prophétie, *funeste pour moi*, ne tarda
pas à s'effectuer...... Coriolan, de retour à Antium, fut sommé par Tullus de se démettre de
son pouvoir. Il refusa, sous prétexte qu'il était

général par l'ordre des Volsques, et que c'était aux Volsques à le démettre. On forma le lendemain une assemblée dans laquelle il devait rendre compte de son administration. Il s'y rendit, et y fut assassiné par le parti de Tullus, sans que personne osât le secourir. Cependant on lui fit des funérailles magnifiques.

Les Romains, qui, en mémoire de la belle action des dames romaines, avaient consenti à l'édification d'un temple à la *fortune des femmes*, leur accordèrent ensuite la permission de porter, pendant dix mois, le deuil de Coriolan.

LEÇON.

Demande. A qui Coriolan dut-il le jour?

Réponse. A Volumnie.

D. Pourquoi fut-il nommé Coriolan?

R. A cause de la prise de la ville de Corioles, que l'on dut à sa valeur.

D. Quelles étaient ses qualités?

R. Il chérissait tendrement sa mère, puisque ce fut par amour pour elle qu'il n'assiégea pas Rome, sa patrie, lorsqu'après sa disgrace il marcha contre les Romains à la tête des Volsques.

D. Pourquoi avait-il été banni de Rome?

R. Parce qu'il s'était opposé à la distribution

gratuite du blé, et parce qu'il avait médit de la puissance tribunitienne.

D. Où mourut-il ?

R. A Antium, au milieu des Volsques, qui l'assassinèrent pour n'avoir pas voulu prendre Rome.

D. Fut-il honoré après sa mort ?

R. Les Volsques lui firent des funérailles magnifiques, et les Romains permirent aux femmes de porter son deuil pendant dix mois.

TIMOLÉON.

Depuis la fondation de Rome, 388. Avant J. C., 363.)

Timoléon était fils de Timodème et de Démariste, et descendait d'une des plus nobles familles de Corinthe. Il aimait beaucoup sa patrie, et abhorrait les tyrans; c'est à cette haine que l'on attribue la mort de Timophane, son frère, qu'il ordonna lui-même. Voici comme on rapporte le fait : Timophane, d'une ambition démesurée, après avoir reçu des mains du peuple les rênes de l'État, s'était rendu maître de la ville, avait fait mourir, de sa propre autorité, les meilleurs citoyens de Corinthe, et s'était déclaré tyran. Timoléon, après plusieurs jours de vaines supplications pour qu'il changeât de conduite, vint le trouver avec Eschyle et un devin nommé *Satyrus*. Ayant renouvelé ses prières sans le fléchir, il fit un signe à ses compagnons, qui tirèrent leurs épées et le tuèrent.

Cette action attira sur Timoléon le courroux de sa mère, qui, de ce moment, refusa de le voir. Timoléon, au désespoir, se retira à la campagne, où il vécut pendant vingt ans sans se mêler des affaires publiques, et livré aux plus vifs remords.

Après ce temps, il fut nommé capitaine-général des troupes qu'on envoyait en Sicile. Téléclide lui dit dans cette occasion : « Timoléon, » reprends ton ancienne valeur ; car si tu te » comportes bien, nous croirons que tu as tué » un tyran ; mais si tu te comportes mal, nous » serons persuadés que tu as tué ton frère. »

Timoléon, après avoir été à Delphes faire un sacrifice à Apollon, s'embarqua, emmenant avec lui sept galères de Corinthe, deux de Corcyre, et une dixième de Leucade. Dès qu'il eut abordé les côtes d'Italie, il apprit qu'Icétas venait de battre Denys, s'était rendu maître de la plus grande partie de Syracuse, et tenait le tyran assiégé dans la citadelle ; mais il apprit aussi qu'Icétas avait ordonné aux Carthaginois, avec qui il était d'intelligence, de ne pas le laisser approcher. Icétas avait mis depuis long-temps ses intérêts à la place de ceux de Corinthe. Il s'était uni aux Carthaginois, en convenant avec eux de se partager la Sicile dès qu'ils en auraient fait la conquête. Les Carthaginois craignant que Timoléon ne nuisît à ces projets usurpateurs, avaient, d'après l'ordre d'Icétas, envoyé à Rhège vingt galères, sur lesquelles étaient des ambassadeurs. Timoléon arriva à Rhège dans le même temps, et ces ambassadeurs vinrent le prier de se rendre seul auprès d'Icétas, pour l'aider dans ses travaux ; et de renvoyer à Corinthe ses galères et ses soldats. Timoléon, qui se voyait pris, répondit adroitement qu'il exigeait, pour sa propre responsabilité, que cette proposition lui fût faite à Rhège dans une assemblée publique. On la convoqua sur-le-champ; et, pendant que les orateurs discutaient longuement, Timoléon, ayant reçu l'avis que ses galères étaient en mer, et que la sienne l'attendait, se glissa furtivement au milieu de la foule, gagna le rivage, s'embarqua, rejoignit la flotte, et fit voile vers Tauroménium, ville de Sicile, où il fut bien accueilli par Andromaque, qui en était seigneur. On doit se faire une idée de la colère des Carthaginois lorsqu'ils virent qu'ils avaient été joués.

Timoléon s'occupa aussitôt de combattre Icétas. Il le rencontra devant la ville d'Adrane, et défit son armée. Cette victoire mit de son parti Mamercus, tyran de Catane, grand homme de guerre, et puissant par ses richesses. Denys lui-même vint se rendre à son camp, et lui livra la citadelle; il fut envoyé à Corinthe. Icétas, furieux des succès de son rival, résolut de le faire assassiner; il envoya deux soldats armés de poignards, qui se glissèrent dans le temple où Timoléon allait faire un sacrifice. Mais, au moment où ces barbares se donnaient le signal, un inconnu tira son épée, et jeta à ses pieds un des assassins. L'autre avoua son infâme projet. L'inconnu, interrogé s'il avait connaissance de cette trame, répondit qu'il n'avait fait que venger la mort de son père, tué par ce malheureux dans la ville des Léontins.

Icétas avait encore manqué son coup. Toujours plus animé, il fit venir Magon, général des Carthaginois, avec sa flotte de cent cinquante voiles, montée par soixante mille combattans, qui débarquèrent et se logèrent dans Syracuse. Une sortie faite à propos par Léon le Corinthien, commandant de la citadelle, mit cette armée en déroute; et Timoléon, qui venait de recevoir un renfort de deux mille hommes et de deux cents chevaux, marcha en bataille contre la ville; mais il n'y trouva plus d'ennemis, et s'en empara sans coup férir : le port même était vide. Timoléon fit publier, par dérision, qu'il promettait une bonne récompense à celui qui pourrait lui apprendre où la flotte des Carthaginois s'était cachée.

Après trois attaques, l'une faite par lui du côté du fleuve d'Anape, l'autre par Isias, du côté de l'Achradine, et la dernière par Dinarque et Démarate, au quartier d'Epipoles, attaques où les troupes d'Icétas furent mises en déroute, Timoléon, revint à Syracuse, fit raser la forteresse, abolit la tyrannie, et rétablit le gouvernement démocratique. Pour peupler cette ville presque déserte, il fit venir de Grèce des colons à qui il partagea les terres.

Sur ces entrefaites, les Carthaginois arrivèrent à Lilybée avec soixante-dix mille hommes, deux cents vaisseaux de guerre, mille vaisseaux chargés de machines, de chevaux, et de toutes les provisions nécessaires. Leur projet était d'attaquer en même tems et de chasser tous les Grecs de la Sicile. Timoléon fit un appel aux habitans; mais les Syracusains, effrayés, n'osèrent y répondre. Il se vit donc forcé de marcher contre une armée de soixante-dix mille combattans avec cinq mille hommes de pied et mille chevaux. Il se rendit promptement sur le bord du Crimèse, et là, profitant du moment où les ennemis passaient la rivière, il fit fondre sa cavalerie sur eux à mesure qu'ils débarquaient, et avant qu'ils eussent le temps de se mettre en bataille. Cette manœuvre ne réussit pas comme il l'espérait, parce que les chars empêchaient la cavalerie de joindre les bataillons. Alors il se mit à la tête de son infanterie, et, pendant que sa cavalerie attaquait le flanc, il se jeta sur le centre, et combattit corps à corps. Tout-à-coup un orage affreux se déclara; la foudre gronda à coups redoublés, et les éclairs frappèrent tellement les yeux des Carthaginois qu'ils en furent éblouis, ne combattirent plus qu'en désordre, et furent bientôt vaincus; ils perdirent dix mille hommes, les plus nobles, les plus riches, les plus braves habitans de Carthage. Timoléon envoya sur-le-champ à Corinthe la nouvelle de cette victoire, ainsi que les plus belles armes qui se trouvèrent parmi le butin.

Après ces exploits, il retourna à Syracuse, et alla ensuite assiéger Calaurie. Aussitôt Mammercus, tyran de Catane, ligué avec Icétas et les Carthaginois, profita de son absence pour se jeter dans les terres de Syracuse, où il fit un butin considérable. Dès que Timoléon en fut instruit, il revint, marcha contre cette armée, lui tua mille hommes, et courut assiéger la ville des Léontins, qu'il prit. Icétas, son fils Eupolémus, et Euthyme, général de sa cavalerie, s'y étaient réfugiés; ils furent amenés, pieds et poings liés, par les soldats. Icétas et son fils furent punis de mort, comme tyrans et comme traîtres; la femme et les filles d'Icétas furent envoyées à l'assemblée du peuple de Syracuse, qui les condamna à mort et les fit exécuter.

Timoléon se dirigea ensuite contre Mammercus, qui l'attendait en bataille sur le bord de l'Abolus; le combat fut long et sanglant, mais les Syracusains furent encore vainqueurs. Mammercus prit la fuite, laissant sur la place au moins deux mille morts.

Après tant de défaites, les Carthaginois demandèrent la paix, qui leur fut accordée à condition « qu'ils ne posséderaient que les terres qui étaient » au-delà du Lycus; qu'ils laisseraient la liberté » à tous les habitans de leur pays d'aller s'établir » à Syracuse avec leurs familles, et d'y apporter » leurs biens; enfin, qu'ils ne conserveraient avec » les tyrans ni alliance, ni intelligence. » Mammercus, désespéré de ce traité, se retira d'abord en Italie pour demander du renfort aux Lucaniens; mais ses compagnons le quittèrent à moitié chemin, et revinrent en Sicile livrer Catane à Timoléon. Mammercus, abandonné de tout le monde, se sauva à Messine, chez Hippon; Timoléon l'y suivit, le força de se rendre, et le fit conduire à Syracuse, où il fut condamné au supplice dû aux brigands et aux voleurs.

C'est ainsi que Timoléon détruisit la tyrannie. Ce grand homme était d'autant plus admirable qu'il attribuait moins ses succès à ses talens qu'à la fortune. Il ne retourna point à Corinthe, resta toujours à Syracuse, et y jouit du bonheur qu'il avait procuré au peuple par sa vertu et son courage.

Dans un âge avancé, il perdit la vue, et mourut quelques années après, au milieu de ses concitoyens, qui l'aimaient et l'honoraient comme un père. Ses funérailles furent retardées de quelques jours, pour que tous les Syracusains pussent y assister. Rien ne manqua à la magnificence de son convoi. Des jeunes gens, choisis par le sort, portèrent son corps sur un lit richement orné, au lieu même où, peu de temps auparavant, s'élevaient les forteresses du tyran. Des femmes, des milliers d'hommes, tous ornés de fleurs, accompagnèrent le cortége, et, quand le lit fut mis sur le bûcher, le héraut Démétrius proclama ce décret :

« Le peuple de Syracuse a voulu que Timoléon de Corinthe, fils de Timodène, fût enterré aux dépens des citoyens ; qu'on employât aux frais de ses funérailles jusqu'à la somme de deux cents mines. Pour honorer davantage sa mémoire, il ordonne qu'à l'avenir, à chaque anniversaire de la mort de ce grand homme, on célèbrera des jeux, on fera des courses, pour qu'on n'oublie jamais que Timoléon extermina les tyrans, gagna plusieurs batailles sur les barbares, quelque temps après repeupla de grandes cités abandonnées et désertes ; enfin, donna aux Siciliens de très-bonnes lois. »

Après cette publication, ses cendres furent déposées au milieu de la place, dans un magnifique tombeau. Les Syracusains y élevèrent autour des portiques et des salles, destinés aux exercices, qu'ils nommèrent *Timoléon*. Le peuple, en observant la police et les lois de ce grand homme, jouit long-temps de la plus grande prospérité.

LEÇON.

DEMANDE. A qui Timoléon dut-il le jour?

RÉPONSE. A Timodène et à Démariste ; il descendait d'une des plus nobles famille de Corinthe.

D. Que remarqua-t-on en lui dès sa jeunesse?

R. Beaucoup d'amour pour sa patrie, et la haine la plus implacable pour les tyrans.

D. A quelle action ces sentimens le portèrent-ils?

R. A faire mourir Timophane, son frère, qu'il regardait comme un usurpateur.

D. Eut-il quelque regret de cette mort?

R. Accablé du courroux de sa mère, il se retira pendant vingt ans dans une campagne.

D. Après ce temps, ne fut-il pas appelé à quelques fonctions?

R. Il fut nommé général des troupes envoyées en Sicile.

D. Quelles furent ses victoires?

R. Après avoir vaincu Icétas, et Magon, général carthaginois, il s'empara de Syracuse, défit bientôt après une armée de soixante-dix mille hommes envoyés à Lilybée par les Carthaginois, assiégea Calaurie, et prit la ville des Léontins?

D. Que trouva-t-il dans cette dernière ville?

R. Icétas, Eupolémus son fils, et Euthyme, général de cavalerie, qu'il fit mourir, comme coupable de trahison ; la femme et les filles d'Icétas furent envoyées à l'assemblée du peuple de Syracuse, condamnées à mort, et exécutées.

D. Quelle fut la dernière victoire de Timoléon ?

R. Celle qu'il remporta sur les bords de l'Abolas, contre Mammercus, tyran de Catane, qu'il poursuivit jusqu'à Messine, et à qui il fit souffrir, dans Syracuse, le supplice dû aux brigands.

D. Comment mourut-il ?

R. De vieillesse, au milieu de ses concitoyens, qui l'honoraient comme un père.

D. Quels honneurs lui rendit-on ?

R. Les jeunes gens portèrent son corps sur un lit richement orné ; le peuple, la tête ceinte de fleurs, accompagna le cortège ; et on éleva, sur la place de Syracuse, un tombeau magnifique, qu'on entoura de portiques et de salles destinées aux exercices, qu'on nomma *Timoléon*.

MARCUS CLAUDIUS,

surnommé

MARCELLUS.

(Depuis la fondation de Rome, 530. Avant J. C., 221.)

Marcus Claudius eut pour père Marcus, et fut le premier de sa famille qu'on surnomma Marcellus, c'est-à-dire *Martial*. Ses talens dans l'état militaire, lui méritèrent ce nom. Il était de mœurs douces, sociables, et cependant rien n'égalait son âpreté dans les combats. Sa bouillante ardeur, sa force athlétique, et l'habitude des exercices, le rendaient redoutable à la guerre, et sur-tout dans les défis particuliers, où il tuait presque toujours son adversaire. Sa première charge fut celle d'édile du premier ordre, que le peuple lui conféra à cause de sa valeur. Dans le même temps les prêtres le créèrent augure.

A peine la première guerre punique, qui avait duré vingt-deux ans, était-elle finie, que Rome se vit engagée dans de nouveaux combats contre les Gaulois. Les consuls *Flaminius* et *Furius* marchèrent à la tête des armées; mais Flaminius ayant été obligé d'abdiquer le consulat, Marcellus fut choisi pour le remplacer. Il prit pour collègue Scipion, et s'apprêtait à se distinguer, si la paix n'eût été conclue presque aussitôt. Il ne tarda pas, néanmoins, à signaler son courage contre les Gésates, qui, ayant passé les Alpes, au nombre de trente mille, s'étaient joints aux Insubriens. Il marcha contre eux, jour et nuit, jusqu'à ce qu'il les eût atteints, et, dans la première bataille, il les culbuta, et combattit corps à corps avec leur roi, qu'il perça d'un coup de lance. Cette première victoire fut complète, et lui valut les honneurs d'un triomphe magnifique. Monté sur un char traîné par quatre chevaux, il porta lui-même à Jupiter l'armure du roi vaincu; et les Romains, dans leur ivresse, employèrent une partie de leur butin à faire une coupe d'or qu'ils envoyèrent à Delphes, pour être placée dans le temple d'Apollon Pythien, en reconnaissance d'un succès si glorieux pour la patrie.

La seconde victoire qu'il remporta fut sur les troupes d'Annibal. Après avoir fait un grand carnage de tous les soldats ennemis qui se répandaient imprudemment dans l'Italie, il se rendit à la ville de Nole, que les habitans se proposaient de mettre au pouvoir des Carthaginois. A peine entré dans la place, il rangea ses troupes en bataille, et fit défendre aux habitans de paraître sur les murailles. Annibal, les voyant désertes à son approche, ne douta point qu'il n'y eût une grande sédition dans la ville, et fit avancer ses troupes sans ordre et sans précaution. Dès qu'il fut dévant la porte principale, Marcellus la fit ouvrir, et se précipita sur l'ennemi, à la tête de sa cavalerie. Les Carthaginois se présentèrent devant une seconde porte ; elle s'ouvrit : l'infanterie sortit rapidement et en poussant de grands cris ; enfin, une troisième porte laissa échapper le reste des troupes romaines, qui décidèrent la victoire. Ce fut la première fois que l'armée d'Annibal plia devant les Romains. Les Carthaginois perdirent cinq mille hommes, tandis que Marcellus en eut à peine cinq cents de tués.

Cette victoire le fit nommer consul l'année suivante ; mais le tonnerre ayant grondé au moment de son élection, les augures la déclarèrent vicieuse. Marcellus, sans attendre le vœu du peuple, donna sa démission. Il fut nommé proconsul, et se retira à Nole, en cette qualité, dans l'intention de punir les rebelles. Annibal vint le trouver devant cette ville, et perdit encore cinq mille hommes, parce que Marcellus fit usage, contre les troupes ennemies, de longs pieux, qui ne servaient que dans les combats sur mer.

Appelé au consulat une troisième fois, Marcellus passa en Sicile, pour se venger de la perfidie d'Hippocrate, général des Syracussains, qui, au mépris des traités, avait attaqué les Romains. Il assiégea la ville des Léontins et la prit d'assaut ; ensuite, il alla camper près de Syracuse, dans le dessein de s'en emparer. Appius Claudius commandait les troupes de terre, et lui, avec soixante galères, sur lesquelles était placée une machine terrible, s'avança vers les murailles. Les Syracusains furent d'abord effrayés ; mais Archimède les rassura, en leur disant qu'il saurait bien s'opposer aux progrès des Romains. En effet, lorsque ceux-ci voulurent tenter l'assaut, ce géomètre fit jouer des machines qui lancèrent des pierres d'un poids si énorme qu'elles écrasaient tous ceux qu'elles atteignaient. Marcellus fut obligé de faire retirer ses troupes, et d'assembler un conseil de guerre qui résolut une seconde attaque avant la pointe du jour; elle ne fut pas plus heureuse. Alors, laissant Appius devant Syracuse, il alla, avec un tiers de l'armée, assiéger Mégare, qu'il prit d'assaut; qu'il livra au pillage et fit raser; ensuite il battit Hippocrate à Acrille, et lui tua plus de huit mille hommes.

Après ces expéditions, il revint devant Syracuse. Le hasard lui fournit l'occasion de parvenir au but de ses désirs. Un Lacédémonien, nommé *Damippe*, ayant été fait prisonnier lorsqu'il sortait par mer de Syracuse, tous les habitans demandèrent à entrer en conférence pour la rançon de ce citoyen. Marcellus y consentit, et les débats qui eurent lieu lui donnèrent la facilité d'observer l'endroit le plus faible des murailles; il remarqua une tour gardée négligemment, et, le premier jour de fête pour les Syracusains, il s'en empara, pénétra dans la ville, et fit aussitôt sonner les trompettes, qui donnèrent à penser aux habitans que leur ville était prise de tous côtés. Cet effroi les empêchant de recourir à des moyens de défense, elle tomba, en effet, au pouvoir des Romains. On rapporte à ce sujet que Marcellus, considérant Syracuse du haut d'une tour, ne put s'empêcher de verser des larmes, en pensant qu'une ville si belle allait être pillée et saccagée, et peut-être rasée. Ce qui l'affligea beaucoup fut la mort d'Archimède. Ce géomètre, occupé d'un problème, n'avait pas entendu le bruit des armes. Un soldat romain étant venu lui dire de se rendre auprès de Marcellus, il répondit qu'il obéirait après la résolution de son problème. Le soldat, irrité de cette réponse, lui donna la mort. Marcellus fut si touché de cette perte, qu'il fit chercher la famille de cet homme étonnant, et lui accorda des honneurs.

Rappelé à Rome, à cause de la guerre que les Romains avaient à soutenir dans leur pays, Marcellus en prit la route, emportant avec lui les effets précieux qui ornaient Syracuse. Quelle fut sa surprise, à son arrivée dans Rome, de trouver des ennemis déclarés contre lui ! Il attribua d'abord cette haine à l'envie que la pompe de son premier triomphe avait dû lui attirer; aussi en refusa-t-il un second. Mais, pendant son quatrième consulat, il n'en fut pas moins accusé devant le sénat d'avoir maltraité les Syracusains. Pour répondre à ces clameurs, il descendit du siége consulaire, alla se placer dans l'endroit désigné pour les simples citoyens accusés, et pria ses accusateurs de parler avec liberté. Les Syracusains, quoique intimidés par tant de fermeté, prirent la parole, et se plaignirent de ce qu'il avait agi avec plus de barbarie que les autres capitaines. Marcellus répondit avec calme, « qu'il » n'avait rien fait que de légitime en temps de » guerre; qu'il convenait mal aux Syracusains

» de se plaindre des malheurs inévitables à la
» suite des batailles, puisqu'ils avaient refusé
» d'accepter les conditions raisonnables qu'il leur
» avait fait offrir. » Les avis recueillis, il fut
reconnu innocent. Loin de se venger par la suite
des Syracusains, qui avaient voulu le perdre, il
leur assura la liberté qu'il leur avait donnée,
confirma leurs lois, et les maintint dans la jouissance de leurs biens.

Quelque temps après, il recommença à tourner ses armes contre Annibal. Il reprit d'abord les principales villes des Samnites, qui s'étaient révoltés, s'empara des magasins de bled, d'une grande quantité d'argent, et fit trois mille prisonniers carthaginois. Il chassa Annibal de la Pouille, le força de se retirer dans la Lucanie, où il lui présenta la bataille, sans obtenir un succès décidé. Annibal voulut s'éloigner, il le suivit, le harcela, et le contraignit de se battre. Alors commença cette grande bataille qui dura trois jours, où les Romains, par un mouvement fait mal-à-propos, furent d'abord vaincus, et perdirent plus de deux mille hommes. Mais le lendemain, Marcellus ayant assemblé son armée, s'écria : « Je vois devant moi les armes romaines,
» mais je ne vois pas un Romain ». Ce reproche, joint à la punition des lâches, enflamma ses soldats au point qu'ils brûlèrent de combattre, et se disputèrent l'honneur d'être sur la première ligne.

Le lendemain, dès que les trompettes eurent sonné, les deux armées se heurtèrent avec une égale impétuosité. Annibal, voyant que la victoire était indécise, fit pousser un grand nombre d'éléphans contre la ligne des Romains. Cette ruse imprévue jeta d'abord la terreur dans les rangs; mais la chute du premier éléphant sur le second, ayant successivement culbuté tous les autres, Marcellus profita de cet événement pour assurer la victoire aux Romains. En effet, Annibal fut battu et décampa pendant la nuit; Marcellus ne put le suivre, à cause de ses blessés, et se retira dans la Campanie, où il passa l'été.

Cependant Annibal, débarrassé des poursuites des Romains, parcourait l'Italie en ravageant tout sur son chemin. Ces malheurs devaient réveiller les ennemis de Marcellus. Ils profitèrent de cette circonstance pour se plaindre de lui, en l'accusant d'inaction. Le tribun Publius Bibulus fut son accusateur. Mais, défendu par les premiers citoyens de Rome, au lieu d'être condamné, il fut nommé *consul pour la cinquième fois*. Aussitôt il alla pacifier la Toscane, presque révoltée. A son retour à Rome, il éleva deux temples, l'un *à la Vertu*, l'autre *à l'Honneur*, et partit pour la troisième fois à dessein de combattre Annibal. Il campa entre les villes de Baucie et de Vénuse, vis-à-vis l'armée ennemie.

Entre les deux corps de bataille, il y avait un tertre élevé, couvert de bois qui cachaient de profonds ravins. Les Romains s'étonnaient de ce qu'Annibal, arrivé le premier, ne s'était pas emparé de cette position, et tous sollicitaient Marcellus de l'occuper. Marcellus voulut d'abord reconnaître les lieux. Il s'y rendit avec son collègue Crispinus, son fils Marcellus, et deux cent vingt chevaux. Mais à peine y fut-il arrivé, qu'il se vit investi de tous côtés. Annibal, qui s'était bien attendu que cette position tenterait l'ennemi, avait caché dans les ravins un grand nombre de soldats, qui assaillirent les Romains d'une nuée de traits. Crispinus fut blessé, et Marcellus fut tué d'un coup de lance qui le perça d'outre en outre : le reste des Romains fut taillé en pièces, à l'exception de quelques soldats et du fils de Marcellus. Annibal, aussitôt cette expédition, vint sur le champ de bataille considérer avec admiration, et sans montrer aucune joie, le corps de son plus redoutable ennemi. Il parut même regretter qu'un si grand homme eût péri de cette manière. Il lui ôta son anneau, fit ensevelir son corps avec magnificence, le fit brûler, recueillit ses cendres, les enferma dans une urne d'argent sur laquelle était une couronne d'or, et les envoya à son fils Marcellus.

Jamais les Romains ne parurent plus sensibles à la perte d'un consul ; mais aussi jamais un consul ne périt aussi malheureusement.

LEÇON.

DEMANDE. Qui fut le père de Marcus Claudius ?
RÉPONSE. Marcus.

D. Pourquoi Marcus Claudius fut-il surnommé *Marcellus* ?

R. A cause de sa valeur.

D. Que signifie le surnom de *Marcellus* ?

R. *Martial.*

D. Quel était le caractère de Marcellus ?

R. Doux en société, terrible à la guerre.

D. Quelles furent ses fonctions à Rome ?

R. Il fut édile du premier ordre, augure et consul.

D. Combien de fois fut-il consul ?

R. Cinq fois.

D. Quelles furent ses victoires ?

R. Il remporta la première contre les Gésates, et tua le roi des Gaulois; la seconde contre Annibal, dans la ville de Nole, où il tua cinq mille Carthaginois; sa troisième victoire fut la prise de la ville des Léontins; la quatrième, celle de la ville de Mégare, qu'il fit raser; la cinquième fut à la bataille livrée à Hippocrate, général des Syracusains, qui perdit huit mille hommes; la sixième, et la plus remarquable, fut la conquête de la ville de Syracuse; la septième, la reprise des villes des Samnites révoltés; la huitième, l'expulsion d'Annibal du pays de la Pouille; la neuvième et dernière fut remportée dans la Lucanie, d'où Annibal, vaincu, se vit obligé de s'éloigner.

D. Combien de fois Marcellus reçut-il les honneurs du triomphe ?

R. Une fois; il les refusa par la suite.

D. Combien de fois fut-il accusé ?

R. Deux fois; la première, par les Syracusains,

qui lui reprochèrent injustement d'avoir été barbare envers eux; la seconde, par le tribun Publius Bibulus, qui se plaignit de son inaction à la tête des armées.

D. Fut-il condamné?

R. Son innocence fut toujours reconnue.

D. Où périt-il?

R. Près de son camp, placé entre les villes de Beaucie et de Vénuse.

D. Comment périt-il?

R. Par une ruse d'Annibal, qui le fit surprendre dans un lieu où il allait à la découverte pour s'emparer d'une position formidable.

D. Qui recueillit ses cendres?

R. Annibal, qui les envoya à son fils Marcellus, dans une urne d'argent surmontée d'une couronne d'or.

ARISTIDE.

(Depuis la fondation de Rome, 270. Avant J. C., 481.)

Aristide, fils de Lysimachus, était de la tribu d'Antiochide, du bourg d'Alopèce. Il fut très-lié avec Clysthène, celui qui rétablit à Athènes le gouvernement de la république quand les tyrans en furent chassés. Il eut une vénération particulière pour Lycurgue de Lacédémone, qu'il mettait au-dessus des plus grands politiques. De là vinrent et son amour pour l'aristocratie, et ses débats avec Thémistocle, qui préférait le gouvernement populaire.

La première fonction d'Aristide fut celle de trésorier-général de la république. Il mit dans l'exercice de cette place tant de probité, que les dilapidateurs puissans, parmi lesquels était Thémistocle, l'accusèrent d'infidélités secrètes, et le firent condamner; mais le jugement fut bientôt révoqué, et Aristide nommé trésorier pour l'année suivante. Alors il changea de conduite dans son administration. Il se prêta aux vues de ses accusateurs, qui intriguèrent pour le faire continuer dans sa charge pendant la troisième année; mais dès qu'il fut nommé, il dévoila sa con-

duite aux Athéniens, et leur dit : « Qu'il avait
» plus de honte de leur faveur que des injures
» qu'il avait reçues l'année d'auparavant, parce
» qu'il était maintenant coupable de dilapida-
» tions ». Par ce trait, il fit connaître son esprit;
il dénonça les coupables, et mérita l'estime de
tous les gens de bien.

Sur ces entrefaites, Datis, envoyé par Darius,
roi des Perses, pour venger l'incendie de la ville
de Sardis, vint avec sa flotte sur la côte de Marathon, y fit prendre terre à ses soldats, et commença à ravager tout le pays. Les Athéniens élurent sur-le-champ deux généraux. Le premier fut
Miltiade, le second Aristide. Chaque général
devait commander à son tour; mais quand Aristide vit arriver le sien, il remit ses droits à Miltiade, dans l'intention de prouver aux autres généraux qu'on pouvait sans honte obéir aux ordres
des plus sages. Chacun voulut l'imiter, et Miltiade devint le maître absolu de l'armée.

Dans le combat qui eut lieu peu de temps après,
ce fut Aristide et Thémistocle qui, à la tête des
tribus Léontide et Antiochide, causèrent la défaite des barbares, et les poussèrent jusqu'à leurs
vaisseaux; et quand Aristide resta seul à Marathon avec sa tribu pour garder les prisonniers et
le butin, tandis que le reste de l'armée était allé
défendre Athènes, il montra tant de probité,
qu'aucun soldat n'osa toucher à l'or et à l'argent
semés dans les tentes, et aux objets précieux dont
les galères étaient remplies.

Un an après cette bataille, il fut élu premier
archonte. Sa justice, dans cette charge, le fit sur-

nommer *le Juste*. Mais plus ce nom était honorable pour lui, plus il lui attira d'ennemis. Thémistocle fut encore un des premiers. Il fit courir le bruit perfide qu'Aristide, en abolissant tous les tribunaux, et en se rendant l'arbitre de tous les différends, n'avait eu d'autre intention que celle de rétablir une monarchie sans pompe et sans gardes. Ces accusations, une fois accréditées parmi le peuple, Aristide fut frappé de la loi de l'ostracisme, et banni d'Athènes. Dès qu'il fut sorti de la ville, il leva les mains au ciel, et pria les dieux *que jamais les Athéniens ne fussent obligés de se souvenir de lui*. Sa prière ne fut point exaucée. Trois ans après, lorsque Xerxès traversait à grandes journées la Thessalie et la Béotie pour fondre sur l'Attique, les Athéniens rappelèrent tous les bannis, et sur-tout Aristide. La première démarche de ce grand homme, à son retour, fut d'aller trouver Thémistocle dans sa tente, pour le prier d'étouffer toute haine, de cesser tout ressentiment. Ensuite il l'aida de ses conseils, de ses talens, et même de son ascendant sur les autres généraux, pour les décider à combattre par mer à Salamine, ce qu'Euribiade sur-tout refusait avec persévérance. Il fit plus : s'apercevant que la petite île de Psystale, vis-à-vis de Salamine, était occupée par des troupes ennemies, il s'y rendit avec les plus braves des Athéniens, s'en empara, et tailla en pièces tous ceux qui s'y défendirent. Il avait mis de l'importance à conquérir cette île, parce qu'il pensait bien que le principal choc se donnerait de ce côté, et qu'il pourrait faciliter la victoire à

Thémistocle. En effet, toutes ses conjectures se réalisèrent. Il seconda si bien les efforts des Athéniens par la possession de cette île, qu'après la victoire ils y élevèrent un trophée.

Le combat fini, Thémistocle annonça l'intention de prendre l'Asie entière dans l'Europe même, en cinglant promptement vers l'Hellespont, et en détruisant le pont que Xerxès y avait laissé pour sa retraite; Aristide désapprouva ce projet. Thémistocle lui avoua que ce n'était qu'une ruse employée pour tromper Xerxès; alors il y consentit. La ruse fut suivie, et Xerxès, abusé par un faux avis, s'éloigna promptement avec sa flotte, laissant son général Mardonius avec trois cent mille hommes de troupes.

Qui pourrait oublier la belle réponse que fit alors Aristide aux Spartiates, qui tremblaient d'être abandonnés par les Athéniens, dont Mardonius cherchait à gagner ou plutôt à acheter l'amitié? Aristide répondit aux ambassadeurs de ces Spartiates : « Les Athéniens peuvent pardon-
» ner à leurs ennemis d'avoir pensé que tout
» était vénal chez eux, puisque les barbares
» croient que tout doit céder au pouvoir de l'or;
» mais ils sont profondément affligés de voir que
» la pauvreté et la misère d'Athènes ont fait ou-
» blier aux Spartiates la magnanimité des habi-
» tans ». Ce fut encore lui qui répondit aux envoyés de Mardonius, en leur montrant le soleil :
« Tant que cet astre continuera son cours au-
» tour du monde, les Athéniens feront la guerre
» aux Perses pour venger leurs terres saccagées
» et leurs temples profanés ». Enfin, il ordonna,

pour rassurer tout-à-fait les Spartiates, que les prêtres maudissent quiconque oserait proposer une alliance avec les Mèdes et une désunion avec les Grecs.

Quelque temps après, il fut élu capitaine-général des Athéniens, et tenant son armée sur la défensive, ainsi que le lui avait conseillé un devin d'Elée nommé *Tisamène*, il remporta, de concert avec les Spartiates, commandés par Pausanias, une victoire qui coûta la vie à Masistius, général de la cavalerie des Perses. Dans une autre bataille qui fut décisive, où la gloire des Grecs et des Athéniens fut complète, Mardonius, général en chef des barbares, fut tué, et avec lui deux cent soixante mille Perses, tandis que les défenseurs de la Grèce ne perdirent que treize cent cinquante-deux hommes.

Mais peu s'en fallut qu'une si belle victoire ne fût suivie de la guerre la plus cruelle. Les Athéniens et les Lacédémoniens se disputaient le prix de la valeur, et le droit d'élever un trophée. Sans Aristide, qui, par sa douceur et sa raison, parvint à les calmer, la force allait décider entre eux. Dans cette circonstance, l'avis de Théocrite de Corinthe prévalut. Le prix de la victoire ne fut donné ni aux uns, ni aux autres, mais aux Platéens, qui, ayant permis aux Athéniens et aux Lacédémoniens, de camper sur leur territoire, avaient concouru efficacement au gain de la bataille. Aristide fit exécuter cette convention, en remettant aux Platéens quatre-vingts talens pour l'édification d'un temple à Minerve. Il proposa ensuite : « Que les villes de la Grèce envoyas-

» sent des députés pour faire des sacrifices chez
» les Platéens; que tous les cinq ans on célé-
» brât à Platée des jeux nommés les jeux de la
» liberté; enfin, que les Platéens fussent dis-
» pensés de combattre, et regardés comme con-
» sacrés aux dieux, n'ayant d'autre fonction que
» celle d'offrir des sacrifices pour le salut des
» Grecs. »

Quand les Athéniens furent de retour chez eux après cette longue guerre, Aristide remarqua qu'ils ne s'occupaient qu'à s'emparer du gouvernement, et à le rendre populaire. Après avoir réfléchi que d'un côté le peuple méritait quelque considération à cause de sa valeur; que de l'autre, il ne serait pas aisé de contenir des citoyens qui avaient les armes à la main, il fit un décret qui portait que: « Le gouvernement serait com-
» mun à tous les citoyens, et que les archontes
» seraient pris parmi tous les Athéniens indiffé-
» remment, et sans aucune distinction ni pré-
» férence ». Ce décret fut si agréable au peuple, que, quelque temps après, Aristide fut envoyé, en qualité de capitaine-général, avec Cimon, pour faire la guerre aux barbares. Là, voyant que Pausanias et tous les chefs des Spartiates traitaient les alliés avec orgueil, il tint une conduite toute opposée, et se signala par sa bonté, à tel point qu'il enleva aux Lacédémoniens le commandement général sans qu'ils en eussent aucun regret. Bien plus, ils le chargèrent de fixer lui-même la taxe qu'ils devraient payer en raison de leurs terres et de leurs revenus, parce que Pausanias les avait grevés d'une manière cruelle.

Aristide revêtu d'une si grande autorité n'en abusa point. Il entra pauvre dans cette charge, et en sortit de même. La taxe fut répartie avec tant de justice et d'humanité, que les alliés des Athéniens le nommèrent *l'heureux sort de la Grèce*. Cette imposition ne montait qu'à quatre cent soixante talens.

Aristide était donc justement loué, estimé, honoré de tout le monde. Thémistocle seul ne pouvait se lasser de faire éclater son envie, en disant : « Que les louanges données à Aristide » étaient celles qui convenaient à un coffre gar- » dant avec fidélité l'argent qu'on lui confie, sans » en rien retenir ». Les derniers travaux d'Aristide furent un traité d'alliance entre les Athéniens et les Grecs.

Un trait de sa vie, pris dans ses dernières années, achèvera le portrait de cet homme admirable. Callias, un de ses parens, homme d'une extrême opulence, était poursuivi en justice par quelques ennemis qui, pour le rendre plus coupable aux yeux des juges, ajoutaient aux reproches résultant de son crime, celui d'avoir laissé Aristide dans la plus affreuse indigence. Les juges paraissaient indignés de cette conduite ; Callias alla trouver Aristide, le pria de démentir ce bruit, en disant qu'il avait constamment refusé ses offres. Aristide y consentit. Il vint dire aux juges qu'il avait toujours chéri sa pauvreté, et qu'il n'y avait que ceux qui étaient pauvres malgré eux qui dussent en avoir honte. Ce témoignage fit absoudre Callias.

En même temps que ce trait prouve la bonté

d'Aristide, il atteste que ce grand homme vécut dans l'indigence, et s'en fit gloire jusqu'à ses derniers momens. Les uns disent qu'il mourut dans le Pont, où il était allé pour les affaires de la république : les autres assurent qu'il périt de vieillesse à Athènes. Au reste, on montre encore aujourd'hui son tombeau à Phalère. Les habitans de cette ville élevèrent un monument à leurs frais, parce qu'il n'avait pas laissé même de quoi se faire enterrer.

LEÇON.

DEMANDE. Qui fut le père d'Aristide ?

RÉPONSE. Lysimachus, de la tribu d'Antiocho, et du bourg d'Alopèce.

D. Quels furent ses sentimens politiques dès sa jeunesse ?

R. Plein de vénération pour Lycurgue de Lacédémone, il préféra toujours le gouvernement aristocratique.

D. Quelles furent les fonctions dont les Athéniens le chargèrent ?

R. Il fut trésorier de la république, premier archonte, et trois fois général.

D. Quelle fut sa conduite comme trésorier ?

R. Sa probité lui suscita beaucoup d'ennemis, parmi lesquels était Thémistocle. Il fut même accusé d'infidélités secrètes ; mais sa justification parut si belle, que les Athéniens le continuèrent dans sa charge.

D. Comment remplit-il sa place de premier archonte ?

R. Il y mérita le surnom de *Juste*.

D. Quelles furent ses victoires ?

R. Il battit les Perses à Marathon, causa leur défaite à Salamine par les sages conseils qu'il donna à Thémistocle, et leur livra ensuite deux autres batailles, où il les battit complètement.

D. Aristide ne fut-il pas banni ?

R. Oui ; Thémistocle, jaloux de son ascendant sur le peuple, l'accusa d'avoir aboli tous les tribunaux, de s'être rendu l'arbitre de tous les différends, pour rétablir la monarchie, et le fit frapper de la loi de l'*ostracisme*. Mais il fut rappelé trois ans après.

D. Aristide était-il riche ?

R. Non : quoiqu'il fût presque toujours maître de la fortune publique, il fut toujours dans la pauvreté.

D. Quelles preuves a-t-on de son indigence ?

R. Lorsqu'il mourut à Phalère, l'état fut obligé de payer les frais de ses funérailles et de son tombeau, car il n'avait pas même laissé de quoi se faire enterrer.

PHILOPOEMEN.

(Depuis la fondation de Rome, 530. Avant J. C., 221.)

Philopoemen naquit dans la ville de Mégalopolis. Il eut pour père Craugis, homme libéral et magnifique, et fut confié, dès sa jeunesse, aux soins de Cassandre, un des plus nobles citoyens de Mantinée. Cassandre chargea de son éducation deux célèbres philosophes nommés *Ecdémus* et *Démophanes*, qui, par leurs sublimes leçons, assurèrent les destinées brillantes d'un des plus grands hommes de la Grèce.

Philopoemen fut de bonne heure ambitieux et passioné pour la gloire, et laissa sur-tout entrevoir un caractère opiniâtre et emporté. Il parvint à imiter l'audace, l'intégrité et la sagesse d'Epaminondas, mais il ne put acquérir sa douceur, sa bonté, sa patience dans les affaires civiles; de manière qu'il fut jugé, dès ses plus jeunes ans, plus propre à faire un grand capitaine qu'un sage politique.

Aussitôt qu'il fut sorti des mains de ses instituteurs, il fit avec les habitans de Mantinée des courses sur les terres des Lacédémoniens; ces courses avaient pour but de piller et d'enlever des troupeaux. Dans toutes les incursions, il marchait toujours le premier, et ne revenait que le dernier.

En temps de paix, ses uniques plaisirs étaient la chasse et la culture des terres. Endurci aux fatigues, il se couchait le soir sur un mauvais lit; et, à la pointe du jour, il allait travailler à sa vigne ou mener la charrue. Le reste de son temps était donné entièrement aux affaires publiques. Il employait l'argent qu'il gagnait à la guerre à acheter de beaux chevaux et de belles armes. Le plus souvent il payait la rançon de ses concitoyens qui avaient été faits prisonniers.

Il était dans sa trentième année quand Cléomène, roi des Lacédémoniens, vint, pendant une nuit, assaillir et prendre la ville de Mégalopolis. La résistance longue et vigoureuse qu'il fit donna le temps aux Mégalopolitains de sortir de la ville. Il s'échappa le dernier de tous, ayant eu son cheval tué sous lui, et ayant reçu une blessure très-forte. Quelque temps après, il aida le roi Antigonus à battre Cléomène, et commandant les Mégalopolitains, il remporta une grande victoire, qui ne fut due qu'à son courage et à son héroïsme; car, en poursuivant l'ennemi à pied, il fut atteint d'un javelot qui lui perça les deux cuisses d'outre en outre. Les efforts que l'on fit pour l'arracher étant inutiles, il le rompit lui-même, en avançant et en retirant les cuisses avec force. Quand le javelot fut brisé, il ordonna qu'on lui ôtât les deux tronçons; et, dès qu'il fut dégagé, il courut au combat comme s'il n'eût pas été blessé. Il est aisé de croire que tant d'intrépidité contribua beaucoup à animer les soldats et à les rendre vainqueurs.

Antigonus, après cette bataille, fit à Philopœmen les offres les plus attrayantes pour l'attacher à son service. Il lui promit de grands biens et le titre de général. Philopœmen refusa obstinément de céder à ses désirs, parce qu'il savait que son caractère était trop indocile pour se soumettre au commandement d'un étranger. Mais, ne voulant pas rester oisif, il s'embarqua, et passa en Crète, qui était devenue le théâtre de la guerre. Là, il fit de nouveaux exploits et revint chez les Achéens, chargé d'un si grand nom, qu'à son arrivée il fut nommé général de la cavalerie.

Dans la première bataille qui se donna, près du fleuve de Larisse, entre les Achéens, les Étoliens et les Éléens, il tua Damophante, général de la cavalerie ennemie, et la victoire resta aux Achéens. De ce moment ce peuple, qui n'avait toujours tenu qu'un rang secondaire dans la Grèce, acquit un degré de grandeur et de puissance inconnu jusqu'alors. Philopœmen réforma d'abord ses mœurs, et l'endurcit aux fatigues de la guerre. Ensuite, lorsque Machanidas, tyran de Lacédémone, vint avec une puissante armée pour assujettir les Péloponésiens et combattre les Achéens, il remporta, à la tête de ces derniers, une victoire éclatante, et tua le roi de sa propre main. Les Achéens, remplis d'admiration, lui érigèrent dans cette circonstance une statue de bronze qu'ils placèrent à Delphes, dans le temple d'Apollon.

Philippe, roi de Macédoine, voulut faire assassiner Philopœmen dans Argos, mais son projet avorta, et le mépris général en fut la récompense. Philopœmen était aimé du dernier des soldats. Il suffisait qu'il parût pour animer leur courage, de même que son absence leur causait de vives inquiétudes. Cet amour qu'on lui portait fut presque toujours la cause de ses succès; il suffisait aussi que les ennemis sussent qu'il était devant eux pour qu'ils prissent la fuite : les Béotiens en donnèrent un exemple lorsqu'ils assiégèrent Mégare. Au moment de se rendre maîtres de la ville, ils apprirent que Philopœmen approchait avec son armée; aussitôt ils abandonnèrent leurs échelles, et décampèrent. Une autre fois, Nabis, tyran de Lacédémone, assiégeant la ville de Messine, leva le siége, et s'éloigna promptement avec son armée, dès qu'il apprit l'arrivée de Philopœmen.

Après de si grands services, Philopœmen commit une faute qui faillit pourtant le faire bannir pour jamais de Mégalopolis, et le priver des droits de citoyen. Il fit un second voyage en Crète, au moment où Nabis revenait avec de nouvelles forces. Sans le général Aristénètes, qui fut envoyé par les Achéens auprès des Mégalopolitains, ceux-ci, regardant son absence comme une désertion, allaient le condamner; mais Philopœmen, instruit de la colère de ses concitoyens, termina ses exploits dans la Crète, et revint à la hâte dans le Péloponèse. A son arrivée, il trouva les Achéens et les Romains unissant leurs efforts contre Nabis; il se mit de leur ligue, et fut élu général. Ici la victoire les abandonna un moment. Il voulut donner un combat naval, fut vaincu, de même qu'Epaminondas, et perdit bientôt une partie de sa réputation; mais, ne se décourageant pas, il la reconquit bientôt. Lorsque les ennemis, sans alarmes, faisaient le siége de Gythium, il s'embarqua promptement, et débarquant la nuit, il les surprit, brûla leur camp, et en fit un carnage horrible. Ensuite, mettant à profit tout l'art de la tactique, il conduisit adroitement les Achéens par des défilés dangereux qui les avaient découragés, et attaqua de nouveau Nabis, qui, au-delà de ces défilés, semblait ne pas le redouter. L'ennemi fut une seconde fois battu; et Philopœmen, qui avait montré dans cette circonstance autant de bravoure que de courage, excita une telle admiration, que partout, aux assemblées, sur la place publique et au théâtre, il fut comblé d'honneurs.

Bientôt après, il apprit la mort de Nabis et les troubles de Sparte; il partit à la tête d'une puissante armée, dans l'intention de faire entrer cette ville dans la ligue des Achéens; il réussit dans cette tentative, et les Lacédémoniens en furent si reconnaissans, qu'ils rendirent un décret par lequel tout l'argent retiré de la vente de la maison et des biens de Nabis lui serait offert. Quand toutes les sommes furent réunies, Timolaüs fut chargé de les lui présenter. Arrivé chez Philopœmen, cet ambassadeur, témoin de la frugalité de sa table, de l'austérité de ses mœurs et de la gravité de ses discours, n'osa jamais lui faire part de sa mission; il s'en retourna sans avoir rien dit.

Une seconde démarche ne lui donna pas plus de hardiesse, et ce ne fut qu'à la troisième fois qu'il se décida à parler. Philopœmen l'écouta tranquillement ; mais, après l'avoir entendu, il partit sur-le-champ pour Sparte, où il conseilla aux Lacédémoniens de dépenser leur argent plutôt en faveur des brouillons qui troublaient leurs assemblées, qu'en faveur de ceux qui étaient dévoués à leurs intérêts. *Il vaut mieux*, leur dit-il, *fermer la bouche à vos ennemis qu'à vos amis.* Qui pourrait ne pas admirer le désintéressement et la sagesse de ce grand homme ? On doit juger de l'effet que tant de vertus réunies produisirent sur les Spartiates. Ils le regardèrent comme un homme étonnant.

Il était âgé de soixante-dix ans lorsque, pour la huitième fois, il fut élu général des Achéens. Il espérait non-seulement passer le temps de sa charge sans faire la guerre, mais encore pouvoir vivre en repos. Les dieux, qui voyaient que son orgueil allait jusqu'à l'insolence, le firent choir comme un athlète qui, ayant fourni heureusement sa carrière, tombe au pied du but. Philopœmen, après avoir dit un jour en pleine assemblée, qu'il était étonnant d'entendre louer comme grand capitaine un homme qui se laissait prendre les armes à la main, fut quelques jours après enveloppé par une partie de la troupe de Dinocrate le Messénien. Ce ne fut pas sans doute par imprudence, encore moins par lâcheté, puisque, s'apercevant qu'à lui seul il contenait les ennemis, il se servit de la terreur qu'il inspirait pour laisser à ses compagnons le temps de s'éloigner. Mais poussé au milieu des rochers et des précipices sur lesquels il ne pouvait faire passer son cheval, il fut accablé de traits, et tomba sur la place, sans voix et sans mouvement.

Les ennemis, le croyant mort, commençaient à le dépouiller, lorsqu'il rouvrit les yeux. Aussitôt ils le chargèrent de chaînes, et le conduisirent à Messène. Là, Dinocrate et ses courtisans, après s'être réjouis un moment de ce qu'il vivait encore, le firent traîner dans un lieu obscur, fermé par une pierre, et nommé *le Trésor*. La nuit suivante, l'exécuteur lui porta le poison. Philopœmen le prit avec tranquillité, et demanda si l'on parlait de Lycortas et de sa troupe. *Oui*, répondit l'exécuteur, *ils se sont tous sauvés*. Philopœmen le remerciant avec douceur de cette bonne nouvelle, s'écria : *Nous ne sommes pas malheureux en tout...* Il but le poison, s'enveloppa de son manteau, et ne tarda pas à expirer.

Quand le bruit de sa mort fut répandu parmi les Achéens, ils se précipitèrent comme un torrent dans la Messénie, et mirent tout à feu et à sang. Dinocrate et tous ceux qui avaient ordonné la mort de Philopœmen se tuèrent eux-mêmes. Dès que Lycortas eut trouvé le corps de son malheureux général, il le fit brûler, en rassembla les cendres dans une urne, et ordonna qu'on se mît en marche pour aller à Mégalopolis. Cette marche était plutôt une pompe triomphale qu'un convoi. L'infanterie, la tête ceinte de couronnes, ouvrait le cortége. Après elle, venaient les ennemis chargés de chaînes. Ensuite le jeune Polybe, fils de Philopœmen, entouré de la cavalerie, portait l'urne renfermant les cendres de son père. Les nobles de la ville des Achéens suivaient cet enfant, et tous les peuples des villes et villages venaient au-devant du convoi, et augmentaient le nombre des assistans. Les cris que les vieillards, les femmes, les enfans poussaient de tous côtés, retentissaient jusque dans la ville de Mégalopolis, où l'on attendait avec impatience l'arrivée des restes de ce grand général. Les Mégalopolitains pleurèrent long-temps Philopœmen, bien persuadés qu'avec lui ils avaient perdu leur autorité et leur prééminence sur les Achéens.

LEÇON.

DEMANDE. Où naquit Philopœmen ?
RÉPONSE. A Mégalopolis.
D. Qui fut son père ?
R. Un nommé *Craugis*.
D. Quelles furent ses inclinations dès sa jeunesse ?
R. Il se montra très-ambitieux, passionné pour la gloire, et fut jugé plus propre à faire un grand capitaine qu'un sage politique.
D. Quelles furent ses victoires ?
R. Quand Cléomène, roi de Sparte, vint surprendre Mégalopolis, la résistance que fit Philo-

pœmen donna le temps aux Mégalopolitains de fuir de la ville. Quelque temps après, il aida le roi Antigonus à battre Cléomène, et remporta la victoire la plus signalée ; ensuite, il se distingua dans la Crète. De retour chez les Achéens, il livra plusieurs batailles, dans lesquelles il tua Damophante, général de cavalerie, Machanidas, tyran de Sparte, et vainquit Nabis, successeur de Machanidas ; enfin, il s'empara de la ville de Sparte.

D. Ne fut-il jamais vaincu ?

R. Il perdit une seule bataille sur mer.

D. Quel est le plus beau trait de sa vie ?

R. Le refus qu'il fit de recevoir de riches présens qui lui furent offerts au nom des Lacédémoniens. Il répondit dans cette occasion à Timolaüs : » Distribuez cet argent à tous les brouillons po- » litiques : il vaut mieux fermer la bouche à vos » ennemis qu'à vos amis. »

D. Quel fut le terme de la gloire d'un si grand homme ?

R. Lorsqu'il alla attaquer Dinocrate, tyran des Messéniens, il fut fait prisonnier et conduit dans un cachot.

D. Quel supplice Dinocrate lui fit-il endurer ?

R. Il eut recours à un poison violent. Philopœmen le but avec tranquillité, lorsqu'il eut appris que tous ses soldats s'étaient échappés.

D. A quel âge mourut Philopœmen ?

R. A soixante-dix ans, après avoir rendu les plus grands services à sa patrie, et avoir donné aux Achéens un rang qu'ils n'avaient jamais eu parmi les autres peuples.

D. Fut-il honoré après sa mort?

R. Dinocrate ayant été vaincu par Lycortas, celui-ci retrouva le corps de Philopœmen, le fit brûler, mit ses cendres dans une urne, et les porta à Mégalopolis au milieu d'un cortége immense.

TITUS QUINCTIUS FLAMINIUS.

(Depuis la fondation de Rome, 555. Avant J. C., 196.)

Flaminius était d'un caractère aussi humain que généreux. Il naquit dans un temps où les Romains avaient le plus grand besoin de guerriers ; aussi fut-il élevé dans le métier des armes comme tous les autres jeunes gens. Sa première charge fut celle de tribun de soldats, qu'il exerça dans la guerre contre Annibal, sous le consulat de Marcellus. Aussitôt la mort de ce consul, il fut fait gouverneur de tout le pays Tarentin et de la ville de Tarente, qui venait d'être prise pour la seconde fois. Dans ce gouvernement, il s'acquit tant de réputation par sa valeur, sa justice et sa probité, qu'il fut envoyé dans les deux villes de Narnia et de Cosse, en qualité de commissaire et de chef des colonies. Cette nouvelle dignité éleva son courage au point de lui faire demander le consulat avant qu'il n'eût été préteur ou édile. Le sénat, que cette prétention étonnait, en déféra au peuple, qui nomma d'une commune voix Flaminius consul, quoiqu'il n'eût pas même trente ans. Aussitôt qu'il eut reçu cette insigne faveur de la part des Romains, il tira au sort avec Sextus AElius, son collègue, pour se partager les affaires publiques. Le sort le fit partir contre Philippe, roi de Macédoine, alors en guerre avec les Romains. Ce choix du destin ne pouvait qu'être favorable à Rome dans une circonstance où il fallait moins un général audacieux qu'un homme doux et conciliateur.

Flaminius, arrivé en Épire, théâtre des combats, trouva le consul Publius, à qui il succédait, dans une inaction parfaite, parce que Philippe, occupant tous les défilés, l'empêchait d'entrer dans la Grèce. Flaminius résolut sur-le-champ de tout employer pour s'ouvrir un passage ; il n'y put parvenir. Mais au moment qu'il s'irritait de cette vaine tentative, des bergers vinrent lui offrir de le guider par un défilé qui n'était pas connu. Flaminius, après s'être assuré de la bonne foi de ces pasteurs, envoya, sous leur conduite, quatre mille hommes de pied et trois cents chevaux commandés par un de ses capitaines. Le jour où ces troupes détachées devaient signaler leur passage, il fit prendre les armes à ses soldats, et dès qu'il aperçut sur la cime des montagnes qui lui avaient été désignées une nuée de poussière semblable au brouillard qui s'élève le matin, ne doutant pas que ce ne fût son détachement, il livra bataille, en poussant des cris que répétèrent les Romains qui se trouvaient derrière l'ennemi. Alors les Macédoniens, se trouvant enveloppés, furent saisis d'effroi, perdirent courage, et prirent la fuite. Les Romains, victorieux, ne purent leur tuer que deux mille hommes, à cause de la difficulté des lieux; mais ils pillèrent leur camp, s'emparèrent de leurs tentes, de leurs esclaves, et occupèrent tous les défilés. L'ordre et la discipline qu'ils montrèrent ensuite, en traversant l'Epire, leur acquirent l'amitié des Thessaliens, qui leur proposèrent une alliance. Les Achéens firent plus, ils renoncèrent à la coalition de Philippe, et offrirent à Flaminius de marcher avec lui contre les Macédoniens.

Philippe, déconcerté de l'accueil que les Grecs faisaient à Flaminius, lui proposa la paix, sous la condition qu'il laisserait les Grecs soumis à leurs lois. Flaminius refusa. Philippe, espérant être plus heureux auprès du sénat, envoya des ambassadeurs à Rome; mais le sénat, à qui Flaminius avait aussi envoyé des députés, rejeta la demande de Philippe, et ordonna que Flaminius serait continué dans sa charge. Ce consul n'eut pas plutôt reçu ce décret qu'il pénétra en Thessalie, pour terminer par une bataille cette guerre contre Philippe. Elle eut lieu près la ville de Scotuse. Les deux armées se battirent d'abord avec un courage égal; mais bientôt Philippe parvint à forcer l'aile droite. L'avantage était donc pour lui, lorsque Flaminius, culbutant l'aile gauche, vint le prendre en flanc: ce mouvement décida la victoire en faveur des Romains. Le carnage fut horrible; les Macédoniens perdirent huit mille hommes tués et cinq mille prisonniers. Philippe lui-même n'eût pas échappé, si les Eoliens ne se fussent amusés à piller le camp plutôt que de le poursuivre, comme les Romains avaient fait de leur côté.

La défaite de Philippe entraîna la liberté de toute la Grèce et la chute de la puissance macédonienne. Philippe se soumit à la loi des Romains, n'ayant plus que son royaume et dix vaisseaux. Il paya en outre mille talens, et donna pour otage Démétrius son fils, qui fut envoyé à Rome. Cette paix, si sagement faite, empêcha de grands malheurs ; car si la guerre eût été continuée, peut-être Annibal, l'ennemi juré des Romains, eût-il déterminé Antiochus, chez qui il s'était réfugié, à se déclarer contre Rome ; alors Flaminius se fût trouvé au milieu de la Grèce, forcé de résister à deux ennemis redoutables, et Rome eût été engagée dans des dangers aussi grands que lorsqu'Annibal l'accablait de maux.

Quelque temps après cette victoire et la conclusion de cette glorieuse paix, des députés romains arrivèrent en Grèce avec un décret du sénat : c'était le jour de la célébration des jeux isthmitiques. Dès que l'assemblée fut réunie, Flaminius ayant fait ordonner le silence, un héraut s'avança et lut à haute voix : « Que le sénat » de Rome et le consul Titus Quinctius Flami- » nius délivraient de toutes garnisons et de tous » impôts les Corinthiens, les Locriens, les Pho- » ciens, les Eubéens, les Achéens, les Phthiotes, » les Magnésiens, les Thessaliens, et les Per- » rhèbes ». Aussitôt la joie fut si générale qu'on ne pensa plus aux jeux, mais chacun se leva pour saluer et embrasser le sauveur des Grecs. Les cris d'allégresse furent si forts et si perçans que la mer en retentit, et qu'une multitude de corbeaux tomba sur le théâtre. Flaminius eut une peine infinie à se soustraire aux caresses du peuple, dont l'enthousiasme pouvait lui être funeste. Dès le lendemain il exécuta ce que prescrivait la proclamation ; et quand les Grecs jouirent des bienfaits de la liberté et de la paix, il partit pour entreprendre la plus belle et la plus juste de toutes les guerres contre Nabis, cruel tyran, qui asservissait Lacédémone. Le sort des combats lui fut encore favorable, mais il ne profita pas de la victoire comme il eût dû le faire ; il se contenta de conclure la paix avec Nabis, qu'il eût pu rendre prisonnier. Il justifia cette conduite en disant : « Qu'il avait craint de frapper le tyran, parce qu'il en eût résulté de grands malheurs pour les Spartiates. » Les Grecs récompensèrent sa douceur dans cette circonstance par un don qui lui fut infiniment cher. Il reçut d'eux douze cents malheureux Romains qui, après avoir été pris par Annibal, languissaient au sein de l'esclavage dans différentes villes de la Grèce. Ce présent lui fut offert au moment qu'il s'embarquait pour retourner à Rome. Il partit avec joie, et fier d'une récompense aussi belle. Quand il reçut à Rome les honneurs du triomphe, rien ne parut plus intéressant que ces captifs, qui entouraient son char dans l'attitude de la reconnaissance.

Tout le reste de sa vie, son amitié pour les Grecs ne se démentit pas. Il s'en servit d'abord pour les retenir dans l'alliance des Romains, lorsqu'Antiochus cherchait à les soulever ; mais la plus grande preuve qu'il donna de son inclination pour eux fut lorsqu'Antiochus, défait aux Thermopyles, laissa à la discrétion des vainqueurs un grand nombre d'Étoliens qui étaient entrés dans son parti. Alors il s'éloigna du Péloponèse, vint trouver le consul Manius, assiégeant Naupacte, et fit tant auprès de lui, qu'il l'obligea d'accorder une trève pendant laquelle tous les Grecs révoltés enverraient des ambassadeurs à Rome. Les Chalcidiens, qui avaient été les premiers à ouvrir leurs portes à Antiochus, furent si reconnaissans d'une pareille faveur, qu'ils écrivirent sur la porte de l'édifice où les jeunes gens s'exerçaient : *Le peuple a consacré ce gymnase à Titus et à Hercule.* Sur le portail, nommé *Delphinien*, on lisait : *Le peuple a consacré ce temple à Titus et à Apollon.*

Après cette belle action, Flaminius, de retour à Rome, fut élu censeur. Alors très-avancé en âge, et couvert de gloire, fallait-il que le dernier trait de sa vie lui attirât le blâme et la haine de tout le monde. Ce fut lui qui, envoyé en ambassade en Bithynie, à la cour du roi Prusias, où s'était réfugié Annibal, périssant de vieillesse, ordonna la mort de ce respectable Carthaginois. En vain Prusias le pria, le conjura d'avoir pitié d'un fugitif sur le bord de sa tombe; il fut inflexible, et Annibal périt. Quand cette nouvelle fut portée à Rome, le sénat, qui n'avait jamais ignoré la retraite d'Annibal, mais qui l'avait ménagé comme un homme peu dangereux, fut indigné de la conduite de Flaminius, et mit bien au-dessus de lui Scipion l'Africain, qui avait vaincu Annibal sans jamais l'humilier, ni même insulter à son infortune.

Flaminius mourut dans sa maison, d'une mort naturelle et tranquille.

LEÇON.

DEMANDE. Quel était le caractère de Titus Quinctius Flaminius ?

RÉPONSE. Doux et généreux.

D. Quelles furent ses fonctions ?

R. Il fut tribun des soldats, gouverneur de Tarente, chef des colonies, consul, censeur, et ambassadeur.

D. Fut-il plusieurs fois vainqueur ?

R. Trois fois; la première en Épire, contre Philippe, roi des Macédoniens; la seconde contre le même, près la ville de Scotuse; et la troisième contre Nabis, tyran de Lacédémone.

D. Obtint-il les honneurs du triomphe ?

R. Oui, une fois, après sa seconde victoire sur Philippe.

D. Que remarqua-t-on dans ces honneurs ?

R. Douze cents Romains qui lui avaient été offerts en récompense de sa générosité pour les Grecs.

D. Où étaient ces Romains ?

R. Prisonniers, ou esclaves çà et là dans la Grèce.

Tom. I. Pag. 168.

D. Que fit Flaminius en faveur de la Grèce ?

R. Il lui rendit sa liberté, et la délivra d'impôts et de garnisons.

D. Ne fit-il rien de plus ?

R. Quelque tems après, il obtint une trêve pour les Grecs du parti d'Antiochus.

D. Quel fut le dernier trait de sa vie ?

R. Le supplice d'Annibal, qu'il eut la barbarie de faire mourir sans en avoir reçu l'ordre.

D. Chez qui ce supplice fut-il ordonné ?

R. Chez Prusias, roi de Bithynie, qui avait donné l'hospitalité à Annibal, succombant de vieillesse.

D. Ce trait fut-il approuvé ?

R. Le sénat et tous les Romains en furent indignés.

D. Où mourut Flaminius ?

R. Dans sa maison, d'une mort naturelle et tranquille.

CAÏUS MARIUS.

(Depuis la fondation de Rome, 646. Avant J. C., 105).

Caïus Marius était né de parens pauvres et inconnus. Son père se nommait Marius, et sa mère Fulcinie. Il resta long-temps dans un petit village nommé Cirrhajaton, dans le pays des Arpinates, et ne vint que très-tard à Rome, où il menait une vie dure et agreste, semblable à celle des anciens Romains.

Sa première campagne fut en Espagne, contre les Celtibériens, lorsque Scipion l'Africain assiégeait Numance. Dès-lors il laissa deviner ce qu'il serait un jour ; car, quelqu'un demandant à Scipion : *Quel général pourrait le remplacer. Peut-être celui-ci*, répondit Scipion, en frappant sur l'épaule de Marius. Cette réponse fut ce qui éleva l'ame de ce jeune guerrier, et ce qui l'excita à se jeter dans le gouvernement de la république. Il commença par être tribun du peuple, et, dans cette place, il fit preuve de fermeté. Ayant proposé une loi sur la manière de donner les voix et les suffrages, loi qui diminuait l'autorité des nobles, il fut obligé de comparaître au sénat, pour dire quelle raison l'avait porté à faire une pareille proposition. Il y entra avec l'assurance d'un homme qui se sentait capable des plus grandes actions, et sachant que c'était le consul Cotta qui avait entraîné le sénat à rejeter cette loi, il le menaça de la prison. Métellus voulut prendre la défense du consul : Marius appela un licteur pour se saisir de Métellus. Tant d'audace intimida les tribuns, le sénat, et la loi passa. Quelque temps après, il fit une action contraire à celle-ci, où il avait pris vivement les intérêts du peuple ; il s'opposa à une distribution gratuite de blé. Ce nouveau trait fit connaître en lui un homme inaccessible à tous les partis, et qui ne voyait que l'intérêt public.

De tribun, il fut préteur en Espagne. Quand il revint à Rome, il épousa Julie, de la maison des Césars, et qui fut tante de Jules César, le plus grand des Romains. Il partit après pour l'Afrique, en qualité de lieutenant du consul Quintus Cécilius Métellus, chargé de combattre Jugurtha. Il se conduisit si bien dans cette guerre, que chaque soldat écrivait à ses parens : *Qu'il fallait que Marius fût consul pour voir finir tant de batailles.* Marius, instruit de ces dispositions, se rendit à Rome lors des élections ; et, promettant de tuer Jugurtha, ou de l'amener pieds et poings liés, il obtint le consulat. Quelle fut la jalousie de Métellus, à qui il succédait dans le commandement de l'armée ! Il ne voulut pas le voir à son retour en Afrique. Mais si Marius lui avait enlevé la gloire de finir cette guerre, Sylla l'enleva à son tour à Marius : car ce fut à Sylla que Bocchus, roi de Numidie, livra Jugurtha, défait et fugitif. Cet événement fut la source de la haine implacable qui régna entre Marius et Sylla.

Marius n'ayant pas rempli sa promesse, était tombé en discrédit à Rome. La guerre des Cimbres et des Teutons arriva fort à propos pour le remettre en faveur. Rome, qui avait besoin d'un grand général, dans le danger pressant qui la menaçait, jeta les yeux sur lui, et le nomma consul pour la seconde fois, quoi qu'il fût absent. Il prit le commandement des armées romaines, le 1er janvier, et marcha contre les barbares, qui étaient au nombre de trois cent mille hommes, sans compter les femmes et les enfans, dont le courage égalait souvent celui des guerriers. Cette multitude d'ennemis demandait des terres et des villes, et se proposait de saccager l'Italie, surtout la ville de Rome. Marius, sans s'effrayer ni de leur nombre, ni de leurs menaces, alla à leur rencontre; mais, tout-à-coup, ils changèrent de route, et retournèrent leurs armes contre l'Espagne. Marius profita de ce temps pour exercer ses troupes, pour les soumettre à une discipline sévère, et les endurcir à la peine. Il remplit un troisième consulat avant que les Cimbres et les Teutons se montrassent en Italie. Ce ne fut que sous le quatrième qu'ils tentèrent d'exécuter leurs menaces, et qu'ils dirigèrent leur marche contre les Romains. Alors Marius passa les Alpes, alla camper sur le bord du Rhône, où il se fortifia. Les Teutons le joignirent les premiers : ces barbares ne manquèrent pas de l'appeler au combat. Marius resta dans son camp, faisant monter très-souvent ses soldats sur les remparts, pour leur faire voir l'ennemi, les accoutumer à sa forme effrayante et à ses cris horribles. Peu-à-peu les Romains, que la vue de ces monstres avait fait presque reculer, revinrent de leur frayeur, et demandèrent à combattre. Marius, satisfait de cette demande, ne crut pas cependant pouvoir y accéder; il ne voulut pas même sortir de son camp. Les barbares, qui ne lui voyaient faire aucun mouvement, plièrent bagage pour passer les Alpes, et défilèrent pendant six jours consécutifs près du camp des Romains. Quand ils furent tous en route, Marius se mit à leur poursuite, et les attaqua dans leur marche près de la ville d'Aix, où il en fit un carnage épouvantable. Un grand nombre de femmes, armées de haches et d'épées, périrent dans la mêlée, après avoir montré jusqu'à la mort un courage héroïque.

La nuit qui suivit cette bataille fut employée, du côté des Romains, à fortifier leur camp. Les Teutons se livrèrent à la douleur, en poussant des cris qui saisirent de crainte jusqu'à Marius. Le jour suivant se passa sans combat; mais le lendemain, Marius, après avoir envoyé trois mille hommes en embuscade derrière le camp des barbares, leur livra une seconde bataille, qui fut encore à son avantage; les Romains en tuèrent ou firent prisonniers plus de cent mille; ensuite, après s'être emparés des tentes, des chariots, des bagages, ils donnèrent tout à Marius, d'un commun consentement. Ce magnifique présent était encore au-dessous du service qu'il venait de rendre.

Tandis que Marius se réjouissait de ses victoires, il reçut la nouvelle que le peuple romain l'avait nommé consul pour la cinquième fois. Soldats, officiers, tous lui en témoignèrent leur joie par de vives acclamations, et en lui présentant de nouvelles couronnes. Mais bientôt cette allégresse fut troublée : il fut rappelé à Rome pour marcher contre les Cimbres, qui avaient battu le consul Catulus, et qui ravageaient l'Italie. Dans cette circonstance, le sénat voulut en vain lui faire décerner les honneurs du triomphe, il les refusa, et se rendit au camp de Catulus, où son armée le joignit peu de jours après. La première bataille qu'il livra aux Cimbres surpassa ses espérances. Elle eut lieu dans la plaine de Verceil. Les Romains avaient cinquante-deux mille hommes, et les Cimbres trois cents mille. Mais une particularité qui mérite d'être rapportée, fut très-favorable aux guerriers de Rome : quand les deux armées se furent ébranlées pour combattre, il s'éleva une si grande poussière, que les Romains ne purent voir le nombre infini de leurs ennemis, et, par conséquent, en être effrayés : de plus, le soleil frappait précisément les yeux des barbares, qui, nourris dans le nord, ne pouvaient supporter cette chaleur. Aussi l'armée de Marius et celle de Catulus remportèrent-elles la plus éclatante victoire ; elles firent plus de soixante mille prisonniers, et tuèrent plus de cent vingt mille Cimbres. La consternation, le désespoir furent tels parmi ces barbares que les femmes, dans leur rage, se jetaient sous les pieds des chevaux, écrasaient leurs enfans, et massacraient les fuyards, fussent-ils même leurs maris, leurs frères ou leurs pères. Ce spectacle eût duré très-long-temps, si les Romains ne s'y fussent opposés en s'emparant de ces malheureuses femmes.

Tels furent les exploits de Marius pendant son cinquième consulat. Il devait être rassasié de gloire et de dignités ; mais son ambition démesurée le porta à vouloir être nommé consul une sixième fois. La noblesse et sur-tout Métellus s'y opposaient. Alors il éleva une faction parmi le peuple, dont l'effet fut sa nomination au consulat, et le renvoi de Métellus. Cette espèce de violence le rendit l'objet du ressentiment public, et quand l'année de sa charge fut écoulée, il n'osa pas postuler la place de censeur. Sur ces entrefaites, Métellus fut rappelé : Marius, ne pouvant supporter l'idée de revoir cet ennemi, s'embarqua pour la Cappadoce et la Galatie, dans l'intention de susciter aux Romains de nouvelles guerres, qui rendraient son bras nécessaire. Ce fut Mithridate qu'il excita à se déclarer contre les Romains ; et quand il fut bien certain des projets hostiles de ce monarque, il retourna à Rome, pour qu'on lui offrît le commandement des armées. Mais Sylla, son plus impitoyable ennemi, y jouissait d'une faveur extrême. Marius, furieux, chercha à la lui enlever par la force, et sur-tout à renverser un monument élevé dans le Capitole, monument où Sylla était représenté comme le vainqueur de Jugurtha ; peut-être y serait-il parvenu, si les peuples alliés ne se fussent déclarés contre les Romains. Le danger public étouffa, pour le moment, cette sédition prête à éclater.

Cette guerre fut plus honorable pour Sylla que pour Marius, quoique celui-ci remportât une victoire ; où il tua sur la place six mille ennemis. Aussi, quand elle fut terminée, et qu'il fallut marcher contre Mithridate, les esprits flottèrent long-temps, pour le choix d'un général, entre Marius et Sylla. Enfin, Marius fut préféré, et eut le titre de proconsul.

Aussitôt deux factions puissantes et terribles s'agitèrent dans Rome. Quand Marius, disposé à partir, envoya deux tribuns à Sylla pour qu'il lui remît son armée, Sylla fit égorger les deux tribuns, et marcha contre Rome. Marius fit vainement un appel au peuple pour qu'il se mît de son parti ; les esclaves même, qu'il promettait de rendre libres, ne cédèrent point à sa voix. Sylla entra dans Rome presque sans résistance, et Marius fut obligé de fuir dans une petite maison qu'il avait près de la ville. Le jour même, tous ses amis l'abandonnant, il se rendit à Ostie, où une barque était préparée pour lui ; dès qu'il y fut monté avec un de ses fils, il partit. Poussé par un vent favorable, il côtoyait l'Italie, lorsqu'une tempête violente le força de gagner le rivage de Circei et de descendre à terre. Là, mourant de faim et toujours poursuivi, il fut obligé de se jeter dans un bois, où il passa la nuit dans la plus grande détresse. Le lendemain, il se mit en route, malgré l'épuisement de ses forces. A peine à vingt stades de Minturnes, il vit deux cavaliers accourant vers lui, et en même temps il aperçut deux barques près du rivage ; aussitôt il se jeta dans l'eau et les gagna à la nage. Les mariniers, touchés par ses larmes, refusèrent de le livrer, et le conduisirent près de l'embouchure du Liris, où ils lui conseillèrent de descendre pour prendre quelque nourriture. Marius y consentit ; il mit pied à terre : aussitôt les marins s'enfuirent, ne voulant ni le livrer ni se compromettre pour le sauver. Marius, abandonné de toute la nature, se jeta sur l'herbe, où il demeura comme mort, jusqu'à ce que le courage lui eût rendu quelques forces ; alors il se traîna jusqu'à la cabane d'un vieillard qui voulut bien le cacher dans le fond d'un marais ; mais il n'y resta pas long-temps : la crainte l'en fit sortir, et il tomba entre les mains des cavaliers, qui le conduisirent à Minturnes. Là, son supplice fut ordonné. Il ne se trouva qu'un Cimbre qui voulût se charger de son exécution ; ce Cimbre, au moment de le frapper, crut voir sortir des yeux de Marius une flamme très-vive ; et, à ces mots : *Oses-tu bien, malheureux, égorger Marius ?* il s'enfuit de la prison, en criant : *Je ne puis tuer Marius.* Cet événement excita la pitié publique. Chacun se rappela que Marius avait sauvé l'Italie, et les magistrats de Minturnes lui rendirent la liberté. Le peuple vint lui-même délivrer ce grand homme, et le conduisit au rivage. Un nommé Béléus lui fit présent d'un vaisseau ; il s'embarqua dans le dessein de se rendre à Carthage. Il y aborda bientôt ; mais le consul Sextilius, qui y commandait pour les Romains, lui envoya quelques officiers pour lui défendre d'entrer en Afrique. Marius, interrogé par ces officiers pour savoir ce qu'ils répondraient au consul, leur dit : « Rapportez que vous avez vu Marius assis sur les ruines de Carthage ». Cette réponse présentait l'idée du sort de cette ville comparé avec le sien, comme deux exemples terribles des vicissitudes humaines.

Marius, après avoir long-temps erré de rivage en rivage, exposé partout à de nouveaux dangers, apprit enfin que le consul Cinna, à la tête d'une armée formidable, marchait contre Rome, pour se venger de son collègue Octavius. Il parvint à se rendre en Italie, joignit promptement Cinna, qui le reçut à bras ouverts, et le nomma proconsul. Mais il refusa les marques de cette dignité, et resta couvert d'une mauvaise robe. Une de ses premières opérations, à la tête des armées de Cinna, fut la prise des villes maritimes, pour empêcher les convois de vivres d'arriver à Rome ; ensuite il marcha contre cette ville, et en fit le siége, qui ne dura pas long-temps parce qu'Octavius fut abandonné de ses soldats. La mort de ce consul fut le premier des meurtres commandés par Marius ; à chaque pas dans Rome, il ordonnait à ses bourreaux, nommés *bardiéens*, d'égorger une victime. Les rues étaient remplies de cadavres que l'on foulait aux pieds ; ce spectacle excitait la terreur et faisait trembler chacun pour soi ; enfin Cinna fit cesser le carnage, en ordonnant de tuer ces bardiéens qui avaient été les instrumens de sa rage et de celle de Marius.

Dans ce même temps, on apprit que Sylla

marchait contre Rome, à la tête d'une puissante armée. Marius fut nommé consul pour la septième fois. Comme il sortait pour aller, sur la place, prendre possession de son consulat, il trouva sur son chemin Sextus Lucinus, et le fit précipiter de la roche Tarpéienne. Cette atrocité eût été le signe effrayant des maux qui allaient fondre sur Rome, si la mort de Marius n'eût dissipé toutes les craintes. Dix-sept jours après sa nomination au consulat, se promenant avec ses amis, il leur raconta tous les événemens de sa vie, et finit par ces mots : « L'homme sage ne doit jamais se fier à l'infidèle fortune. » Ensuite il embrassa tout le monde, fit ses adieux, alla se mettre au lit, où il mourut, après sept jours de maladie, à l'âge de soixante-onze ans.

LEÇON.

Demande. Où naquit Caïus Marius ?
Réponse. Dans un petit village, dans le pays des Arpinates.

D. Quels furent ses parens ?
R. Marius et Fulcinie, tous deux pauvres et presque inconnus.

D. Où fit-il sa première campagne ?

R. En Espagne, contre les Celtibériens, lorsque Scipion l'Africain assiégeait Numance.

D. Quelles furent ses dignités ?

R. Il fut d'abord tribun du peuple, ensuite préteur, puis lieutenant de consul, et enfin sept fois consul.

D. Quelles furent ses victoires ?

R. Il vainquit Jugurtha en Afrique, et battit si complètement les Cimbres et les Teutons, qui voulaient saccager Rome et toute l'Italie, que dans une seule bataille il leur tua plus de cent vingt mille hommes, et leur fit plus de soixante mille prisonniers.

D. Après tant d'exploits, quels furent ses malheurs ?

R. Ennemi juré de Sylla, qui était parvenu à lui enlever la faveur du peuple, il se vit obligé de fuir, fut sur le point de périr à Minturnes, et n'eut d'autre ressource que de se réfugier en Afrique.

D. Quand revint-il dans sa patrie ?

R. Lorsque Cinna marchait contre son collègue Octavius. Il fut mis à la tête des armées, et ne tarda pas à prendre Rome. Rien ne peut égaler les cruautés que Cinna et lui exercèrent dans cette ville ; l'un contre les amis d'Octavius, l'autre contre les partisans de Sylla. Les rues de Rome étaient jonchées de cadavres.

D. A quelle époque Marius mourut-il ?

R. A celle où, nommé pour la septième fois au

consulat, il se préparait à résister à Sylla, qui marchait contre Rome à la tête d'une puissante armée.

D. Comment et à quel âge termina-t-il sa carrière ?

R. De maladie, à l'âge de soixante-onze ans.

LYSANDRE.

(Depuis la fondation de Rome, 348. Avant J. C., 403.)

Lysandre eut pour père Aristocrite, de la race des Héraclides. Il était né pauvre, mais il se fit remarquer de bonne heure par sa soumission extrême aux lois et aux coutumes de son pays. Il eut dès sa jeunesse beaucoup d'ambition, fut courtisan, et cependant méprisa les richesses.

Sa première campagne fut pendant la guerre du Péloponèse. Les Spartiates le choisirent pour combattre les Athéniens. Aussitôt il se rendit à Éphèse, qu'il trouva dans la plus triste situation. Il en fut d'autant plus touché, que les habitans lui témoignèrent la plus tendre amitié. Il partit d'Éphèse pour aller à Sardis trouver le roi Cyrus, et se plaindre à lui de la perfidie de Tisapherne, qui n'avait point aidé les Lacédémoniens à chasser les Athéniens de la mer, quoiqu'il en eût reçu l'ordre du roi. Cyrus, qui n'aimait point Tisapherne, saisit cette occasion de s'en venger, et ne cessa, de ce moment, d'avoir pour Lysandre la plus vive affection; celui-ci n'en abusa point, et ce trait va le prouver. Lorsque Cyrus, prêt à s'éloigner de Sardis, demanda à Lysandre quel gage il désirait d'avoir de son amitié, Lysandre la pria *d'augmenter d'une obole la paie des mariniers.* Cyrus, enchanté de ce désintéressement généreux, lui fit compter dix mille dariques, qui furent distribués sur-le-champ. Par cette largesse, Lysandre attira de son côté tous les matelots ennemis, et, peu de temps après, il remporta sur les Athéniens une victoire, où il leur prit quinze galères. Cette expédition finie, il retourna à Ephèse, où il essaya de former un parti qui pût le mettre à la tête des affaires; mais Callicratidas nuisit à ses desseins, et fut nommé à sa place pour commander la flotte des Lacédémoniens. Ce Callicratidas, homme courageux et digne de Sparte, ne fut pas aussi heureux que Lysandre. Dans le combat des Arginuses, il perdit la bataille, et fut tué. Tous les alliés, et Cyrus lui-même, se hâtèrent de redemander Lysandre. Les Spartiates qui, d'après leurs lois, ne pouvaient nommer le même homme deux fois amiral, furent très-embarrassés. Cependant, pour se rendre à la demande de leurs alliés, ils donnèrent le titre d'amiral à un nommé *Aracus*, lui adjoignant pour vice-amiral Lysandre, à qui tous les pouvoirs furent commis en secret. Ce nouveau choix fut approuvé généralement, et Lysandre se vit fêté dans toutes les villes où il passa pour se rendre à l'armée. Cyrus l'appela de nouveau près de lui à Sardis, et le combla de bienfaits, en lui promettant de nouvelles faveurs. Sensible à tant de caresses, Lysandre se mit en devoir de soutenir sa renommée. Mais comme il n'avait pas des forces égales pour combattre les Athéniens, puisque la flotte de Cyrus n'était pas arrivée, il s'occupa, au lieu de l'attendre dans l'inaction, de l'attaque d'Egine, de Salamine, qu'il livra au pillage. De ces îles, il alla descendre dans l'Afrique; mais, poursuivi par les Athéniens, il changea de route, se rendit en Asie, et mit le siége devant Lampsaque, qu'il emporta d'assaut, et que ses soldats saccagèrent. Les Athéniens, instruits de cette victoire, se hâtèrent de le joindre; ils l'attaquèrent devant Lampsaque, et furent battus. Lysandre leur fit trois mille prisonniers, se rendit maître de cent soixante-onze voiles, et pilla leur camp. Ensuite il parcourut toutes les villes maritimes, leur donna un gouverneur lacédémonien, et dix archontes, qu'il choisit parmi ceux qui lui étaient dévoués, afin de s'assurer du gouvernement général de la Grèce. Cette victoire fut annoncée à Lacédémone par des courriers qu'il envoya : ses dépêches portaient qu'il arriverait bientôt avec deux cents vaisseaux.

Cependant, nourrissant l'espoir de prendre la ville d'Athènes, il alla aborder à la côte d'Attique, pour se joindre aux rois Agis et Pausanias. Mais ses tentatives furent inutiles; les Athéniens firent trop bonne contenance : il se vit obligé de remonter sur sa flotte. Alors il passa en Asie, où il changea le gouvernement en celui de dix archontes, bannissant tous ceux qui semblaient s'y opposer. Il chassa de Samos tous les habitans, et livra la ville à ceux que les Samiens avaient exilés ; enfin il prit la ville de Seste, tombée au pouvoir des Athéniens, en fit sortir tous les Sestiens, et la donna à ses soldats et à ses matelots.

Quelque tems après, il apprit qu'Athènes était réduite à la famine. Aussitôt il retourna dans le port du Pirée, et s'empara de la ville. Les articles de la capitulation portèrent : « Que les Athéniens » abattraient les fortifications du Pirée et les lon- » gues murailles qui joignaient la ville au port ; » qu'ils abandonneraient toutes leurs villes, se » réfugieraient dans leurs terres, paieraient les » contributions exigées, feraient revenir tous les » fugitifs, et livreraient le nombre de vaisseaux » qui leur serait demandé ». Cette capitulation acceptée, un jeune orateur d'Athènes, nommé *Cléomènes*, demanda à Lysandre pourquoi il abattait des murailles que Thémistocle avait fait élever : « Jeune homme, répondit Lysandre, je » ne fais rien de contraire à ce que Thémistocle » a fait. Il a bâti ces murailles pour le salut de » ses concitoyens, c'est pour leur salut aussi que » je les fais abattre. Si des murailles assuraient » la prospérité d'un Etat, que serait donc Lacé- » démone, qui n'en a point » ? Il s'occupa ensuite de changer le gouvernement d'Athènes, ce qui déplut surtout aux Athéniens ; mais la menace qu'il fit d'ordonner que leur ville fût rasée les contraignit au silence. Il établit dans la ville dix archontes et dix dans le Pirée ; il mit une forte garnison dans la citadelle, et nomma pour gouverneur le spartiate Callibius. Tant de réformes achevées, il se rendit en Thrace, et envoya à Sparte tout l'or et toutes les couronnes qu'il avait reçus, voulant donner à penser qu'il était dans la Grèce aussi puissant qu'un roi. Sa vanité le porta même à se faire ériger une statue de bronze, pour qu'on la plaçât dans la ville de Delphes. Il souffrit qu'on lui consacrât des autels comme à un dieu, qu'on lui fît des sacrifices, et que des hymnes fussent chantés en son honneur. Un de ces hymnes commençait ainsi : « Chantons le » grand capitaine de la divine Grèce, ce gé- » néral qui prit son origine dans la ville de » Sparte, etc......... » Les Samiens nommèrent *fêtes de Lysandre* celles qu'ils avaient instituées en l'honneur de Junon ; et deux poètes, l'un nommé *Chœrisus*, l'autre *Antiloque*, l'accompagnaient toujours pour chanter dans leurs vers toutes ses belles actions.

Tant d'orgueil ne lui suffit pas : il montra par la suite une cruauté inflexible dans l'intention de rendre sa puissance aussi imposante que terrible. Mais Pharnabase, dont il ne cessait de ravager les Etats, ne tarda pas à s'en plaindre hautement, en envoyant des ambassadeurs à Sparte. Les Ephores, indignés, rappelèrent Lysandre, qui était alors dans l'Hellespont. Aussitôt, il alla trouver Pharnabase, fit tout pour se réconcilier avec lui, et le pria de lui donner une lettre, où il désavouât ce qu'il avait écrit. Pharnabase feignit d'y consentir, et, en effet, il écrivit sous les yeux de Lysandre une lettre très-favorable; mais au moment de la fermer, il en substitua une de même grandeur, qu'il lui remit. Lysandre partit, persuadé que sa justification serait complète. Arrivé à Sparte, il fut bien étonné de voir qu'il avait été joué, et se retira tout confus, demandant un congé pour aller au temple d'Ammon s'acquitter des sacrifices qu'il avait voués à ce dieu avant les combats. On le lui accorda avec peine; mais pourtant il l'obtint, et s'embarqua. A peine fut-il parti, qu'il apprit le soulèvement des rois de Sparte en faveur du peuple. Il revint promptement à Lacédémone, pour persuader qu'il était du plus grand intérêt de soutenir dans Athènes le parti des nobles. Son avis fut goûté; il fut chargé de rétablir le gouvernement qu'il avait institué, et de soumettre de nouveau les Athéniens à l'autorité des gouverneurs. Ensuite il fit nommer Agésilas roi de Lacédémone, partit avec lui pour faire la guerre en Asie, et finit par le détester au point de chercher à lui faire perdre la couronne.

La guerre des Thébains, à laquelle il présida, l'empêcha d'exécuter ses projets contre Agésilas. Sa haine, plus implacable contre les Thébains, le fit marcher à la tête des armées; il prit la ville d'Orchomène, qu'il pilla : mais ce fut le dernier combat qu'il put livrer. Le courrier qu'il envoya au roi Pausanias, pour l'avertir de se rendre de Platée devant la ville d'Haliarte, fut arrêté par l'ennemi; les Thébains, prévenus, se retirèrent tous dans Haliarte, et, quand Lysandre voulut attaquer la ville, ils sortirent en si grand nombre, que Lysandre se vit enveloppé et massacré avec sa troupe. Alors Pausanias demanda une trève, qui lui fut accordée. Il enleva le corps de Lysandre, et quand il eut passé avec son armée les montagnes de la Béotie, il l'enterra chez les

Panopéens, amis ou alliés de Sparte. Son tombeau se voit encore aujourd'hui près du chemin qui mène de Delphes à Chéronée. Cette perte fut extrêmement sensible aux Spartiates. Ils regrettèrent d'autant plus Lysandre, qu'après sa mort on reconnut qu'il était sans fortune. Sa réputation et ses vertus en reçurent un nouvel éclat.

LEÇON.

Demande. Où naquit Lysandre ?
Réponse. A Lacédémone.

D. Qui fut son père ?

R. Aristocrite, de la race des Héraclides.

D. Que remarqua-t-on en Lysandre dès sa jeunesse ?

R. Beaucoup d'ambition, un penchant extrême à la flatterie, et le plus grand mépris des richesses.

D. Quelles furent ses dignités ?

R. Il fut général des Lacédémoniens, vice-amiral, et à la tête du gouvernement de Lacédémone.

D. Quelles furent ses victoires ?

R. Ayant fait alliance avec les Perses, il défit les Athéniens dans un combat naval; il prit et livra au pillage Egine et Salamine. Arrivé en

Asie, il mit le siége devant Lampsaque, qu'il emporta d'assaut, obtint une seconde victoire sur les Athéniens, soumit l'île de Samos, reprit la ville de Seste, et, peu de temps après, vint s'emparer de celle d'Athènes.

D. Tant de victoires excitèrent sans doute son orgueil?

R. Oui, au point qu'il se fit élever une statue de bronze, et qu'il voulut être honoré comme un dieu; il tâcha même de se faire reconnaître pour roi. Cet orgueil le porta bientôt à la tyrannie.

D. N'établit-il pas plusieurs gouvernemens?

R. Il créa dans chaque ville de la Grèce un gouverneur lacédémonien, et dix archontes; il fit de même en Asie, et soutint à Sparte le parti de nobles.

D. Comment mourut-il?

R. En combattant les Thébains; il fut massacré avec sa troupe devant Haliarte, qu'il voulait assiéger.

D. Fut-il honoré après sa mort?

R. Pausanias enleva son corps, et l'enterra chez les Panopéens. Son tombeau se voit encore aujourd'hui près du chemin qui mène de Delphes à Chéronée.

R. Fut-il regretté des Spartiates?

D. Oui, d'autant plus qu'il mourut extrêmement pauvre; ce qui ajouta beaucoup à sa réputation.

LUCIUS CORNÉLIUS SYLLA.

(Depuis la fondation de Rome, 658. Avant J. C., 93.)

Lucius Cornélius Sylla descendait d'une famille patricienne ; cependant il passa une grande partie de sa jeunesse parmi des bouffons, qui l'entraînèrent à toutes sortes de débauches. Il n'hérita d'aucun bien à la mort de son père, mais une riche courtisane, et sa belle-mère, lui ayant légué toute leur fortune, ces deux successions l'enrichirent considérablement.

Dès qu'il fut nommé questeur, il partit avec Marius pour aller faire la guerre en Afrique. Il acquit tant de gloire dans cette première campagne, que Bocchus, roi de Numidie, lui livra son gendre Jugurtha, au lieu de le mettre entre les mains de Marius. Cette préférence fut la source d'une animosité éternelle entre ces deux Romains. Marius, de ce moment, ne donna plus à Sylla aucune occasion de se signaler ; ce qui fit que Sylla, dévoré d'ambition, alla servir Catulus, autre consul, dont l'armée occupait les Alpes. Les nouveaux exploits qu'il y fit lui donnant à penser que les dignités civiles pouvaient être le prix de la gloire, il demanda la préture nommée ur-

haine ; il ne l'obtint que la seconde année après sa demande. Sa préture finie, il fut envoyé en Cappadoce contre Mithridate. Pendant son absence, Bocchus vint consacrer dans le Capitole des statues d'or, représentant Jugurtha qu'il lui livrait. De retour à Rome, Sylla trouva ce trophée érigé à sa gloire, et en montra tant de joie, que Marius, déjà courroucé du tribut de Bocchus, résolut d'aller dans le Capitole, détruire ce monument qui l'outrageait. Les deux partis prenaient donc les armes, quand la guerre des alliés réclama tous les bras pour la défense publique.

Sylla partit pour l'armée, et parvint si bien à gagner l'amitié des soldats, qu'il fut nommé consul avec Quintus Pompéius Rufus. Sur ces entrefaites, il fit un très-grand mariage. Il épousa Cœlia, fille du grand-pontife Métellus. A peine cette alliance fut-elle formée, que les factions se réveillèrent. Marius, ayant obtenu le commandement des armées pour marcher contre Mithridate, envoya demander à Sylla celle qui était sous ses ordres. Au lieu de la lui donner, Sylla s'avança contre Rome. Marius voulut vainement lui en défendre l'entrée ; il y pénétra, fit assembler le sénat, ordonna la mort de Marius et de tous ses complices.

Cela fait, il éleva Lucius Cinna à la dignité de consul ; puis il partit pour combattre Mithridate. Dès qu'il fut parmi ses soldats, toutes les villes lui envoyèrent des ambassadeurs pour lui ouvrir leurs portes. Athènes seule, gouvernée par Aristion, voulut résister ; il l'assiégea, la prit, pilla les temples et abandonna la ville à la fureur de ses troupes. Tant de sang fut versé dans cette journée, qu'il remplit tout le Céramique au-dedans du Dypile; d'autres assurent qu'il regorgea par les portes, et inonda tout le faubourg.

Mais Taxile, général de Mithridate, arriva bientôt de Macédoine avec cent mille hommes de pied, dix mille chevaux, et quatre-vingt-dix chariots armés de faux. Sylla fut obligé de s'éloigner promptement, et de rejoindre l'armée commandée par Hortensius. Dès qu'il fut près de Chéronée, poste essentiel à défendre, et qui l'avait été bravement par ses troupes, il livra la bataille, mit en déroute toute l'armée ennemie, dont il poursuivit une partie jusqu'au fleuve et à la montagne d'Acontium, et l'autre jusque dans la ville de Chalcis.

Une si grande victoire devait être suivie de fêtes. Elles eurent lieu dans Thèbes, près de la fontaine d'OEdipe, où l'on dressa un grand théâtre; des juges furent choisis dans les villes grecques pour distribuer les prix.

Ces jeux étaient à peine finis, que Sylla apprit que Lucius Valérius Flaccus, nommé consul, venait à la tête d'une armée destinée à le combattre. Aussitôt il marcha contre lui. Mais, sur les nouvelles qui lui parvinrent de tous côtés que Mithridate et Archélaüs avaient rassemblé de nouvelles troupes, il retourna sur ses pas. Dès qu'il eût atteint l'ennemi, il voulut disposer son camp de manière à résister avec avantage à la cavalerie des barbares; ce projet lui fut impossible à exécuter. Dans cette circonstance, il dit à ses soldats, qui fuyaient : « Romains, il m'est glorieux de mou-

» rir ici... Pour vous, quand on vous demandera
» où vous avez laissé votre général, souvenez-
» vous de répondre que c'est à Orchomène. »
Après ces mots, il s'élança dans les rangs ennemis. Ses soldats le suivirent, et la bataille fut
gagnée. Elle fut si terrible, que, dans un moment,
les marais furent rougis de sang, et le lac rempli
de morts.

Sur ces entrefaites, Métalla, femme de Sylla,
échappée de Rome à cause des persécutions de
Cinna et de Carbon, vint trouver son époux dans
son camp, et lui annonça que les Romains avaient
brûlé ses maisons et ravagé ses terres; elle finit
par le prier d'aller secourir promptement ses
amis, qui étaient restés dans Rome. Quel fut alors
l'embarras de Sylla! S'il se rendait à Rome, il
fallait qu'il laissât imparfaite l'entreprise si importante de la guerre contre Mithridate; d'un autre
côté, s'il n'écoutait que sa gloire, il laissait
périr ses amis et opprimer sa patrie. Dans cette
conjoncture, un marchand de Delium, nommé
Archélaüs, vint lui proposer, de la part du
général Archélaüs, d'abandonner l'Asie et le
Pont, et de s'en retourner promptement calmer
la guerre civile allumée dans Rome, lui offrant
de l'argent, des vaisseaux et des troupes. Sylla,
que révoltait cette proposition, répondit à cet
homme : « Abandonne le parti de Mithridate;
» fais-toi reconnaître roi, et deviens l'allié des
» Romains en me livrant tous les vaisseaux qui
» sont en la puissance de ton maître. » Archélaüs
témoignant de l'horreur pour une pareille trahison, Sylla poursuivit en disant : « Quoi!

» simple Cappadocien, simple esclave d'un roi,
» tu ne peux entendre sans frémir une proposi-
» tion honteuse, et tu veux que moi, général des
» Romains, je puisse entendre de sang-froid
» parler de trahison! » Cette réponse fit une
telle impression sur l'envoyé de Mithridate, que
la paix fut aussitôt convenue aux conditions sui-
vantes: « Que Mithridate renoncerait à l'Asie et
» à la Paphlagonie; qu'il céderait la Bythinie à
» Nicomède, et la Cappadoce à Ariobarzane;
» qu'il paierait aux Romains, pour les frais de
» la guerre, deux mille talens; qu'il livrerait
» soixante-dix galères armées avec tout leur équi-
» page; et que Sylla, de son côté, assurerait à
» Mithridate le reste de ses états, et le ferait dé-
» clarer ami et allié du peuple romain. »

Toutes ces conditions réglées et acceptées, Sylla se retira, traversa la Thessalie et la Macédoine, conduisant avec lui Archélaüs, qu'il comblait d'honneurs. Il eut même une entrevue avec Mithridate, qu'il embrassa en signe de réconciliation.

Cette paix achevée et consolidée, il marcha contre Fimbria, son plus grand ennemi, qui était campé près la ville de Thyatire, dans la Lydie. Il n'eut pas de peine à terminer cette querelle. Les soldats de Fimbria accoururent embrasser les siens, et Fimbria se tua de désespoir. Sylla condamna toute l'Asie mineure à lui payer la somme de vingt mille talens, et mit garnison chez tous les particuliers. Cela fait, il partit d'Éphèse avec toute sa flotte, et se rendit dans le port de Pirée, où il prit la plupart des écrits d'Aristote et de Théophraste ; ensuite il descendit vers la mer, pour s'embarquer à Dyrrachium, et se rendre en Italie. A peine y fut-il arrivé, qu'il eut à combattre deux armées commandées par le jeune Marius et le consul Norbanus. Il les défit tous deux, et obligea celle du consul à se renfermer dans Capoue, après lui avoir tué six mille hommes. Secondé par Crassus, Métellus, Pompée, Servilius, tous grands capitaines, il ne perdit pas une seule bataille, et entra dans Rome, après avoir fait tuer trois mille Romains les uns après les autres, et en avoir enfermé six mille dans le Cirque. Pendant qu'il haranguait le sénat, rassemblé dans le temple de Bellone, on entendit des cris déchirans ; les sénateurs effrayés demandèrent d'où partaient ces lamentations. *N'y faites pas attention*, répondit Sylla, *ce sont de mauvais citoyens que je fais punir*. On égorgeait les six mille Romains renfermés dans le Cirque.

Ce carnage effroyable fut le signal des meurtres et des assassinats qui se commirent dans Rome. Sylla fit mourir jusqu'aux derniers de ses ennemis. Il proscrivit d'abord quatre-vingts citoyens sans autre jugement que le sien ; le second jour, il en fit sacrifier deux cent vingt ; le troisième de même ; et il eut l'audace de dire au peuple qu'il en proscrirait d'autres, à mesure que sa mémoire les lui rappellerait. Il fit rendre une loi portant peine de mort contre ceux qui recéleraient un proscrit, fût-ce un frère, un père, ou un ami. Il récompensa le meurtre, confisqua les biens de la famille des victimes, déclara même noté d'infamie quiconque leur appartenait, et fit placarder les listes de proscription dans Rome et dans toute l'Italie. Sa férocité animait celle de ses bourreaux, qui tuaient partout dans les temples et dans les rues ; le fils périssait à côté de son père, l'époux sur le sein de sa femme. Les riches sur-tout tombaient sous la hache du tyran. On raconte, et voilà le comble de la barbarie, que Sylla, arrivé dans Preneste, fut si ennuyé de la lenteur que l'on mettait à juger les habitans, qu'il les rassembla dans un même lieu, au nombre de douze mille, et les fit tous égorger à-la-fois. Il eut même la scélératesse de consentir à ce que Catilina, qui avait tué son propre frère, le fit porter au nombre des proscrits assassinés.

Sylla, après tant de cruautés, ne voulant pas perdre l'autorité, qui lui devenait plus que jamais nécessaire, se nomma lui-même dictateur, dignité alors oubliée dans Rome depuis cent vingt ans. Il se donna plein pouvoir de vie et de mort ; il se réserva le droit de la confiscation des biens, de la distribution des terres, et de l'établissement de nouvelles villes ; enfin, il put même ôter ou donner des états à qui bon lui semblait. Mais quel emploi fit-il de tant de puissance ? Des femmes débauchées, des histrions, obtinrent de lui des biens immenses, et même des provinces. Des guerriers recommandables par leurs services, et qui croyaient pouvoir aspirer aux dignités, furent assassinés par son ordre. Il suffit de nommer Lucrétius Offela, qui avait été vainqueur à Preneste. Ce malheureux, ayant demandé le consulat malgré Sylla, fut tué par un centenier.

La magnificence de son triomphe, acquis par ses victoires en Grèce, en Asie, et dans le Pont, vint offrir un contraste frappant avec le deuil général des meilleures familles de Rome. Cependant ce triomphe fut superbe, tant par le nombre des richesses que par celui des dépouilles royales qu'on y porta. Après la cérémonie, Sylla se rendit à l'assemblée du peuple, et, détaillant avec orgueil toutes ses conquêtes, il demanda, il ordonna que le surnom d'*Heureux* lui fût donné, ainsi qu'à ses enfans. Ensuite il se démit de la dictature, et rétablit le peuple dans le droit qu'il avait de nommer ses consuls. Marcus Lépidus, son plus redoutable ennemi, fut choisi à l'unanimité. Quelque temps après, Sylla donna au peuple des festins si abondans en mets, qu'on fut obligé d'en jeter une grande partie dans le Tibre.

Les dernières années de sa vie se passèrent dans une telle dissolution de mœurs, qu'il fut attaqué d'une maladie de vermine qui le mena au tombeau. Il conserva sa cruauté jusqu'à ses derniers momens, puisque, la veille de sa mort, il fit amener devant lui, et égorger sous ses yeux, le questeur Granius, qui différait de payer à la république les sommes qu'il lui devait.

Aussitôt qu'il eut rendu le dernier soupir, beaucoup de Romains accoururent auprès du consul Lépidus, pour l'engager à ne pas lui faire rendre les honneurs qui étaient dus à un homme de son rang; mais ce fut en vain : Pompée le fit enterrer avec magnificence. Les femmes apportèrent une si grande quantité d'aromates, qu'on lui en érigea une statue composée de cinnamome et d'encens, et celle d'un licteur qui portait devant lui les faisceaux de verges.

Son tombeau est dans le champ de Mars. On prétend qu'il fit lui-même l'épitaphe qui est dessus. Elle dit en substance : *Jamais homme ne m'a surpassé pour faire du bien à mes amis, ou du mal à mes ennemis.*

LEÇON.

DEMANDE. Où naquit Cornélius Sylla ?
RÉPONSE. A Rome.
D. De quelle famille descendait-il ?
R. D'une famille patricienne.
D. Avec qui passa-t-il une grande partie de sa jeunesse ?
R. Avec des bouffons qui l'entraînèrent à toutes sortes de débauches.
D. Quelles places occupa-t-il ?
R. Celles de questeur, préteur, et de consul.
D. Sous qui fit-il sa première campagne ?
R. Sous Marius.
D. Ne devint-il pas l'ennemi de ce consul ?
R. Il eut pour lui une haine qui le porta à ordonner sa mort.
D. Quelles furent ses victoires ?
R. Il s'empara d'Athènes, qu'il pilla; et mit totalement en déroute l'armée des Macédoniens ?

D. Ne fut-il pas rappelé dans sa patrie par des troubles intérieurs ?

R. Il fut obligé d'y revenir, pour délivrer ses amis des persécutions auxquelles ils étaient en butte.

D. Réussit-il dans son dessein ?

R. Il battit les deux armées commandées par le jeune Marius et le consul Norbanus, et entra vainqueur dans Rome.

D. Quelle conduite y tint-il ?

R. Celle du plus cruel des hommes.

D. De quelle dignité se fit-il revêtir ?

R. De celle de dictateur.

D. Comment mourut-il ?

R. D'une maladie de vermine.

D. Rendit-on des honneurs à ce monstre ?

R. Malgré les oppositions de plusieurs habitans recommandables de Rome, Pompée le fit enterrer avec magnificence, et les femmes apportèrent une si grande quantité d'aromates, qu'on lui érigea une statue composée de cinnamome et d'encens.

D. Où son tombeau fut-il placé ?

R. Dans le champ de Mars.

PAUL ÉMILE.

(Depuis la fondation de Rome, 570. Avant J. C., 181.)

Le grand homme dont nous écrivons ici la vie était fils de Lucius Paulus, qui, par son imprudence et son opiniâtreté, trouva la mort à Cannes. Contemporain de Scipion et de Caton, il fut comme eux l'honneur de son siècle. Ce ne fut ni par la brigue, ni par de basses flatteries qu'il parvint aux emplois. Il se contenta de se présenter comme candidat, et obtint, pour la place d'édile, la préférence sur douze concurrens, tous d'une naissance illustre, et qui parvinrent ensuite au consulat.

Avant d'entrer en exercice de cette dignité, il fut nommé proconsul en Espagne. Ces peuples inquiets ne pouvaient supporter l'apparence de l'esclavage. Se révoltant sans cesse, ils étaient battus et ne se corrigeaient pas. Paul Émile leur tua trente mille hommes dans une bataille qu'il leur livra au passage d'une rivière. Cette victoire décida de leur sort. Toutes les villes se rendirent, et la province fut pacifiée.

Paul Émile fut élevé au consulat; alors il marcha contre les Liguriens, qui étaient dans un état de guerre continuel avec les Romains. Ces peuples, devenus pirates, ruinaient entièrement le commerce de l'Espagne, des Gaules et de l'Italie. Ils vinrent, au nombre de quarante mille, au-devant de Paul Emile, qui avait tout au plus huit mille hommes. Malgré cette infériorité de nombre, il les battit, les mit en fuite, et les renferma dans leurs murailles. Vainqueur généreux, il leur offrit des conditions pleines de douceur et d'humanité, qu'ils acceptèrent.

Paul Emile se mit sur les rangs pour un nouveau consulat; mais voyant que ce n'était qu'à force de cabales et de bassesses qu'on pouvait l'obtenir, il se retira des affaires pour s'occuper uniquement de la religion comme augure, et de l'éducation de ses enfans.

Cependant, la seconde guerre de Macédoine éclata. La paix que les Romains avaient faite avec Philippe n'était qu'une trêve politique pour endormir les Grecs, dont l'amitié leur était nécessaire. Le temps favorable de la rompre étant venu, ils déclarèrent la guerre à Persée, fils de Philippe.

Ce prince ne fut point surpris de cette déclaration. Son père, qui méditait de grands desseins, et qui ne pouvait pas s'accoutumer au joug d'une république étrangère, avait fait les plus grands préparatifs dans le sein de ses états. Ses troupes étaient sur un pied formidable; ses arsenaux étaient remplis d'armes, ses magasins, de bled et de vivres de toute espèce. Avec de si grands avantages, Persée devait avoir des succès. Aussi le consul Publius Licinus fut-il vaincu dans un combat mémorable; et la flotte romaine, surprise, perdit-elle vingt-cinq vaisseaux ou galères, sans compter ceux qui furent coulés à fond.

Hostilius, qui succéda dans le consulat à Licinius, ne fut pas plus heureux; il fut repoussé en voulant forcer les passages de la contrée d'Elimie. Il voulut ensuite pénétrer, par une fausse marche, dans la Thessalie; mais Persée vint à sa rencontre lui présenter bataille, que le consul ne jugea pas à propos d'accepter.

Alors le peuple romain, s'apercevant de sa faute, tourna les yeux du côté de Paul Emile. Tous les matins il s'assemblait devant sa porte, le suppliait de descendre sur la place, et de se mettre au nombre des aspirans au consulat. Paul Emile résista long-temps; mais, cédant enfin aux instances réitérées de ses amis, il parut, et fut nommé consul. Quel honneur qu'un pareil choix! il suffirait pour illustrer la vie de ce grand homme.

Paul Emile partit, et, après une grande diligence, il trouva Persée campé sur le mont Olympe, où il s'était retranché, dans une situation qui était inattaquable. Les deux armées restèrent long-temps en présence. Le consul voulait attendre que les Macédoniens sortissent de leurs retranchemens, et Persée s'opiniâtrait à les défendre.

Cependant les Romains manquaient d'eau douce, et cette disette eût causé les plus grands ravages, si Paul Emile n'y eût remédié en faisant creuser des puits dans la montagne, qui était très-élevée et ombragée. Le succès couronna ses travaux, et cette calamité n'eut aucune suite fâcheuse.

Sur ces entrefaites, Paul-Emile apprit qu'à peu de distance du lieu où il se trouvait, il y avait un chemin, difficile à la vérité, qui conduisait au temple d'Apollon Pythien, sur le sommet de l'Olympe; il y envoya son fils aîné, adopté dans la famille de Fabius Maximus, avec Scipion Nasica. Persée en fut instruit, et fit marcher contre eux dix mille hommes. Les deux partis en vinrent aux mains; les Macédoniens furent défaits. Persée, craignant d'être enveloppé, quitta son camp; mais, considérant qu'il fallait ou livrer bataille, ou enfermer ses troupes dans les garnisons, et laisser ruiner le plat pays, il s'arrêta auprès de Pidne, et choisit un poste avantageux pour le combat.

Paul Emile fut surpris de la position et de l'ordonnance de l'armée ennemie. Ses officiers, remplis d'ardeur, l'invitaient d'attaquer; mais il ne jugea pas à propos de le faire le jour même. Le lendemain il différa le combat de quelques heures, parce que le soleil levant donnait dans les yeux de ses soldats. Mais il sut adroitement attirer Persée à quelque distance du lieu où il était campé. Quelques fourrageurs commencèrent l'action; l'armée macédonienne ne tarda pas à s'ébranler, et Paul Emile rangea la sienne en bataille. Les Macédoniens avaient conservé cet ordre de bataille inventé par Alexandre, connu sous le nom de *phalange macédonienne*. Ce corps redoutable offrait un triple rang de piques, au travers desquelles les Romains ne pouvaient se faire jour. Aussi le premier choc leur fut-il funeste. Ils étaient percés par les piques, sans pouvoir atteindre l'ennemi. Le premier rang de leur légion fut détruit, et le second paraissait découragé, lorsque la présence d'esprit de Paul Émile changea tout-à-coup l'ordre des choses. Il s'aperçut que la phalange, dans les différens mouvemens qu'elle faisait, offrait un flanc, et laissait des intervalles. Alors il sépara ses légions par cohortes, et leur ordonna d'attaquer par pelotons ces endroits faibles. Cette manœuvre habile eut tout le succès possible. En un instant la phalange fut ébranlée, exterminée, et n'opposa plus de résistance.

La joie que Paul Émile ressentit de cette victoire fut troublée par une inquiétude mortelle. Son second fils, qu'il aimait tendrement, âgé à peine de dix-sept ans, ne paraissait pas. On alluma des flambeaux, et on le chercha parmi les morts. La nuit était déjà très-avancée, et l'on désespérait de le retrouver, lorsqu'il arriva avec trois de ses camarades, couvert de sang et de poussière, et revenant de la poursuite des ennemis. Ce jeune homme était adopté dans la famille du grand Scipion. Il devint aussi illustre, et fut le destructeur de Carthage et de Numance.

Après avoir perdu vingt-cinq mille hommes, Persée se retirait avec sa cavalerie. Les débris de son infanterie, qui la rencontrèrent, l'injurièrent et la chargèrent, en les accusant de les avoir abandonnés. Dans cette confusion, Persée craignit pour ses jours, il descendit de cheval, arracha son diadème, et marcha menant son cheval par la bride. Il fut abandonné par ses troupes, et arriva, lui quatrième, dans la nuit, à Pella. Les deux gardes de son trésor, qu'il y trouva, voulurent lui faire quelques remontrances, et lui donner quelques conseils ; mais il déchargea sur eux sa colère, et les poignarda tous deux. De-là il se réfugia dans l'île de Samothrace avec ce qu'il put emporter de ses trésors, et se retira dans le temple de Castor et Pollux.

Après la journée de Pidne, deux jours suffirent à Paul Emile pour réduire toute la Macédoine. Persée avait encore de grandes ressources ; mais ce prince méprisable, avare, dur, sans génie, et livré à toutes les passions, reçut la juste récompense de sa mauvaise administration par l'abandon général où il se trouva.

La flotte romaine, le poursuivant sans relâche, aborda à l'île de Samothrace ; mais le respect pour les dieux empêcha qu'on ne violât son asile, et Octavius se contenta de fermer, autant que possible, tous les passages. Malgré ces précautions, Persée trouva le moyen de traiter avec le capitaine d'un navire marchand, auquel il envoya ses effets. Il se coula, à la faveur de la nuit, par une fenêtre, pour aller le rejoindre avec sa femme et ses enfans. Mais quels furent son effroi et sa douleur, quand il apprit que le Crétois avait fait voile aussitôt que ses richesses étaient arrivées à son bord ! Abattu par cet événement, il alla se rendre à Octavius.

On le ramena à Paul Emile, qui alla au-devant de lui en répandant des larmes. Persée se prosterna, pria, baisa la terre, et s'abaissa enfin aux dernières humiliations. Alors, le consul, indigné de tant de bassesse, lui dit : « Malheureux que vous êtes, pourquoi justifiez-vous la fortune en faisant des indignités qui prouvent que vous êtes digne de votre malheur ? » Il fut envoyé à Rome, où il termina sa vie : deux de ses enfans moururent de bonne heure ; le troisième vécut excellent tourneur, et mourut greffier.

Assuré de la Macédoine, Paul Emile mit ses troupes en quartier, et déclara les provinces libres de se choisir tel gouvernement qu'elles jugeraient à propos, leur imposant seulement un tribut annuel de cent talens, qui n'était pas la moitié de ce qu'elles payaient au Roi. C'est ainsi que les Romains savaient alors s'attacher les peuples conquis.

Mais cette douceur du peuple romain pour gagner l'affection des peuples était compensée par une extrême sévérité pour ceux qui le trahissaient. Les peuples de l'Epire, au mépris des traités faits avec Flaminius, avaient pris le parti de Persée. Paul Emile reçut un ordre du sénat qui l'affligea, celui de livrer l'Epire au pillage. Ce décret fut exécuté ; et le même jour, cent cinquante mille hommes furent faits esclaves, et soixante-dix villes pillées. Tout le butin fut, suivant l'usage, rapporté à la masse. Les soldats ne reçurent que quinze drachmes, environ six livres, et eurent un mécontentement qu'ils firent éclater dans le temps.

Paul Emile parcourut la Grèce, faisant partout, par ses largesses, de nouveaux partisans au peuple romain. Il distribua des grains, des huiles, et autres denrées, de façon que tous les pauvres en eurent en abondance. En passant à Delphes, il vit une colonne carrée préparée pour une statue de Persée. Il ordonna qu'on y posât la sienne, disant *que c'était aux vaincus à céder la place aux vainqueurs*. Il finit ses courses en faisant célébrer des jeux publics, où les rois de l'Asie, les magistrats des villes, et les notables des peuples, furent invités et défrayés.

Paul Emile s'embarqua, avec son armée, à Oricum. Arrivé à l'embouchure du Tibre, il le remonta sur la galère de Persée, à seize rangs de rames. Mais les chagrins l'attendaient à Rome. A peine y fut-il arrivé, que son armée, mécontente de la légère part qu'elle avait eue au pillage de l'Épire, ainsi que de la discipline sévère qu'il avait fait observer, fit éclater son mécontentement. Galba, tribun dans la sixième légion, demanda à accuser le général au moment où on allait lui décerner le triomphe. Les soldats se saisirent du Capitole, où devait se tenir l'assemblée, et ayant cabalé toute la nuit, la première tribu refusa le triomphe.

Le sénat s'assembla, et Servius, personnage consulaire, qui avait tué vingt-trois ennemis en combat singulier, s'écria : « Romains, connais-
» sez aujourd'hui combien Paul Emile est grand
» capitaine, puisqu'il a su vaincre et conquérir
» la Macédoine avec des troupes si licencieu-
» ses ». Ce discours hardi, qui portait sur Galba, fit rougir les soldats ; et les citoyens, rappelés à eux-mêmes, accordèrent le triomphe d'une voix unanime.

Jamais Rome n'en vit d'aussi brillant. Il dura

trois jours consécutifs. Les rues et les places étaient garnies de gradins, où les citoyens se rendirent en foule, vêtus de robes blanches. Le premier jour, on vit passer les tableaux et les statues, que portaient deux cent cinquante chariots; le second offrit aux regards surpris, les armes prises sur les Macédoniens; leur richesse et leur propreté jetaient un éclat éblouissant. Après les chariots qui les portaient marchaient trois mille hommes chargés de sept cent cinquante vases remplis d'argent monnayé. On voyait ensuite un nombre prodigieux d'urnes, de cuvettes et de flacons du même métal.

Le troisième jour, au lever de l'aurore, on entendit les trompettes sonner les airs dont les Romains se servaient pour animer les troupes au combat. Cent vingt taureaux gras, les cornes dorées et ornées de guirlandes, suivaient, conduits par de jeunes sacrificateurs ceints de tabliers bordés de pourpre. Ensuite venaient des groupes de quatre hommes, portant, entre eux, soixante-dix-sept vases remplis de pièces d'or, ainsi que les coupes et le buffet d'or de Persée. Le char de ce prince, chargé de ses armes couronnées de son bandeau royal, embellissait ce cortége. A peu de distance du char, marchaient ses enfans, et lui-même après eux, couvert d'un manteau noir. On voyait briller quatre cents couronnes d'or, que les villes de Macédoine et de Grèce avaient envoyées à Paul Émile. Enfin parut le char triomphal, traîné par quatre chevaux blancs attelés de front; il portait le vainqueur, revêtu d'une robe de pourpre brochée en or, une branche de laurier à la main droite. La marche était fermée par son armée, qui tenait des branches de laurier, et qui chantait les louanges de son général.

Le destin inexorable ne voulut pas que Paul Emile jouît sans amertume d'un si beau jour. Peu avant son triomphe, il avait perdu un de ses fils, âgé de quatorze ans ; et un autre, atteint de la même maladie, le remplissait d'inquiétudes au moment où il paraissait le plus heureux des mortels. Cet enfant chéri ne survécut que huit jours à son frère, et fut moissonné à l'âge de douze ans. Toute la ville prit le deuil. Paul Emile, dévorant sa douleur, s'efforça de consoler ses concitoyens, en leur disant : « De toutes les » choses humaines, je n'en ai jamais craint au- » cune, et j'ai respecté toutes celles qui viennent » d'en haut. »

Quelque temps après, Paul Emile fut élu censeur, et il finit ses jours revêtu de cette charge. Il fut attaqué d'une maladie qui parut d'abord dangereuse, mais qui cependant n'eut pas de suites fâcheuses. Les médecins lui conseillèrent de changer d'air, et il s'embarqua pour Elée, où il passa quelque temps dans une maison solitaire et tranquille, sur le bord de la mer. Un sacrifice solennel le rappela à Rome. Il s'y rendit, y remplit ce religieux devoir ; mais après la cérémonie, il rentra chez lui, perdit connaissance, tomba dans une espèce de délire, et expira le troisième jour. Il ne laissa point de fortune. De toutes les richesses qu'il conquit, il ne souffrit jamais que ses fils en prissent aucune, à l'exception de quelques livres qu'il leur permit de choisir dans la bibliothèque de Persée. Quel désintéressement ! Malheureusement Paul Émile en fut le dernier exemple.

Ses funérailles se firent avec la plus grande pompe.

LEÇON.

Demande. A qui Paul Émile dut-il le jour ?
Réponse. A Lucius Paulus, qui, par son imprudence et son opiniâtreté, trouva la mort à Cannes.

D. Comment parvint-il aux emplois ?
R. Par son mérite, car il dédaigna toujours l'intrigue et les bassesses.

D. Quelle fut la première place qu'il occupa ?
R. Celle d'édile. Il obtint, dans cette circonstance, la préférence sur douze concurrens d'une famille illustre, et qui parvinrent ensuite au consulat.

D. De quelle dignité fut-il revêtu avant d'entrer en exercice de la place d'édile ?
R. Il fut nommé proconsul en Espagne, et rétablit la paix dans cette province, que des troubles affreux agitaient depuis long-temps.

D. Quelle récompense reçut-il de ses services ?
R. Il fut nommé consul, et chargé de marcher

contre les Liguriens, dont les pirateries ruinaient le commerce de l'Espagne, des Gaules et de l'Italie.

D. Vint-il à bout de les réduire ?

R. Oui. Quoiqu'ils eussent une armée de quarante mille hommes, et qu'il n'en eût que huit mille, il les défit, et les força à lui demander la paix.

D. Que fit Paul Emile à son retour à Rome ?

R. Il désira un nouveau consulat ; mais voyant que les moyens d'y parvenir étaient indignes de lui, il s'occupa uniquement de la religion, comme augure, et de l'éducation de ses enfans.

D. Que se passa-t-il pendant ce temps-là ?

R. La seconde guerre de Macédoine éclata. Persée, que son père Philippe avait mis dans le cas d'opposer une vigoureuse résistance, battit les consuls Licinius et Hostilius.

D. Que fit alors le peuple romain ?

R. Il s'aperçut de la faute qu'il avait commise en oubliant Paul Emile, et le supplia de se mettre sur les rangs des postulans au consulat. Paul Emile se rendit aux prières de ses amis, descendit sur la place, et fut nommé consul. Il partit, et à son arrivée les choses changèrent de face. Persée fut battu, et contraint de se jeter dans les bras du vainqueur, avec sa femme et ses enfans.

D. Paul Emile eut-il les honneurs du triomphe à Rome ?

R. Oui ; malgré le mécontentement des troupes, fatiguées d'une sévère discipline, et les accusations de Galba, le peuple les lui décerna.

D. Son triomphe fut-il brillant?

R. Jamais Rome n'en vit de plus beau. Il dura trois jours. Mais la joie de Paul Emile fut troublée par la mort de deux de ses enfans.

D. Comment mourut Paul Emile?

R. D'une maladie qui le fit tomber dans le délire, et qui l'enleva en trois jours.

D. Laissa-t-il des richesses?

R. Non; il mourut pauvre, n'ayant jamais voulu rien prendre de l'immense butin qu'il avait fait en Macédoine, que quelques livres de la bibliothèque de Persée, qu'il donna à ses enfans, qui s'occupaient des belles-lettres.

D. Lui rendit-on les honneurs funèbres?

R. Ses funérailles se firent avec la plus grande pompe.

PÉLOPIDAS.

(Depuis la fondation de Rome 383. Avant J. C., 368.)

Pélopidas, fils d'Hippoclus, était d'une des plus illustres familles de Thèbes. Il fut élevé dans l'opulence, et hérita d'une fortune considérable. Naturellement généreux, il fit tous ses efforts pour engager Epaminondas à recevoir une partie de ses biens. Mais ce dernier, qui estimait la pauvreté, refusa ses offres, et fit tant qu'il réussit à persuader Pélopidas de bannir de dessus sa personne et de sa maison tout ce qu'il traitait de superfluité. Pélopidas, cédant à ces sages conseils, rendit sa table plus frugale, se vêtit plus modestement, et employa ses biens à secourir les infortunés, ou aux besoins de sa patrie.

C'est au milieu des combats que l'amitié de ces deux grands hommes acquit cette force qui les illustra; c'est à Mantinée, lorsque les Thébains envoyèrent des secours aux Lacédémoniens, que ces deux amis combattirent l'un à côté de l'autre. Pélopidas reçut sept blessures, et tomba parmi les morts; Epaminondas se mit au-devant de son corps et de ses armes pour le défendre. Il était déjà blessé d'un coup de pique à la poitrine, et d'un coup d'épée dans le bras, lorsqu'Agésipolis, roi de Lacédémone, arriva avec ses troupes, et les sauva tous deux.

Depuis cette bataille, les Lacédémoniens, jaloux de la puissance de Thèbes, ne conservèrent plus pour elle qu'une apparence d'amitié. Leur haine devint insensiblement implacable contre la faction d'Isménias et d'Androclide, faction soutenue par Pélopidas, faction populaire et amie de la liberté. Archias, Léontidas et Philippe, hommes puissans par leurs richesses, voyaient avec des yeux d'envie cette autorité, qui les contrariait. Instruits des dispositions des Lacédémoniens, ils proposèrent à Phœbidas de s'emparer de la citadelle, nommée *Cadmée*, lui promettant de lui en faciliter les moyens.

Phœbidas ne laissa pas échapper une occasion si favorable ; il se rendit maître de la citadelle. Isménias fut enlevé, et conduit à Lacédémone, où on le fit mourir quelque temps après. Pélopidas prit la fuite ; Epaminondas, pauvre et sans crédit, dut à son obscurité de rester tranquille dans sa patrie.

Les Lacédémoniens, pour conserver aux yeux des Thébains un air de justice, ôtèrent le commandement à Phœbidas, et le condamnèrent à une amende. Mais ils gardèrent la citadelle, et y mirent garnison.

Pélopidas, animé par l'exemple de Trasybule, qui avait affranchi Athènes de trente tyrans, s'occupa des moyens de délivrer Thèbes de l'oppression sous laquelle elle gémissait. Loin d'être intimidé par l'assassinat d'Androclide, un des principaux bannis, il ne cessa d'encourager ses compagnons à le seconder dans son entreprise. Une intelligence fut liée dans Thèbes, et le jour de l'exécution choisi. Pélopidas et onze autres entrèrent le soir par différentes portes, et se rendirent chez un nommé *Charon*, où ils se trouvèrent au nombre de quarante-huit.

Un des conjurés, nommé Philidas, avait eu l'adresse de se faire secrétaire des polémarques Archias et Philippe. Il les avait invités à souper, et leur avait promis les plus belles femmes. Ils étaient à table lorsqu'on vint les avertir que les bannis étaient entrés dans la ville, et assemblés chez Charon, qui fut mandé sur l'heure. Ce brave homme, craignant qu'on ne le soupçonnât de trahison, et que les conjurés ne se dispersassent, alla chercher son fils, et le remit entre les mains de Pélopidas, le priant de le traiter sans pitié s'il apprenait qu'il leur manquât de foi. Après cette généreuse action, il se rendit chez les polémarques.

Un d'eux l'interrogea. Mais Charon, remarquant à ses discours qu'il n'était qu'imparfaitement instruit, n'eut pas de peine à lui donner le change, et se proposa pour aller prendre des informations plus positives. Philidas alors ne perdit pas un moment, et fit boire les polémarques au point de les rendre incapables d'aucun sentiment de réflexion. Cette précaution était nécessaire ; car un moment après, il arriva un courrier du grand pontife d'Athènes, avec une lettre qui contenait tous les détails de la conjuration. Archias, à qui elle était adressée, la serra, en disant : *A demain les affaires;* mot qui passa depuis en proverbe.

Les conjurés se partagèrent en deux bandes. Les uns, habillés en femmes et couverts de couronnes de rameaux, se rendirent chez Philidas. Ils furent reçus avec des éclats de joie. Mais les soupirs de la mort y succédèrent ; Archias, Philippe, et tous ceux qui voulurent prendre leur défense, furent poignardés.

Les autres marchèrent pour surprendre Léontidas et Damoclide. Léontidas, naturellement courageux, entendant qu'on venait chez lui, défendit l'entrée de sa chambre l'épée à la main. Le premier qui se présenta fut jeté sur le carreau. Pélopidas, qui suivait, engagea un nouveau combat, et Léontidas tomba sous ses coups. Hyppatès subit le même sort ; le reste de la nuit, la ville fut dans la confusion la plus horrible.

Epaminondas se réunit aux conjurés avec cent hommes d'élite. Lorsque le jour parut, les autres bannis arrivèrent. Le peuple, surpris, se déclara pour les meurtriers des tyrans, et nomma Pélopidas capitaine-général. Au même instant il environna la citadelle, et pressa si vivement la garnison, qu'elle capitula, et sortit le jour même que Cléombrotus arrivait avec des troupes à son secours.

La citadelle reprise, la guerre se déclara entre Thèbes et Lacédémone. Ce fut avec une poignée de monde, avec un peuple sans réputation, que Pélopidas et Epaminondas osèrent résister à une république maîtresse de toute la Grèce, et qui n'avait jamais été vaincue à forces égales.

Ces généraux habiles ne hasardaient point de batailles, et choisissaient l'occasion de livrer avec avantage de petits combats; eux-mêmes conduisaient les plus petits détachemens. C'est par ces moyens qu'ils accoutumèrent les Thébains à voir l'ennemi, et à combattre avec courage et sans effroi.

Parmi ces rencontres, la journée de Tégyre peut être regardée comme décisive. Pélopidas, avec trois cents hommes de pied et quelque cavalerie, espérait surprendre la ville d'Orchomène, lorsqu'il rencontra douze cents Lacédémoniens. Un Thébain qui les aperçut, vint dire à Pélopidas : *Nous sommes tombés entre les mains des Lacédémoniens. Pourquoi*, répondit Pélopidas, *n'est-ce pas eux qui sont tombés dans les nôtres ?* Il fit charger sa cavalerie; et la suivant de près à la tête de son bataillon bien serré, il rompit les rangs des ennemis.

Les Lacédémoniens, qui n'avaient jamais reculé devant des forces égales, perdirent dans cette occasion leur réputation. Le courage des Thébains s'en augmenta, et les Lacédémoniens cessèrent de leur paraître des ennemis invincibles.

C'est à la valeur du bataillon sacré que l'on dut le succès de la journée de Tégyre. Ce bataillon sacré fut toujours victorieux jusqu'à la bataille de Chéronée, que gagna le roi Philippe; mais il périt tout entier au poste d'honneur.

Ce fut alors qu'Agésilas fit rayer les Thébains du nombre de ceux avec lesquels les Lacédémoniens faisaient la paix. Il espérait, par cette exclusion, les priver d'alliés, subjuguer leur pays, raser leurs villes, et disperser leurs habitans. Mais Pélopidas veillait sur les destinées de sa patrie ; il osa donner la bataille de Leuctres. Le bataillon sacré, qu'il commandait, fit des prodiges. Son poids accabla les Lacédémoniens. On rapporte que sa femme le conjurait, avant son départ, de ménager sa vie. « Ce n'est pas à nous, dit-il, d'y » songer : le soin des capitaines est de ménager » celle des autres. »

Les deux généraux amis, Pélopidas et Epaminondas, gardèrent leurs charges quatre mois au-delà du terme fixé par les lois. Ils avaient employé ce temps à des soins de la plus grande importance pour leur patrie, et qu'ils n'osaient confier qu'à eux-mêmes. Ils furent accusés. Epaminondas souffrit cette accusation avec modération, mais Pélopidas ne perdit pas de vue l'orateur qui avait parlé contre lui, et trouva l'occasion de le faire condamner à une forte amende.

Sur ces entrefaites, Alexandre, tyran de Phéres, était en guerre avec les Thessaliens, qu'il voulait mettre au nombre de ses sujets. Ces derniers envoyèrent à Thèbes un ambassadeur pour demander du secours et un général. Pélopidas se chargea de cette expédition. Il se rendit à Larisse, où Alexandre vint le trouver : il rétablit la paix entre les Thessaliens et Alexandre, et passa de là en Macédoine, où il fut appelé par Ptolomée, qui gouvernait sous le nom du vrai roi, et qui avait aussi des démêlés avec Alexandre. Il finit leurs querelles, et fit rentrer les bannis de part et d'autre dans la possession de leurs biens. Pour la sûreté du traité, il emmena à Thèbes Philippe, frère du roi, et trente autres enfans des Macédoniens.

La paix entre Alexandre et les Thessaliens ne fut pas de longue durée. Alexandre les attaqua. Ils portèrent leurs plaintes. Pélopidas y fut envoyé comme ambassadeur. Il fut instruit en chemin que Ptolomée avait fait mourir son roi et s'était emparé du royaume. Pélopidas leva à la hâte quelques soldats mercenaires, avec lesquels il entra en Macédoine. Ptolomée trouva le moyen de les corrompre, de façon que le général thébain resta seul. Mais sa réputation et la crainte des Thébains engagèrent Ptolomée à venir au-devant de lui, et à faire un traité par lequel il s'engageait à conserver la couronne aux frères du roi, et à regarder comme amis ou ennemis tous ceux qui le seraient de Thèbes. Il donna même pour otages son fils, et cinquante enfans de ceux qui étaient attachés à son parti.

Pélopidas crut son honneur intéressé à se venger des soldats qui l'avaient abandonné. Ils s'étaient retirés dans Pharsale; il conçut donc le dessein de se saisir de cette ville. Il assembla quelques Thessaliens, et marcha contre elle. Mais à peine y fut-il arrivé, qu'Alexandre se présenta devant lui avec une puissante armée. Pélopidas, qui croyait qu'il venait pour répondre aux plaintes des Thébains, se rendit auprès de lui, sans aucune défiance, avec Isménias. Alexandre, les voyant seuls et sans défense, les fit prisonniers, et s'empara de Pharsale. Dès que les Thébains furent instruits de cette trahison, ils envoyèrent une armée en Thessalie.

Cependant, Pélopidas fut conduit à Phères. Alexandre, satisfait d'avoir humilié son ennemi, lui permit les premiers jours de voir tout le monde. Pélopidas profita de cette liberté pour exhorter les habitans de Phères à se défaire du tyran. Il poussa même la hardiesse jusqu'à lui reprocher ses cruautés, et à lui dire que si jamais il échappait de ses mains, il vengerait lui et ses sujets. Alexandre, étonné de cette fierté, lui demanda par quelle raison il était si pressé de mourir : « C'est afin, lui dit-il, que tu sois plus » haï des dieux et des hommes, et que tu périsses » plus tôt. » La fermeté de Pélopidas était d'autant plus dangereuse, qu'il avait affaire au plus cruel des hommes.

L'armée que les Thébains avaient envoyée en Thessalie, commandée par des chefs inhabiles, perdait le temps sans remporter le moindre avantage. Épaminondas parut ; à l'instant les choses changèrent de face. Épaminondas, trop fier pour conclure une paix avec le tyran, lui accorda une trêve de trente jours, dont le préliminaire fut de lui rendre Pélopidas.

La guerre entre Thèbes et Lacédémone durait toujours. Cette dernière ville avait trouvé le moyen de mettre Athènes dans ses intérêts, et l'une et l'autre avaient envoyé des ambassadeurs au roi de Perse pour obtenir son alliance. Les Thébains suivirent cet exemple, et Pélopidas fut choisi pour remplir cette ambassade. Sa réputation était grande à la cour d'Artaxerce. Il y fut reçu avec toutes sortes de distinctions, et obtint tout ce qu'il demanda. On convint que Messène

serait rétablie et repeuplée, que les villes grecques seraient libres et indépendantes l'une de l'autre, et que les Romains seraient nommés les anciens amis et héréditaires des rois de Perse.

Alexandre voyant que les menaces des Thébains étaient peu soutenues par les effets, continuait à harceler la Thessalie. On appela encore une fois Pélopidas. On décida qu'il partirait à la tête de sept mille hommes. Mais le jour du départ, le soleil s'étant éclipsé, la consternation se répandit parmi ceux qui devaient le suivre. Craignant qu'on ne lui reprochât les malheurs qui pouvaient arriver, il les congédia, et partit seul pour se mettre à la tête des troupes thessaliennes.

N'espérant aucun accommodement de celui qu'il avait si cruellement offensé, Alexandre se prépara à une vigoureuse résistance, et assembla le plus de monde qu'il lui fût possible. Pélopidas marcha à sa rencontre ; et comme on lui représentait le grand nombre de troupes du tyran : « Tant mieux, dit-il, nous en battrons da- » vantage. »

Les deux armées se rencontrèrent dans une plaine, au milieu de laquelle s'élevaient plusieurs buttes de terre détachées, qu'on nommait *les Têtes-du-Chien*. Chacun voulut s'en emparer. Pélopidas envoya sa cavalerie pour déloger les ennemis, qui étaient arrivés les premiers. Elle y réussit. Alexandre alors envoya d'autre infanterie pour s'en ressaisir. Pélopidas s'avança, le combat fut opiniâtre, mais les Thessaliens eurent l'avantage.

Pélopidas, monté sur une de ces buttes, regardait si quelque partie de l'armée ennemie opposait encore de la résistance ; comme il jetait les yeux de tous côtés, il aperçut Alexandre. Transporté de colère, il s'élança seul inconsidérément pour l'attaquer. Alexandre, trop lâche pour risquer un combat singulier, se réfugia au milieu de ses gardes. Pélopidas voulut se faire jour au milieu de cette troupe. Il en renversa plusieurs. Mais, accablé par le nombre, il fut bientôt percé de coups, et tomba mort sur la place.

Il fut universellement regretté ; les Thessaliens, qui sentaient la perte qu'ils faisaient, demandèrent aux Thébains la permission de se charger de ses funérailles. Elle leur fut accordée.

Alexandre ne tarda pas à payer le prix de ses cruautés. Il fut massacré par sa femme et ses beaux-frères.

Epaminondas eut un sort à peu-près semblable à celui de son ami : comme lui, il périt dans les bras de la victoire. Ce fut à ces deux héros que Thèbes dut la gloire dont elle jouit un moment ; mais elle périt avec eux, et cette ville rentra peu après dans son obscurité.

LEÇON.

Demande. Où naquit Pélopidas ?
Réponse. A Thèbes, d'une des familles les plus illustres et les plus riches de la ville.

D. Comment se nommait son père ?
R. Hypoclus.

D. Qui fut son meilleur ami ?
R. Epaminondas, à qui il fit l'offre d'une partie de ses biens.

D. Où l'amitié de ces deux grands hommes acquit-elle plus de force ?
R. A Mantinée. Pélopidas y reçut sept blessures, et Epaminondas se mit au-devant de ses armes et de son corps pour le défendre.

D. Pélopidas jouit-il tranquillement dans sa patrie de la gloire qu'il avait acquise ?
R. Non ; Phœbidas s'étant emparé, par la trahison d'Archias, de Léontidas et de Philippe, de la citadelle nommée *Cadmée*, Pélopidas fut contraint de prendre la fuite.

D. Que fit Pélopidas ?
R. Animé par l'exemple de Trasybule, qui avait affranchi Athènes de trente tyrans, il s'occupa de délivrer Thèbes de l'oppression sous laquelle elle gémissait.

D. Comment exécuta-t-il cette grande entreprise ?

R. Il entra le soir, lui douzième, par différentes portes dans la ville, et se rendit chez un nommé *Charon*, où quarante-huit conjurés se trouvèrent bientôt rassemblés. Ils s'habillèrent en femmes, et couronnés de rameaux, ils allèrent chez Philidas, qui avait invité à souper les polémarques Archias et Philippe, qui y furent poignardés. Léontidas et Hyppatès éprouvèrent le même sort. Le premier périt de la main de Pélopidas.

D. Comment se passa le reste de la nuit ?

R. Dans la confusion la plus horrible. Epaminondas, qui était resté dans la ville, se réunit aux autres conjurés avec cent hommes d'élite. Lorsque le jour parut, le peuple se déclara pour les meurtriers des tyrans, et nomma Pélopidas capitaine-général, qui fit aussitôt environner la citadelle, et força la garnison de capituler.

D. Quelles furent les suites de ces événemens ?

R. La guerre se déclara entre Thèbes et Lacédémone. Quoique cette dernière ville fût maîtresse de toute la Grèce, Pélopidas et Epaminondas se comportèrent avec tant de prudence, qu'ils trouvèrent l'occasion de remporter une victoire qui perdit les Lacédémoniens de réputation, et redoubla le courage des Thébains.

D. A qui dut-on cette victoire ?

R. Au bataillon sacré, qui fut toujours invincible jusqu'à la bataille de Chéronée.

D. Quel autre succès Pélopidas obtint-il ?

R. Il gagna la bataille de Leuctres, où les Lacédémoniens furent encore accablés par le bataillon sacré qu'il commandait.

D. Quels sont les autres traits de la vie de Pélopidas ?

R. Alexandre, tyran de Phères, étant en guerre avec les Thessaliens, ces derniers envoyèrent des ambassadeurs à Thèbes, pour demander des secours et un général. Pélopidas fut choisi, et, par sa médiation, rétablit bientôt la bonne intelligence.

D. Où alla-t-il ensuite ?

R. En Macédoine, où il fut appelé par Ptoloméc, qui avait aussi des démêlés avec Alexandre. Son entremise eut encore les plus heureux effets.

D. La paix entre Alexandre et les Thessaliens fut-elle de longue durée ?

R. Non; Alexandre les attaqua, et Pélopidas fut envoyé, en qualité d'ambassadeur, pour terminer ces nouveaux différends ?

D. Qu'arriva-t-il à Pélopidas ?

R. Alexandre, par la trahison la plus insigne, le fit prisonnier, et ordonna qu'on le conduisît à Phères.

D. Comment fut-il délivré ?

R. Par Epaminondas, qui répara les fautes des généraux ses prédécesseurs, et qui força Alexandre de le rendre.

D. Pélopidas eut-il encore quelque autre ambassade ?

R. Oui; il fut envoyé auprès d'Artaxerce, roi de Perse, pour y balancer les intrigues de Lacédémone et d'Athènes. On le reçut avec beaucoup d'égards, et il obtint tout ce qu'il demanda.

D. Que fit Alexandre pendant ce temps-là ?

R. Il harcela les Thessaliens, qui appelèrent une troisième fois Pélopidas à leur secours. Il partit, se mit à la tête des Thessaliens, et remporta avec eux un très-grand avantage. Mais ayant aperçu d'une hauteur Alexandre, il ne put contenir sa colère, et s'élança seul pour l'attaquer. Alexandre se réfugia au milieu de sa garde. Pélopidas voulut se faire jour au milieu de cette troupe : il en renversa plusieurs ; mais, accablé par le nombre, il fut bientôt percé de coups, et tomba mort sur la place.

D. Fut-il regretté ?

R. Les Thessaliens, sensibles à la perte qu'ils venaient de faire, demandèrent aux Thébains la permission de rendre à ce grand homme les honneurs funèbres. Elle leur fut accordée.

D. Que devint Alexandre ?

R. Il ne tarda pas à payer le prix de ses cruautés, il fut massacré par sa femme et ses beaux-frères.

CATON LE CENSEUR.

(Depuis la fondation de Rome, 555. Avant J. C., 196.)

Caton le Censeur naquit à Tusculum. Sa famille était inconnue, et sans le soin qu'il prit de faire l'éloge de son père et de son aïeul, comme de vaillans soldats, à peine connaîtrait-on ceux à qui il dut le jour. Il porta les armes à l'âge de dix-sept ans, sous Fabius Maximus, auquel il demeura toujours fortement attaché. Jamais il ne reculait dans les combats ; il frappait à coup sûr, et montrait à l'ennemi un visage terrible.

Malgré ses occupations militaires, il cultiva le don de la parole, comme une chose indispensable à quelqu'un qui veut sortir de l'obscurité, et s'occuper des affaires publiques.

Près d'une maison de campagne qu'il possédait, était la petite métairie qui avait appartenu à Manius Curius, décoré trois fois des honneurs du triomphe. Caton allait souvent s'y promener. La pauvreté et la simplicité de cet asile lui donnaient à penser combien était grand ce Manius Curius, qui, étant devenu le plus illustre des Romains, ayant vaincu les nations les plus belliqueuses, et chassé Pyrrhus de l'Italie, cultivait lui-même ce petit coin de terre, et habitait, après tant de triomphes, une aussi modeste maison. C'est là, disait-il en lui-même, que les ambassadeurs samnites le trouvèrent faisant cuire des racines, et qu'ils reçurent de lui, pour l'offre d'une prodigieuse quantité d'or, la réponse suivante : « Que l'or n'était pas nécessaire à celui qui savait » se contenter d'un tel dîner, et que, pour lui, » il trouvait plus beau de vaincre ceux qui » avaient cet or, que de le posséder lui-même. » Mais c'est en vain que Caton voulut le prendre pour modèle, il en resta toujours bien éloigné.

Valérius Flaccus, sénateur distingué par son mérite, avait une maison de campagne dans le voisinage de Caton. Sa manière de vivre parvint à ses oreilles, et on lui fit l'éloge de ses plaidoyers. Il l'invita à venir chez lui. Ayant trouvé dans ce jeune homme un mérite peu commun, il l'engagea à aller à Rome, où son éloquence ne tarda pas de lui attirer une grande réputation.

Il fut nommé questeur dans l'armée de Scipion. Mais prévenu contre ce jeune général, il ne tarda pas à se brouiller avec lui, et revint à Rome, où il fut le principal auteur des mauvais bruits qui se répandirent contre sa personne.

Quelque temps après il fut envoyé en Sardaigne, en qualité de préteur. La probité, la justice et la sévérité avec lesquelles il exerça cette fonction sont dignes des plus grands éloges. Enfin, il parvint au consulat, et obtint la province d'Espagne, où la guerre s'était rallumée.

Tandis qu'il était occupé à subjuguer les uns

par la force des armes, et à ramener les autres par la raison, il fut environné d'un si grand nombre d'ennemis, qu'il désespéra de pouvoir leur résister. Heureusement que les Insubriens se vendirent à lui pour deux cents talens, et qu'avec ce secours il remporta une victoire complète. Il fit raser, dans un même jour, les murailles de toutes les villes en-deçà du fleuve Bétis. A son retour à Rome il obtint les honneurs du triomphe.

Bien différent de ceux qui sitôt qu'ils sont parvenus au faîte de la gloire passent le reste de leur vie dans la paresse et la volupté, il se livra à de nouveaux travaux. Il suivit, en qualité de lieutenant, le consul Sempronius en Thrace, et, peu de temps après, Manius Acilius Glabrio, envoyé en Grèce contre le roi Antiochus.

Sa conduite dans cette guerre mérite d'être citée. Afin de se mettre à couvert des attaques des Romains, Antiochus s'était emparé du passage des Thermopyles. Mais Caton s'étant ressouvenu du détour et du circuit que les Perses avaient pris autrefois pour attaquer les Grecs dans les mêmes lieux, il se mit en marche la nuit avec une partie de son armée.

A peine eut-il gagné le sommet des montagnes, que le guide qui le conduisait perdit le chemin, et s'enfonça dans des lieux inaccessibles et remplis de précipices. A force de soins et de travaux, il se fraya une route. Il parvint dans un endroit où il entendit des voix. Il appela les Firmaniens, dont il avait, dans plusieurs occasions, éprouvé le courage et la fidélité, et leur ordonna de fondre sur un poste avancé. Il apprit, par les prisonniers, que six cents Etoliens gardaient un passage qui conduisait aux derrières de l'armée ; il les attaqua au point du jour. Les Etoliens, surpris, portèrent l'épouvante dans l'armée d'Antiochus. Caton les poursuivit avec de grands cris A ce signal, le consul attaqua de son côté, et le roi, blessé d'un coup de pierre à la mâchoire, s'étant retiré, son armée prit la fuite, et se précipita des rochers dans des marécages, où les Romains en firent un carnage horrible.

Caton fut choisi pour porter à Rome la nouvelle de cette éclatante victoire. Son arrivée y causa la plus grande joie. C'est ici la dernière de ses actions militaires.

Dix ans après son consulat, Caton brigua la censure, et l'obtint, avec son ami Valérius Flaccus. Il se singularisa par la rigueur qu'il mit dans l'exercice de cette charge. Il raya plusieurs notables du rang de chevaliers, et n'épargna ni les sénateurs, ni les personnages consulaires.

Lucius Flaminius fut chassé du sénat. Ce barbare avait mérité une bien plus grande peine, car il avait fait égorger, dans un festin, un esclave, pour complaire à un de ses amis, qui désirait de voir cet horrible spectacle.

Manilius, à la veille d'être consul, fut dégradé. Sa faute était plus excusable, et la punition qui lui fut infligée prouve avec quelle rigidité on observait alors les lois de la pudeur. Il avait donné un baiser trop tendre à sa femme en présence de sa fille.

La censure de Caton fut remarquable par la guerre qu'il déclara au luxe, et par les moyens qu'il employa pour le déraciner. Il ne publia pour cela ni loi, ni édit. Il ordonna une estimation des meubles, des habits, des équipages, des ornemens, et fit estimer au décuple tout ce qui passait sept cent cinquante livres. C'est d'après cette estimation que les rôles d'imposition furent faits.

Sa conduite, qui déplaisait aux riches, était agréable au peuple. Aussi, sa censure finie, lui érigea-t-il une statue, dont l'inscription est la preuve certaine de son affection et de sa reconnaissance. La voici traduite à la lettre : « A l'hon» neur de Caton, qui a régénéré, pendant sa » censure, la république romaine, presque en» tièrement déchue de sa grandeur, par de sages » ordonnances, des usages, des établissemens » utiles, et par de saines institutions. »

Quoique Caton eût quitté la place de censeur, son zèle ne se relâcha pas. Accusateur public, par lui ou par ses émissaires, il fut lui-même accusé quarante-neuf fois par représailles, et condamné à l'amende. Cette politique de semer la discorde s'étendait jusque dans sa maison. Il cherchait à désunir ses affranchis et ses esclaves, pour jouir du plaisir de les voir s'accuser les uns les autres.

L'éducation de son fils l'occupa essentiellement. D'après la rigidité de son caractère, on peut juger des soins qu'il apporta pour lui inspirer de bonne heure l'amour de la vertu.

Son grand âge ne l'empêcha pas de suivre les affaires publiques. Il fut envoyé en Afrique pour pacifier les différends entre Carthage et Massinissa. Depuis ce voyage, il ne cessa d'être le promoteur de la troisième guerre punique. Loin de trouver Carthage épuisée, comme on se le figurait à Rome, il y remarqua une jeunesse nombreuse et florissante, un pays peuplé, puissant en armes et en richesses, et que ses guerres contre les Numides ne faisaient qu'aguerrir. Il communiqua ses réflexions au sénat, et fut d'avis d'opprimer cette grandeur renaissante. En finissant le discours, où il cherchait à électriser les esprits, il répandit une quantité de figues bien plus belles que celles d'Italie, et dit aux sénateurs, surpris de leur beauté et de leur goût : « Le pays où croissent ces beaux fruits n'est qu'à trois journées de Rome. Depuis ce jour, il termina toujours ses opinions au sénat, sur les affaires les plus éloignées, par ces mots : « Et je suis d'avis qu'on ruine Carthage. » Scipion Nasica, pour le contrarier, ne manquait jamais de dire : « Et je suis d'avis qu'on laisse Carthage » subsister. »

Ce fut au commencement de cette guerre que Caton termina sa vie, âgé de plus de quatre-vingt-dix ans. Depuis son enfance, il ne voulut jamais voir de médecins.

Malgré toute l'intégrité qu'il mit dans les différens emplois qu'il occupa, il laissa une fortune trois fois plus grande que le patrimoine qu'il avait reçu de son père. Mais ce fut son économie qui fut la source de ses richesses.

Il composa plus de cent oraisons et plusieurs livres sur différentes matières. Nous nous contenterons de rapporter quelques bons mots, qui

peuvent faire connaître son génie et son caractère. Il disait qu'il avait trois choses à se reprocher dans sa vie; la première, « d'avoir confié un
» secret à sa femme; la seconde, de s'être embarqué lorsqu'il pouvait aller par terre; la troisième, d'avoir passé un jour sans rien faire. »

Avant qu'on lui eût élevé une statue, ses amis témoignant devant lui leur étonnement de ce que tant de personnes qui le méritaient si peu en avaient dans Rome, tandis qu'on n'en voyait pas des siennes, il leur dit : « J'aime bien mieux
» qu'on demande pourquoi Caton n'a pas de statue, que si l'on demandait pourquoi il en a. »

Lorsque quelques citoyens avaient commis quelques fautes, et qu'il entendait qu'on les leur reprochait, il disait : « Ils sont excusables, ce ne
» sont point des Catons. » Nous n'avons cité cette réponse que pour donner une idée de sa vanité, et pour trouver l'occasion de dire que c'est un défaut qui ternit tout l'éclat des belles actions et et des vertus. La modestie est le plus bel ornement de l'homme sage : il doit toujours laisser aux autres le soin de faire son éloge.

LEÇON.

DEMANDE. Où naquit Caton le Censeur ?
RÉPONSE. A Tusculum.

D. Sa famille était-elle illustre ?

R. Non, elle était inconnue; et sans le soin qu'il prit de faire l'éloge de son père et de son aïeul, comme de vaillans soldats, à peine connaîtrait-on ceux à qui il dut le jour.

D. A quel âge porta-t-il les armes ?

R. A l'âge de dix-sept ans, sous Fabius Maximus.

D. Ne s'occupa-t-il que de l'état militaire ?

D. Non; il s'adonna à l'étude de l'éloquence et à l'art oratoire ?

D. Qui choisit-il pour modèle de sa vie privée ?

R. Manius Curius, qui triompha trois fois, et que les ambassadeurs samnites trouvèrent faisant cuire des racines. L'offre d'une somme d'argent considérable ne put le tenter.

D. Ressembla-t-il à son modèle ?

R. Non; il en resta toujours bien éloigné.

D. A qui dut-il son entrée dans les emplois publics ?

R. A Valérius Flaccus, qui, sur sa réputation, l'invita à venir chez lui, le combla d'amitié, et l'engagea à aller à Rome.

D. Quelle fut la première place qu'il occupa ?

R. Celle de questeur dans l'armée de Scipion. Il fut ensuite envoyé, en qualité de préteur, en Sardaigne, parvint au consulat, et obtint la province d'Espagne, où la guerre s'était rallumée.

D. Réussit-il dans cette mission ?

R. Oui; il subjugua ces peuples rebelles, et

reçut, à son retour à Rome, les honneurs du triomphe.

D. Que fit-il alors?

R. Il suivit, en qualité de lieutenant, le consul Sempronius en Thrace, et peu de temps après, Manius Acilius Glabrio, envoyé en Grèce contre le roi Antiochus.

D. Se distingua-t-il dans cette guerre?

R. Oui; ce fut à son intelligence et à son courage que l'on dut la victoire: aussi fut-il choisi pour porter à Rome cette grande nouvelle.

D. De quelle dignité fut-il encore revêtu?

R. De celle de censeur, qu'il exerça avec une rigidité peu commune. Il raya plusieurs notables de la liste des chevaliers, chassa deux sénateurs, et mit des barrières au luxe.

D. Sa conduite fut-elle approuvée?

R. Elle déplut aux riches, et fut agréable au peuple, qui lui érigea une statue avec une inscription qui faisait l'éloge de son administration.

D. Quel soin domestique lui fut le plus cher?

R. L'éducation de son fils, à laquelle il s'adonna essentiellement.

D. Se reposa-t-il dans sa vieillesse?

R. Non; il fut choisi pour aller pacifier les différends élevés entre Carthage et Massinissa. Ce voyage lui inspira le dessein de s'opposer à l'agrandissement de Carthage, et, à son retour de Rome, il ne cessa de répéter: *Je suis d'avis qu'on ruine Carthage.*

D. Partagea-t-il le danger de la guerre qu'il avait suscitée ?

R. Non ; la mort l'enleva à l'âge de quatre-vingt-dix ans. Depuis son enfance, il n'avait jamais voulu voir de médecins.

D. Mourut-il riche ?

R. Jamais il ne donna lieu au moindre reproche contre son intégrité ; et, s'il laissa une fortune trois fois plus grande que le patrimoine qu'il avait reçu de son père, il ne la dut qu'à son économie.

D. A-t-il composé quelques ouvrages ?

R. Oui ; il a fait plus de cent oraisons et plusieurs livres sur différentes matières.

D. Quels furent ses défauts ?

R. Une rudesse extrême, et une vanité qu'il poussa à l'excès.

PYRRHUS.

(Depuis la fondation de Rome., 473. Avant J. C., 278.)

Pyrrhus, issu du sang d'Achille, et fils d'Eacide, roi des Molosses, fut, aussitôt sa naissance, exposé aux plus grands dangers. Son père, chassé de son royaume par ses sujets révoltés, l'avait laissé au pouvoir des meurtriers; mais Androclide et Angelus, serviteurs affidés d'Eacide l'enlevèrent promptement, prirent la fuite, et, se voyant poursuivis, le confièrent à trois jeunes gens robustes, nommés *Androcléon, Hyppias* et *Néander*, qui le portèrent jusqu'en Illyrie, à la cour du roi Glaucias. Ce souverain fit d'abord quelques difficultés pour le recevoir sous sa protection. Comme il craignait Cassandre, mortel ennemi d'Eacide, il fut long-temps à prendre un parti; mais tout-à-coup cet enfant, se traînant sur ses petites mains, alla toucher la robe de Glaucias. Cette action attendrit le roi; il releva Pyrrhus, le mit dans les bras de la reine, et lui ordonna de l'élever avec ses propres fils. Vainement, par la suite, Cassandre offrit deux cents talens pour qu'il lui fût livré; Glaucias refusa de le rendre, et quand Pyrrhus eut atteint sa douzième année, il le ramena lui-même en Epire, avec une puissante armée, et le rétablit dans ses états.

A l'âge de dix-sept ans, Pyrrhus se croyant assez affermi sur le trône, quitta sa capitale pour aller en Illyrie assister aux noces d'un fils de Glaucias, avec qui il avait été élevé; mais pendant son absence, Néoptolème fit révolter encore les Molosses, et se déclara maître du royaume. Pyrrhus, détrôné, sans secours, alla se réfugier chez son beau-frère Démétrius. Sur ces entrefaites, Démétrius ayant été vaincu par Ptolomée, roi d'Egypte, Pyrrhus alla pour lui en otage à la cour de ce roi, où il épousa Antigone, fille de Philippe et de Bérénice. Ce mariage lui donna le moyen de reconquérir ses états; il revint en Epire, où il fut reçu avec joie. Il eut d'abord la faiblesse de consentir à régner avec Néoptolème, qu'il craignait; mais bientôt, instruit que ce traître voulait l'empoisonner, il le fit périr.

Pyrrhus se vit alors possesseur tranquille du royaume d'Epire, et ne s'occupa plus que des vastes desseins qu'il avait formés. Il déclara la guerre à Démétrius, qui s'était emparé de la Macédoine, et le défit en bataille rangée, après avoir tué de sa main un de ses généraux. De retour chez lui, couvert de gloire, il jouissait en paix de sa réputation et de sa grandeur, lorsqu'il apprit que Démétrius était dangereusement malade. Il revint dans la Macédoine, y fit un butin considérable, et se retira. Cette seconde réussite ne lui suffit pas; quelque temps après, de concert avec d'autres rois, tous ennemis de Démétrius, il rentra, pour la troisième fois, dans la Macédoine, parvint à soulever contre ce prince ses propres soldats, et à le chasser de son royaume. Lorsqu'il croyait jouir presque seul de cette dernière victoire, il fut, à son tour, chassé par les rois alliés à sa fortune, et obligé de se retirer en Epire, sans recueillir le moindre fruit de ses travaux.

Tout autre que Pyrrhus eût dès ce moment renoncé à vivre au milieu des camps, et se fût attaché à gouverner sagement ses peuples ; mais, nouvel Alexandre, par son ambition, son audace et ses talens, il continua à chercher l'occasion de se signaler. Les Tarentins, en guerre avec les Romains, la lui offrirent ; il la saisit, en consentant à commander les ennemis de Rome.

Ce fut dans cette circonstance, et lorsqu'il se disposait à passer en Italie, que Cynéas, disciple de Démosthène, homme d'un grand sens, d'une éloquence sublime, lui tint ce discours : Seigneur, les Romains passent pour de grands hommes de guerre : si les dieux vous donnent la victoire, quel avantage tirerez-vous de ce succès ? Nous serons maîtres de toute l'Italie, lui répondit Pyrrhus. Mais, continua Cynéas, une fois maître de toute l'Italie, que ferez-vous ? La Sicile nous tendra les bras, répliqua Pyrrhus. Mais, ajouta Cynéas, la Sicile prise, où irez-vous ? En Afrique et à Carthage, répartit Pyrrhus, puis nous recouvrerons la Macédoine, et nous régnerons sur toute la Grèce. Enfin, dit encore Cynéas, quand vous aurez tout conquis, que ferez-vous ? Ce que je ferai? je vivrai en repos, je passerai mes jours dans les banquets et dans les fêtes. Alors Cynéas l'arrêtant, s'écria : Ah! seigneur, qui donc nous empêche de vivre dès aujourd'hui dans les banquets et dans les fêtes ? Nous pouvons goûter dès à présent ces plaisirs que vous voulez acheter par tant de travaux, par tant de périls et par tant de maux, dont nous souffrirons beaucoup, ainsi que bien d'autres. Ce discours frappa Pyrrhus, mais ne le corrigea pas. Il envoya chez les Tarentins, Cynéas, à la tête de trois mille hommes de pied, et partit avec une flotte formidable, sur laquelle étaient embarqués vingt éléphans, trois mille chevaux, vingt-deux mille hommes d'infanterie, cinq cents archers et frondeurs.

Le trajet ne fut pas heureux. Dès que la flotte eut gagné la pleine mer, il s'éleva un vent du nord si impétueux, que tous les vaisseaux se dispersèrent ; le sien, grâce aux efforts des pilotes, arriva sur la côte d'Italie ; mais les autres furent poussés dans les mers de Libye, de Sicile, ou jetés sur les côtes, hérissées de rochers. Pyrrhus put à peine rassembler sur-le-champ deux mille hommes de pied et quelques cavaliers ; il ne put débarquer que deux éléphans : néanmoins il s'avança vers Tarente, mais il ne se décida à entreprendre une attaque que lorsque ses troupes furent arrivées.

Pendant qu'elles faisaient des marches forcées pour le rejoindre, il s'occupa de réprimer la mollesse des Tarentins, qui paraissaient disposés à lui laisser tout le poids de la guerre. Il fit fermer leurs lieux de plaisirs, leur défendit leurs brillans festins, et les contraignit à prendre les armes. Cette sévérité leur déplut tant, que plusieurs quittèrent la ville, regardant comme une servitude insupportable de ne pouvoir plus vivre dans les délices et la volupté.

Sur ces entrefaites, il apprit que le consul Lévinus s'avançait contre lui avec une puissante armée; il envoya aussitôt un héraut aux Romains, pour leur demander si, avant de commencer la guerre, ils ne voudraient pas terminer à l'amiable leur différend avec les Grecs d'Italie, en le prenant pour juge et arbitre. Le consul Lévinus répondit : « Que les Romains refusaient Pyrrhus » pour arbitre, et ne le craignaient pas pour en— » nemi. »

Après cette réponse, Pyrrhus alla camper près des Romains, dans la plaine qui est entre les villes de Pandosie et d'Héraclée. Il fut frappé de la belle contenance des ennemis, qui, voulant prévenir les secours qu'il attendait, passèrent le fleuve de Siris, qui séparait les deux camps, et vinrent lui présenter bataille.

Pyrrhus disposa son armée, et le combat s'engagea de part et d'autre avec fureur. Dans le fort de la mêlée, Pyrrhus fut poursuivi par un Italien, nommé *Oplacus*, qui s'approcha de lui, et lui porta un grand coup de pique, qui, heureusement, ne blessa que son cheval. Comme il s'aperçut que sa cavalerie pliait, il fit avancer son infanterie, et ayant changé d'armes et de manteau avec Mégaclès, il chargea les Romains. Sept fois les combattans furent réciproquement repoussés, et revinrent à la charge. Mégaclès fut

I.

blessé et laissé sur le carreau ; on lui enleva ses armes et son manteau, qui furent portés en triomphe à Lévinus. Le changement qu'il avait fait avec Pyrrhus donna tout lieu de croire que ce dernier avait reçu la mort. Grande joie parmi les Romains, grande consternation parmi les Grecs. Pyrrhus, voyant le terrible effet de cette méprise, parcourut les rangs la tête nue, faisant tous ses efforts pour se faire connaître à ses troupes. Il parvint à les rallier ; et, ayant fait avancer ses éléphans, les Romains prirent l'épouvante, et furent complètement défaits. Dans ce combat périrent quinze mille Romains, et treize mille hommes du côté des Grecs.

Après cette victoire, Pyrrhus parcourut l'Italie, et s'avança jusqu'à trois cents stades de Rome ; là, il crut devoir envoyer Cynéas en ambassade pour offrir la paix au sénat, et même le secours de son armée, si elle était nécessaire pour la conquête de toute l'Italie. Le sénat refusa avec hauteur ; il fallut continuer la guerre. L'année d'après, sous le consulat de Fabricius, il se livra une seconde bataille, où Pyrrhus eut d'abord le dessous, mais où il finit par remporter une victoire éclatante, encore par le secours de ses éléphans. Cette bataille lui coûta l'élite de son armée, et lui fit dire à quelqu'un qui le félicitait de ce nouveau succès : « Si nous remportons » encore une pareille victoire, nous sommes » perdus. »

Pyrrhus, qui prévoyait une grande difficulté à profiter de son triomphe en Italie, se rendit à l'invitation des Siciliens, qui le conjuraient de venir chasser les Carthaginois, en lui offrant de remettre en son pouvoir Syracuse, Agrigente, et la ville des Léontins. Il remplit leur espérance. Dès qu'il fut arrivé en Sicile, il défit partout les Carthaginois, et les poussa jusque dans la ville d'Erix, leur dernier retranchement, qu'il prit d'assaut ; ensuite il les chassa de l'île. Les habitans de Messine, nommés *Mamertins*, voulurent lui résister ; il les battit, s'empara de leur ville, rasa leur forteresse, et fit périr les chefs de la révolte. De là, il conçut le projet d'aller conquérir l'Afrique ; mais, manquant de matelots, il voulut faire une levée par des moyens violens. Cette mesure ne lui réussit pas, et lui attira la haine du peuple qui l'avait appelé à son secours ; il n'eut que le temps de fuir vers l'Italie, où les Tarentins et les Samnites le redemandaient avec instance. Il arriva à Tarente avec vingt mille hommes de pied et trois mille chevaux. Aussitôt il marcha contre les Romains ; mais il perdit la bataille, et fut obligé de fuir de nouveau. Alors il retourna en Epire, après six années de vaines tentatives pour conquérir l'Italie et la Sicile. Il ne lui restait plus que huit mille hommes de pied et cinq cents chevaux ; ne pouvant les nourrir, il se jeta avec cette troupe dans la Macédoine, où régnait Antigonus, fils de Démétrius ; tous ses désirs furent couronnés au-delà de ses espérances. Antigonus, trahi par ses soldats, fut obligé de chercher son salut dans la fuite. Ces nouveaux succès ne suffirent pas à son ambition. Dans ce temps-là, un Spartiate, nommé *Cléonyme*, vint le solliciter de marcher contre Lacédémone : il y consentit, et s'avança vers Sparte avec vingt-cinq mille hommes d'infanterie, deux mille chevaux et vingt-quatre éléphans. Arrivé devant la ville au moment où les Spartiates s'y attendaient le moins, il eût pu s'en emparer sans coup férir, mais il voulut attendre au lendemain, et l'occasion favorable pour lui fut perdue. Pendant la nuit, les femmes lacédémoniennes, à la tête des jeunes Spartiates, firent un retranchement qu'il voulut en vain franchir. Furieux de ses inutiles efforts, il ravagea le territoire de Sparte, et fit route vers Argos pour y soutenir les prétentions d'Aristéas, qui disputait à Aristippe le gouvernement de la république. Chemin faisant, l'arrière-garde des Lacédémoniens tua son fils Ptolomée. Au comble de la rage, il retourna sur ses pas, se précipita sur cette arrière-garde, égorgea Evalcus qui la commandait, et seul, à pied, fit un carnage effroyable des Spartiates qui voulaient lui disputer le corps de leur chef. Après ce sacrifice aux mânes de son fils, il continua de marcher vers Argos. Quand il y arriva, la paix était rétablie ; mais ne voulant pas renoncer au projet qu'il avait formé de s'emparer d'Argos en faveur d'Aristéas, il résolut de l'attaquer. Des traîtres l'aidèrent dans l'exécution de ce projet, en lui ouvrant la porte nommée *Diampères*. Il fit entrer ses troupes dans la place pendant la nuit, et la victoire l'eût encore favorisé, si la porte de la ville ne se fût trouvée trop basse pour faire entrer les éléphans chargés de tours. Le temps qu'il fallut pour débarrasser ces animaux, laissa aux Argiens la possibilité de se réfugier dans la forteresse, et d'appeler à leur secours Antigonus et le roi Aréus, qui, avec les meilleures troupes, chargèrent celles de Pyrrhus, et les mirent en désordre.

Cet échec effraya pourtant moins Pyrrhus que la vue d'un loup et d'un taureau faits en bronze, qui paraissaient prêts à combattre. Un oracle lui avait prédit que sa destinée était de mourir quand il aurait rencontré ce tableau. En effet, le jour même, se trouvant dans la rue étroite qui conduisait à la porte de la ville, furieux de voir ses troupes arrêtées, encombrées, parce que, par un malentendu, son second fils, Hélénus, entrait avec ses soldats lorsqu'il n'aurait dû que garder les issues, le désespoir s'empara de lui : il jeta l'aigrette de son casque, et, se confiant à sa propre valeur et à la bonté de son cheval, il se précipita au milieu des ennemis qui le poursuivaient. Il combattait comme un forcené, lorsqu'un simple soldat lui donna un grand coup de javeline au travers de la cuirasse. La blessure n'était ni grande, ni dangereuse; mais la mère du soldat qui combattait Pyrrhus, et qui regardait ce combat de dessus le toit d'une maison, tremblante pour les jours de son fils, prit une grosse tuile, et la laissa tomber sur la tête de Pyrrhus. Étourdi du coup, il tomba près du tombeau de Lycimnius, sans être reconnu de personne.

Cependant, un nommé *Zopyre*, et deux ou trois autres soldats, accourent, le reconnaissent, et le traînent sous une porte. Zopyre tire son cimeterre, et est prêt à lui trancher la tête, lorsque Pyrrhus, reprenant ses sens, le regarde d'un air si terrible, que, plein d'effroi, il ne le frappe qu'au-dessous de la bouche, et lui fend le menton; mais il ne lâche pas sa proie, et parvient à séparer sa tête de son corps.

La mort de Pyrrhus ramena la paix dans Argos. Antigonus, maître de son camp et de son armée, lui rendit, en ennemi généreux, les honneurs funèbres, et renvoya son fils Hélénus en Epire.

LEÇON.

Demande. A qui Pyrrhus dut-il le jour?

Réponse. A Eacide, roi des Molosses.

D. A quels dangers fût-il exposé dès son enfance?

R. Son père ayant été chassé de son royaume par ses sujets révoltés, il fut abandonné au fer des meurtriers; mais deux serviteurs affidés d'Eacide, Androclide et Angelus, l'enlevèrent, et le remirent à trois jeunes gens, qui le portèrent jusqu'en Illyrie, à la cour du roi Glaucias, qui, touché de ses innocentes caresses, le donna à la reine pour le faire élever avec ses autres enfans.

D. Glaucias borna-t-il là sa générosité?

R. Non; il refusa l'offre de deux cents talens que lui fit Cassandre, mortel ennemi d'Eacide, s'il voulait lui livrer Pyrrhus; et dès que ce prince eut atteint sa douzième année, il le ramena lui-même en Epire, à la tête d'une puissante armée, et le rétablit dans ses Etats?

D. Jouit-il tranquillement de la couronne?

R. Non; se croyant assez affermi sur son trône, il alla aux noces d'un des fils de Glaucias, et, pendant son absence, Néoptolème fit révolter les Molosses, et s'empara du royaume.

D. Que fit Pyrrhus dans cette circonstance?

R. Ayant été en otage, pour Démétrius, chez Ptolomée, roi d'Egypte, il y épousa Antigone. Ce mariage lui donna le moyen de reconquérir ses Etats. Il eut d'abord la faiblesse de partager l'empire avec Néoptolème; mais ayant appris qu'il voulait l'empoisonner, il le prévint, et le fit périr.

D. Pyrrhus resta-t-il en Epire?

R. Non; son caractère ambitieux le porta à déclarer la guerre à Démétrius, roi de Macédoine; il le chassa de son royaume; mais les rois avec lesquels il s'était uni pour cette entreprise le chassèrent à leur tour, et lui enlevèrent tout le fruit de sa victoire.

D. Contre qui Pyrrhus tourna-t-il alors ses armes?

R. Contre les Romains. Il embrassa la cause des Tarentins, se mit à leur tête, et battit complétement le consul Lévinus; il s'avança même jusqu'à trois cents stades de Rome.

D. Profita-t-il de ces avantages?

R. Non; appelé par les Siciliens, qui le conjurèrent de venir chasser les Carthaginois, et qui lui promirent de remettre en son pouvoir Syracuse., Agrigente et la ville des Léontins, il y vola. Le succès couronna son entreprise ; ensuite il revint auprès des Tarentins et des Samnites, qui le redemandaient avec instance. Il marcha contre les Romains ; mais il fut battu, et forcé de fuir de nouveau.

D. Que fit-il dans ces fâcheuses circonstances ?

D. Il retourna en Épire avec huit mille hommes de pied et cinq cents chevaux ; mais ne pouvant les nourrir, il se jeta dans la Macédoine, où régnait Antigonus, fille de Démétrius. La fortune lui fut favorable. Antigonus, chassé par ses soldats, fut obligé de prendre la fuite.

D. Ne fut-il pas satisfait de ce succès ?

R. Non ; un Spartiate, nommé *Cléonyme*, étant venu le solliciter de marcher contre Lacédémone, il y consentit, et se porta sur cette ville avec vingt-cinq mille hommes d'infanterie, deux mille chevaux, et vingt-quatre éléphans.

D. Réussit-il dans cette entreprise ?

R. Il perdit l'occasion favorable de surprendre les Lacédémoniens en retardant son attaque d'un jour. Les femmes lacédémoniennes s'unirent aux jeunes gens de la ville, et le forcèrent d'abandonner leurs murs. Alors il ravagea tout le territoire, et fit route vers Argos pour y soutenir les prétentions d'Aristéas, qui disputait à Aristippe le gouvernement de la république. Pendant qu'il était en marche, l'arrière-garde des Lacédémoniens tomba sur ses troupes, et tua son fils Ptolomée.

D. Vengea-t-il sa mort?

R. Oui ; plein de fureur, il revint sur ses pas, attaqua Évalcus, qui commandait cette arrière-garde, et le tua de sa propre main.

D. Où alla-t-il alors?

R. A Argos, où il trouva la paix rétablie. Cependant il forma le projet de s'emparer de cette ville en faveur d'Aristéas. Des traîtres le secondèrent, et lui ouvrirent la porte nommée *Diampères*. Mais cette porte, trop basse, ne lui ayant pas permis de faire entrer ses éléphans, les Argiens se retirèrent dans la forteresse, et appelèrent à leur secours Antigonus et le roi Aréus. Les troupes de Pyrrhus furent chargées et mises en déroute.

D. Que devint-il dans ce désordre?

R. Furieux de voir ses troupes encombrées dans une rue étroite, et son fils, par un malentendu, faire entrer ses soldats, tandis qu'il aurait dû garder les issues, il jeta l'aigrette de son casque, et, se confiant à sa propre valeur et à la bonté de son cheval, il se précipita au milieu des ennemis.

D. Que lui arriva-t-il?

R. Il combattit avec un soldat qui lui donna un grand coup de javeline au travers de la cuirasse. La blessure n'était ni grande, ni dangereuse; mais la mère du soldat, qui regardait ce combat du haut du toit d'une maison, tremblante pour les jours de son fils, prit une grosse tuile, et la jeta sur la tête de Pyrrhus.

D. Resta-t-il sur la place?

D. Étourdi du coup, il tomba auprès du tombeau de Lycimnius. Un nommé *Zopyre* et quelques autres soldats s'étant approchés de ce lieu, et l'ayant reconnu, lui coupèrent la tête.

D. Lui rendit-on les honneurs funèbres?

R. Oui ; Antigonus, en ennemi généreux, se chargea de ce soin.

CIMON.

(Avant la fondation de Rome, 283. Avant J. C., 468.)

Cimon était fils de Miltiade et d'Hégésipyle. Il fut très-débauché dans sa jeunesse, montra peu d'aptitude pour les arts et et les sciences. Ses discours étaient en général dénués de grâce, mais ils décelaient une ame fière, un grand courage, et sur-tout un caractère franc et loyal.

Cimon ne le cédait ni à Miltiade en audace, ni à Thémistocle en sagesse ; et tout le monde convient qu'il était plus homme de bien que l'un et l'autre. Il joignait des vertus militaires aux vertus politiques. Il prouva son expérience dans l'art de la guerre à la bataille qui se donna devant Salamine. Il marcha le premier pour s'embarquer, lorsque tous les Athéniens, consternés, restaient sur le rivage, et son exemple entraîna l'armée. Aussitôt que les Mèdes furent chassés de la Grèce, il obtint le commandement de la flotte athénienne. Peu de temps après, il rassembla les alliés, et fit voile vers la Thrace. A peine fut-il arrivé, qu'il défit les Persans, et les força de se retirer dans la ville d'Éionne. Il entra ensuite dans la partie qui est au-dessus du Strymon, en chassa tous les habitans, se rendit maître du pays, et par ce moyen réduisit la garnison d'Éionne à une telle extrémité, que Butès, général du roi, désespérant de se sauver, mit le feu à la ville, et se brûla avec ses amis et ses richesses.

Quand cette guerre fut finie, et qu'il fallut partager le butin, les alliés laissèrent Cimon maître des distributions. Cimon mit d'un côté les prisonniers nus, de l'autre leurs ornemens et leur butin, en disant aux alliés : *Choisissez ; les Athéniens se contenteront de la part que vous aurez refusée.* Les alliés prirent le butin, croyant avoir le meilleur lot; mais dès que ce partage fut fait, les habitans de la Lydie et de la Phrygie accoururent avec de grosses sommes pour racheter leurs parens ou leurs amis. Cimon reçut d'eux assez d'argent pour entretenir sa flotte pendant quatre mois, et encore versa-t-il beaucoup d'or dans le trésor public.

Devenu riche par le butin qu'il acquit avec honneur dans la guerre contre les barbares, il se servit de sa fortune pour le soulagement de ses concitoyens. Il fit d'abord ôter toutes les clôtures de ses terres et de ses jardins, afin que les Athéniens pauvres, et les étrangers même, pussent y cueillir les fruits dont ils auraient besoin. Chaque soir il tenait table ouverte pour un grand nombre de personnes, parmi lesquelles les pauvres étaient toujours bien reçus. Quand il se promenait dans les rues, il se faisait suivre par une grande quantité de gens bien vêtus, afin de pouvoir donner leurs habits aux malheureux qu'il rencontrait. Ses domestiques étaient en outre chargés d'argent, qu'ils

distribuaient aux pauvres le plus secrètement possible. Une telle conduite, si elle eût été imitée par tous les riches, eût bientôt ramené le siècle d'or, si vanté du temps de Saturne. Cimon sut encore, malgré les mauvais exemples que tous les membres du gouvernement lui donnaient, rester incorruptible au milieu des concussions et des friponneries les plus atroces. Il était sur-tout choqué de ce qu'on lui offrait quelquefois de l'argent pour obtenir sa protection. On rapporte qu'un barbare, nommé Rœsaces, qui était venu se réfugier à Athènes avec d'immenses richesses, se voyant poursuivi par des calomniateurs, vint chercher un asile auprès de Cimon, et lui offrit deux coupes pleines d'or et d'argent. « Lequel aimes-tu
» mieux, lui dit Cimon, d'être reçu chez moi
» comme pensionnaire, ou comme ami? Comme
» ami, lui répliqua vivement Rœsaces. — Eh
» bien! remporte ton présent; car, étant ton ami,
» je me servirai de tes richesses comme des miennes
» quand j'en aurai besoin ».

Jamais capitaine grec ne rabaissa et n'humilia plus l'orgueil et la fierté du grand roi de Perse que Cimon dans toutes les batailles qu'il livra ; car, après l'avoir chassé de toute la Grèce, il usa d'une telle diligence, qu'il se rendit maître de plusieurs villes, de force ou par ruse, et qu'il força les autres à se révolter pour se mettre du parti des Grecs. Il battit les Persans sur le fleuve Eurymédon, et leur prit deux cents vaisseaux. La bataille sur terre qui suivit celle qui venait de se donner sur le fleuve, fut encore tellement à son avantage que tout ce qui ne périt pas par l'épée fut pris avec d'immenses richesses. Enfin, il acheva la défaite des barbares, en allant attaquer quatre-vingts vaisseaux phéniciens qui n'avaient pu se trouver au combat, et étaient restés au port d'Hydre. Il s'en empara au premier choc, et tailla en pièces toutes les troupes qui s'y trouvaient.

Ces trois échecs consécutifs contraignirent ce grand roi à signer ce traité de paix si célèbre, dont les principaux articles portaient : « Que le souve-
» rain des états de la Perse se tiendrait tou-
» jours éloigné des mers de la Grèce de la carrière
» d'un cheval, et qu'il ne naviguerait jamais en-
» deçà des roches Cyanées et des îles Chélido-
» niennes, avec des galères armées ou autres
» vaisseaux de guerre ». Les dépouilles des ennemis, après ces batailles, donnèrent tant d'or et d'argent à la ville d'Athènes, que le peuple n'eut plus besoin de fournir aux dépenses publiques, et que l'on eut même assez de fonds pour faire bâtir la muraille de la citadelle qui regarde le midi, et les grandes murailles qu'on nomme les *Jambes*, et qui joignent le Pirée à la ville.

Cimon, quelque temps après, marcha encore contre les Perses, qui voulaient garder le Chersonèse. Il leur prit treize vaisseaux, les chassa du pays, et se rendit ensuite à l'île de Thasos, dont les habitans s'étaient révoltés. Il les battit dans un grand combat naval, s'empara de trente navires, assiégea la ville, l'emporta d'assaut, et acquit aux Athéniens les mines d'or qui étaient dans le continent voisin. Comme il lui était facile de passer dans la Macédoine et d'enlever une grande partie de ce pays, et qu'il craignit de le faire, il

fut accusé de s'être laissé corrompre par les présens du roi Alexandre; appelé en justice, il répondit : « Je n'ai jamais fait alliance avec les Io-
» niens et les Thessaliens, peuples très-riches,
» ainsi que l'ont fait des généraux qui voulaient
» s'enrichir, mais je me suis lié aux Lacédémo-
» niens, dont la simplicité, la tempérance et la
» frugalité sont dignes d'admiration, et avec qui
» on ne peut gagner que des vertus ». Le procès se continua avec chaleur, et, malgré ses ennemis, Cimon fut absous.

Tant que ce grand homme gouverna, il réprima constamment l'insolence du peuple, qui voulait usurper la puissance et l'autorité; mais aussitôt qu'il fut parti pour l'armée, le peuple, poussé par Ephialte, renversa l'ancien gouvernement, abolit toutes les lois et coutumes, et ôta même au sénat de l'aréopage la connaissance de la plupart des affaires. Il finit par se rendre maître absolu des tribunaux, et donna au gouvernement la forme purement démocratique. Cimon, à son retour, voulut en vain rétablir la dignité du sénat, et ressusciter l'aristocratie qui avait été établie du temps de Clisthène; il se fit de nouveaux ennemis sans pouvoir parvenir à son but, et le peuple profita de cette circonstance pour lui reprocher son alliance avec Lacédémone. Aussi, lorsque les Lacédémoniens, après avoir appelé les Athéniens à leur secours contre les Messéniens et les ilotes, les eurent renvoyés comme gens dont ils se méfiaient, les Athéniens, furieux, accusèrent de nouveau Cimon, et le firent condamner à l'ostracisme, c'est-à-dire à un bannissement de dix ans.

Cimon se soumit à ce châtiment peu mérité. Il partit. Quelque temps après, les Lacédémoniens étant en guerre avec les Athéniens, il crut devoir saisir l'occasion de montrer son dévouement à sa patrie, en se rendant à sa tribu pour combattre avec ses compatriotes. Mais le conseil des cinq cents craignit qu'il n'eût intention de trahir leurs intérêts, et défendit aux Athéniens de le recevoir dans leurs rangs. Cimon, plus sensible à cette nouvelle injure qu'au bannissement, obéit cependant sans murmurer, après avoir invité sa tribu, soupçonnée de favoriser les Lacédémoniens, à combattre plus courageusement que jamais. Son désir fut rempli : ces braves gens se battirent avec tant de valeur, qu'ils firent cesser tous les soupçons qu'on avait conçus, et que Périclès proposa un décret pour rappeler Cimon. Ce décret fut approuvé, et Cimon revint. Sa présence et ses talens terminèrent promptement cette guerre. Mais, comme les combats étaient nécessaires à l'humeur inquiète et agitée des Athéniens, il tenta de nouveaux exploits, en armant deux cents galères pour aller faire la guerre en Egypte et en Cypre. Le jour de son départ, il eut les plus sinistres présages, mais tout étant disposé, il partit. Après avoir envoyé en Egypte soixante de ses vaisseaux avec les autres, il alla sur les côtes de la Pamphilie, y battit l'armée navale du roi de Perse, et conquit toutes les villes environnantes.

Avant de continuer l'exécution de ses grands projets, toujours tourmenté par un songe effrayant, il envoya consulter l'oracle de Jupiter Ammon. Lorsque les députés se présentèrent dans le temple, le dieu leur répondit, *qu'ils pouvaient s'en retourner, que Cimon s'était déjà rendu près de lui.* Ils reprirent aussitôt le chemin de de la mer, ne pouvant concevoir le sens d'une pareille réponse; mais tout l'expliqua bientôt. A leur arrivée, ils apprirent que Cimon était mort, et pensèrent que l'oracle leur avait annoncé l'arrivée de ce grand homme chez les dieux.

Des historiens disent qu'il mourut de maladie, au siège de Citium, ville de Cypre; d'autres, que ce fut d'une blessure, en combattant les barbares. Mais, ce qu'il y a de certain, c'est qu'en ce moment il ordonna à ses capitaines de reconduire promptement la flotte à Athènes, et de cacher soigneusement sa mort, ce qui fut exécuté avec tant de secret, que les Athéniens avaient regagné leurs ports, et s'étaient mis en sûreté, avant que les ennemis fussent informés de la mort de Cimon. On continua même, pendant trente jours, de donner des ordres au nom de ce grand homme.

LEÇON.

Demande. A qui Cimon dut-il le jour?
Réponse. A Miltiade et à Hégésipyle.
D. Quel fut son caractère?
R. Franc et loyal.

D. Quelles vertus le rendirent recommandable ?

R. Une audace égale à celle de Miltiade, une sagesse aussi profonde que celle de Thémistocle, et une probité qui ne se démentit jamais.

D. Comment devint-il riche ?

R. Par l'immense butin qu'il fit sur les barbares.

D. Quels usage fit-il de ses richesses ?

R. Il les employa au soulagement de ses concitoyens. Il fit ôter toutes les clôtures de ses terres et de ses jardins, afin que les Athéniens pauvres pussent y cueillir les fruits dont ils auraient besoin. Chaque soir, il tenait table ouverte, et les plus pauvres étaient toujours les mieux reçus. Ses domestiques étaient chargés d'argent, avec ordre de le distribuer le plus secrètement possible.

D. Quels furent les exploits militaires de Cimon ?

R. Il battit complètement le grand roi de Perse, lui prit deux cents vaisseaux sur le fleuve Eurymédon, et acheva la défaite des barbares, en attaquant quatre-vingts vaisseaux phéniciens, dont il s'empara.

D. Reçut-il de ses concitoyens le prix de tant de services ?

R Non ; les Athéniens furent assez ingrats pour le condamner à l'ostracisme.

D. Tint-il tout le temps de son exil ?

R. A la demande de Périclès, il fut rappelé.

D. Resta-t-il quelque temps à Athènes ?

R. Il en partit presque aussitôt, pour aller porter la guerre en Egypte et en Cypre.

D. Comment mourut-il ?

R. Les uns disent qu'il mourut de maladie, au siège de Citium, ville de Cypre; les autres prétendent que ce fut d'une blessure qu'il reçut en combattant les barbares. Ce qu'il y a de certain, c'est que sa mort fut long-temps un mystère pour son armée.

LUCULLUS.

(Depuis la fondation de Rome, 680. Avant J. C., 71.)

Lucullus eut pour aïeul un consul, et Métellus, qui fut nommé Numidicus parce qu'il avait conquis la Numidie, était son oncle maternel. Son père fut accusé de concussions dans les affaires publiques. Lucullus, fort jeune encore, et avant d'avoir rempli aucune charge, s'attira l'estime générale en poursuivant, devant la justice, Servilius, augure, l'accusateur de son père, pour avoir géré sa place sans délicatesse et sans probité.

Lucullus était instruit et éloquent. Les talens et l'intelligence qu'il montra dans la guerre des Marses, lui méritèrent l'amitié de Sylla, qui, touché en outre de sa constance et de sa douceur, le chargea des affaires les plus importantes. Par exemple, Lucullus eut la commission de faire fabriquer toute la monnaie dont on se servit dans la guerre contre Mithridate, et fut envoyé en Egypte et en Afrique, avec ordre de ramasser tous les vaisseaux nécessaires à Sylla pour combattre les Athéniens. A son retour, il en perdit une partie, qui lui fut enlevée par des corsaires, mais le jeune roi Ptoloméé, qui avait conçu pour lui la plus vive amitié, lui fit présent d'un grand nombre d'autres bâtimens avec lesquels il revint jusqu'en Cypre. Là, il assembla tout ce qu'il put de vaisseaux qui étaient dans les ports, et retourna à Rome, après avoir évité toutes les embûches des ennemis.

Quelque temps après, il mit deux fois en déroute l'armée navale de Mithridate; la première, auprès du Lectum, un des caps de Troade; la seconde, près de l'île de Ténédos. Ensuite il partit de nouveau pour l'Asie, à l'effet de lever une contribution de vingt mille talens exigée par Sylla. Cette commission l'empêcha de se trouver à Rome lorsque Marius et Sylla firent tant de mal à leurs concitoyens. Sylla, auprès duquel il n'eut pas moins de crédit, malgré son absence, le nomma en mourant son exécuteur testamentaire, et tuteur de son fils.

Vers la cent soixante-seizième olympiade, peu de temps après la mort de Sylla, Lucullus fut nommé consul, avec Marcus-Aurélius Cotta. Alors on proposa de renouveler la guerre contre Mithridate. Lucullus, à qui le commandement de la Gaule était échu par le sort, obtint, grâce à l'intrigue d'une femme célèbre, nommée *Précia*, celui de l'armée destinée à marcher contre Mithridate. Il partit donc pour l'Asie avec sa légion; il y trouva, dans la débauche et le désordre, les autres troupes qui devaient composer son armée. Quelques jours lui suffirent pour rétablir parmi elles la discipline militaire.

Pendant ce temps-là, Cotta, jaloux de la préférence accordée à son collègue Lucullus, voulut se signaler par une bataille; mais il fut complètement défait, et sur terre et sur mer. Aussitôt les soldats de Lucullus, furieux du revers de leurs camarades, demandèrent à leur général de pénétrer dans les états de Mithridate, qui, sans doute, étaient sans défense. Lucullus répondit: « Qu'il aimait mieux sauver un Romain que de » prendre tout ce qui appartenait aux ennemis ». Lorsqu'Archéloüs, qui avait trahi Mithridate, vint l'assurer que tout se rendrait à lui dans le royaume de Pont, il s'écria : « Je ne suis pas » plus lâche que les veneurs, et je ne laisserai pas » les bêtes pour courir à leur gîte. » En finissant ces mots, il marcha contre Mithridate avec trente mille hommes de pied, et deux mille cinq cents chevaux. Mais, arrivé dans la plaine, quelle fut sa surprise à la vue de la multitude des soldats ennemis ! Il se retira aussitôt, parce que la cavalerie des Grecs était infiniment supérieure à la sienne, et suivit un chemin qui lui fut indiqué par un Grec nommé *Artémidore*. Parvenu sur les hauteurs, et dans la position la plus avantageuse, il rangea son armée, sans vouloir livrer bataille, mais de manière à ne pas la craindre. L'intention secrète de Lucullus était de laisser couler le temps, parce qu'il était bien persuadé que les vivres finiraient par manquer à une armée si considérable. En effet, cette raison empêcha Mithridate de poursuivre le siége de la ville de Cyzique. La famine faillit même de le faire prendre par les Romains, et fut cause qu'il perdit une bataille près du Granique, où il eut vingt mille hommes tués, et autant de faits prisonniers. Comme il cinglait vers l'île de Lemnos, on lui prit encore quinze galères, et rien ne put empêcher Lucullus d'entrer dans le royaume de Pont, de s'emparer de plusieurs villes, et d'aller assiéger celle d'Amisus. Cependant Mithridate rallia une partie de son armée pendant ces incursions de Lucullus; et présenta la bataille aux Romains. Lucullus la gagna.

Sur ces entrefaites un nommé *Olthachus*, du pays des Dardaniens, et lié avec Lucullus, vint dans la tente de ce général, à dessein de l'assassiner. Il ne réussit pas, grâce à un nommé *Ménedème*, qui l'empêcha d'entrer. Le lâche retourna à toute bride vers Mithridate.

Quelques jours après, des escarmouches eurent lieu entre les deux armées. Mithridate, qui épiait tous les mouvemens de Lucullus, envoyait toujours une grande quantité de soldats contre de petits détachemens romains, qui, malgré la faiblesse de leur nombre, étaient constamment vainqueurs. Découragée par ces fréquens échecs et par le manque de vivres, l'armée de Mithridate prit la fuite. Lucullus se mit à sa poursuite, et peu s'en fallut qu'il ne prît le roi lui-même. Ce fut l'avidité de ses soldats qui s'opposa à ce qu'il recueillît le plus beau fruit de ses victoires. Ils se jetèrent sur le trésor de Mithridate, plutôt que de poursuivre le roi lui-même.

Après cette déroute des ennemis, Lucullus prit la ville de Cabires, et plusieurs autres places et châteaux remplis d'immenses richesses. Il trouva les prisons pleines de Grecs et de princes parens du roi, qu'il délivra. Il trouva aussi les corps des femmes et des sœurs de Mithridate, qui, par son ordre, s'étaient donné la mort avant l'arrivée des Romains.

Ce spectacle fit tant de peine à Lucullus, qu'il résolut d'en punir Mithridate. Il continua donc de le poursuivre jusqu'à la ville de Talaures, où ayant appris que ce roi fugitif s'était rendu en Arménie, chez son gendre Tigrane, il revint sur ses pas. Alors, il subjugua les Chaldéens et les Tibaréniens, s'empara de la petite Arménie, et envoya Appius redemander Mithridate.

Tigrane, quoique menacé de la guerre s'il ne le rendait pas, refusa avec hauteur de le livrer aux Romains. Appius, de retour près de Lucullus, annonça cette résistance. Lucullus partit sans différer, et s'empara de la ville de Sinope. Ensuite il marcha, à grandes journées, et sans s'arrêter, vers l'Euphrate, où il campa quelques jours. De là, il se rendit dans l'Arménie, après avoir passé le Tibre.

A son arrivée, il envoya son lieutenant Sextilius avec seize cents chevaux et un peu plus d'infanterie, contre trois mille chevaux et une nombreuse armée de pied. Sextilius fut vainqueur. Aussitôt Tigrane voulut se retirer sur le mont Taurus, à dessein d'y réunir toutes ses forces. Mais Lucullus, afin de ne pas lui en donner le temps, dépêcha d'un côté Murena, pour couper ceux qui allaient se joindre à lui, et de l'autre Sextilius, pour s'opposer à la marche d'une grosse troupe qui arrivait. Ce mouvement s'exécuta si bien, que Tigrane prit la fuite, abandonnant même tous ses bagages. Après ces succès, Lucullus marcha droit à Tigranocerte, et en fit le siége, dans l'intention de forcer Tigrane à une bataille. Son attente fut remplie; Tigrane vint l'attaquer, et, malgré la grande quantité de ses troupes, il fut vaincu, et obligé de fuir, en jetant sa couronne à son fils. Ce jeune prince la mit entre les mains d'un de ses fidèles serviteurs, qui tomba au pouvoir des Romains. Ainsi, le bandeau royal fit partie du butin. On dit que, dans cette bataille, les ennemis perdirent cent mille hommes de pied, et presque toute leur cavalerie. Le philosophe Antiochus, qui parle de cette bataille dans son Traité des Dieux, dit que jamais le soleil n'en a éclairé une semblable.

Après cette victoire, Lucullus ne cessa pas de poursuivre Tigrane; il le joignit près du fleuve d'Arsanias, et lui livra, avec succès, un autre combat, qui fut presque aussi sanglant que le premier. Mais la fortune, qui jusque là semblait ouvrir à Lucullus le chemin d'une gloire perpétuelle, commença à l'abandonner. Ses soldats murmurèrent. Son indifférence pour eux, son arrogance envers leurs chefs, excitèrent le mécontentement de l'armée entière. Aussi refusa-t-elle de marcher contre Tigrane et Mithridate, qui s'étaient jetés dans le royaume de Pont, et qui en avaient reconquis une partie. Ce ne fut que la défaite de Fabius qui réveilla leur ardeur; encore, lorsqu'elle fut en route, la troupe de Fimbria se révolta, et prétendit qu'elle était licenciée par un décret du peuple. Lucullus, dans ces circonstances, employa tout pour contenir ces mutins. Il s'abaissa même jusqu'à des supplications, mais rien ne les apaisa. Leurs compagnons seuls parvinrent à les faire rentrer dans le devoir, en leur disant de rester encore tout l'été avec eux ; et que, si après ce temps il ne se présentait point d'ennemis à combattre, il leur serait libre de se retirer.

Lucullus se vit obligé de céder à cette proposition, et n'osant plus risquer le sort des combats avec des troupes indisciplinées, il ne put s'opposer aux progrès de Tigrane, qui ravageait la Cappadoce, et à l'orgueil de Mithridate, qui reprenait ses anciennes espérances. Dans cette affreuse conjoncture, le sénat de Rome, à qui il avait écrit depuis long-temps la défaite de ces rois, envoya des députés pour régler toutes les affaires du royaume de Pont. Quelle fut la surprise de ces députés en trouvant Lucullus, qui, loin d'être maître de ce royaume, ne l'était pas même de son armée ! Ils en furent tous témoins ; car, dès que l'été fut fini, ses soldats le quittèrent pour aller joindre Pompée, nommé général à sa place.

Il est aisé de sentir toutes les humiliations que Lucullus éprouva de ce moment. D'un côté, la désertion de son armée ; de l'autre, l'influence de Pompée, qui détruisait la sienne : tout cela devait le rendre ennemi de son successeur. Cependant il consentit à une entrevue avec lui dans un bourg de la Galatie, entrevue dans laquelle il eut encore à souffrir. Pompée rejeta tous ses avis : aussi se séparèrent-ils avec le plus grand éloignement l'un pour l'autre.

La première opération de Pompée fut de casser toutes les ordonnances de Lucullus. Il ne lui donna même, pour l'accompagner, que seize cents hommes, qui montraient de la répugnance à le suivre.

Lucullus revint donc à Rome. Peu s'en fallut qu'il n'éprouvât dans cette ville une injustice encore plus grande que les précédentes. Un certain Caïus Memmius, par inimitié pour son frère, tenta de lui faire refuser les honneurs du triomphe. Peut-être même y serait-il parvenu, si tous les gens de bien ne se fussent déclarés ouvertement en faveur de Lucullus.

Les honneurs du triomphe lui furent donc accordés. On y remarquait les nombreuses dépouilles des barbares, leurs machines de guerre, leurs chariots armés de faux. On distinguait aussi soixante amis ou généraux des deux rois, suivis de cent dix galères, avec leurs éperons d'airain. Les regards étaient particulièrement fixés sur la statue en or massif de Mithridate. Elle était de six pieds de haut, et son bouclier était couvert de pierres précieuses. Après elle on comptait vingt gradins remplis de vases d'or et d'argent, huit mulets chargés de lits en or, cinquante-six accablés sous le poids des lingots d'argent, et enfin sept cents autres portant l'argent monnayé, dont la somme se montait à deux millions sept cent mille drachmes. La marche était fermée par des hommes qui tenaient des registres où étaient inscrites les sommes que Lucullus avait fournies à Pompée pour la guerre contre les pirates, celles qu'il avait remises au trésor public, et celles qu'il avait données aux troupes, en faisant à chaque soldat un présent de neuf cent cinquante drachmes. Ce triomphe finit par un grand festin donné à toute la ville et aux bourgs environnans.

Le sénat, qui comptait beaucoup sur l'influence de Lucullus pour faire contre-poids à la tyrannie de Pompée, fut bien déçu dans son attente. Lucullus se retira des affaires, et voulut vivre au sein de la fortune et de la paix. Il s'occupa à faire construire des jardins dignes d'être comparés à ceux des rois. Il fit élever autour de Tusculum des maisons de plaisance ornées de grandes galeries et de salons ouverts de tous côtés pour la vue. Il étala le luxe le plus recherché dans ses repas publics, où il n'était servi qu'en vaisselle d'or. Il donna un soir, à Cicéron et à Pompée, un souper fait à l'improviste, qui lui coûta cinquante mille drachmes. Pompée ne put concevoir comment un repas si magnifique avait été préparé avec tant de promptitude.

Mais une dépense plus raisonnable et plus digne de lui est celle qu'il fit pour acheter, de tous côtés, les meilleurs livres. Sa bibliothèque, rendue publique, devint le prytanée de la Grèce pour les Grecs qui étaient à Rome.

Lucullus, quoique étranger au gouvernement des affaires, ne cessait pourtant pas d'aller aux assemblées quand il s'agissait de défendre ses amis ou de nuire à Pompée. Ce fut lui qui fit casser toutes les ordonnances que Pompée avait faites avec les deux rois, et qui empêcha, avec le secours de Caton, la distribution des deniers qui devaient être donnés à ses soldats.

Pompée, que ces manœuvres irritèrent, le fit chasser de Rome, ainsi que Caton; et pour apaiser les esprits, agités par cette violence, Pompée se fit menacer d'être assassiné, ayant alors l'occasion d'accuser Lucullus de cet attentat. Mais le piége fut trop grossier, et personne n'y donna.

Lucullus, très-avancé en âge, ne tarda point à finir sa carrière. Pendant les derniers jours de sa vie, son esprit fut aliéné, au point que son frère se vit contraint de prendre la gestion de ses biens. Quand il fut mort, la tristesse devint générale, et le peuple le regretta comme s'il l'eût perdu dans le temps de sa gloire. Il assista à son convoi, et voulut qu'on enterrât son corps dans le champ de Mars, près de celui de Sylla; mais rien n'étant préparé, ses funérailles eurent lieu dans sa maison de campagne, où son tombeau fut élevé d'une manière digne de lui et de sa haute réputation.

LEÇON.

Demande. Lucullus était-il d'une famille illustre?

Réponse. Oui: il eut pour aïeul un consul; et Métellus, qui fut nommé Numidicus pour avoir conquis la Numidie, était son oncle maternel.

D. Comment obtint-il l'estime générale?

R. En poursuivant devant la justice Servilius, augure, accusateur de son père.

D. Où commença-t-il à déployer ses talens et son intelligence?

R. Dans la guerre contre les Marses. Sylla conçut pour lui la plus vive amitié, et le chargea des affaires les plus importantes.

D. Ne combattit-il pas l'armée navale de Mithridate?

R. Oui; il la mit deux fois en déroute. Il fut envoyé ensuite en Asie, ce qui l'empêcha d'être le témoin et peut-être le complice des crimes de Sylla et de Marius.

D. Quelle place obtint-il à son retour?

R. Il fut nommé consul, et envoyé contre Mithridate, avec qui l'on venait de renouveler la guerre.

D. Obtint-il la victoire?

R. Elle couronna ses débuts. Il battit et poursuivit tour-à-tour Mithridate et Tigrane. Mais la fortune, qui jusque là semblait lui ouvrir le chemin d'une gloire immortelle, l'abandonna. Ses soldats, mécontens de son arrogance et de son indifférence pour eux, lui refusèrent l'obéissance, de sorte qu'il lui fut impossible d'empêcher Mithridate et Tigrane de reprendre une partie du royaume de Pont. Pour comble d'humiliation, Pompée, qui vint pour le remplacer, cassa toutes ses ordonnances, et ne lui donna, pour revenir à Rome, que seize cents hommes, qui montrèrent la plus grande répugnance à le suivre.

D. Eprouva-t-il quelques désagrémens dans sa patrie?

R. Oui; peu s'en fallut qu'il ne fût privé du triomphe. Cependant il l'obtint. Il fut brillant;

on y remarquait, parmi les riches dépouilles des deux rois, la statue en or de Mithridate.

D. Lucullus s'occupa-t-il encore des affaires du gouvernement?

R. Non; au grand mécontentement du sénat, qui espérait que son influence servirait de contre-poids à la tyrannie de Pompée, il se retira, et vécut au sein de la fortune et de la paix.

D. Jouit-il long-temps de cette vie paisible?

R. Non; Pompée, irrité de ce qu'il avait à son tour fait casser ses ordonnances, le fit chasser de Rome.

D. Sa carrière fut-elle de longue durée?

R. Oui; il mourut dans un âge très-avancé, et malgré le long espace de temps qui s'était écoulé depuis ses victoires, il fut regretté comme au temps où sa gloire était à son plus haut degré.

D. Où son corps fut-il déposé?

R. Dans sa maison de campagne, où on lui éleva un tombeau digne de lui et de sa haute réputation.

NICIAS.

(Depuis la fondation de Rome, 338. Avant J. C., 413.)

Après la mort de Périclès, Nicias, fils de Nicératus, fut porté, par la faveur des riches et des nobles, à la première place du gouvernement. Sa douceur et ses largesses lui gagnèrent l'amitié du peuple; mais une prudence qui allait jusqu'à l'excès, un caractère timide et défiant, ternirent souvent l'éclat des bonnes qualités qu'il avait reçues de la nature. Plus généreux par politique que par grandeur d'ame, il récompensa rarement le vrai mérite, et délaissa presque toujours l'honnête citoyen, dont il ne craignait rien, pour placer l'intrigant, dont il voulait acheter la voix et le suffrage.

Quoiqu'il ne donnât jamais rien au hasard, et qu'il voulût être assuré du succès avant de former une entreprise, la fortune se plut à favoriser ses expéditions; mais ce manque de hardiesse l'empêcha de tendre au grand. Ses actions, soumises au calcul de la prudence, lui acquirent peu de gloire, et ne le placèrent qu'au premier rang des génies ordinaires.

Persuadé qu'un des plus sûrs moyens pour s'attirer la faveur du peuple est de l'éblouir et de parler à ses sens, Nicias mit beaucoup de recherche et une grande magnificence dans les fêtes qu'il se plut à lui prodiguer. Possesseur d'une fortune immense et de superbes mines dans le bourg de Laurium, il lui fut facile de surpasser dans ces sortes de fêtes tous ses rivaux, et particulièrement Cléon, le plus dangereux de ses ennemis. Cependant un fond de piété religieuse se mêla toujours à sa politique, et le désir de mériter la faveur des dieux s'unit dans son cœur à celui d'obtenir celle du peuple.

Cet excès de prudence que l'on reproche à Nicias le servit cependant dans plusieurs occasions, et empêcha de lui imputer les malheurs qui affligèrent Athènes, et qui la mirent sur le penchant de sa ruine. Ce fut sous la conduite de Calliadas et de Xénophon que les Athéniens furent défaits en Thrace par les Chalcidéens; ce fut sous le commandement de Démosthène qu'ils reçurent un échec en Étolie, et sous celui d'Hippocrate qu'ils perdirent mille de leurs soldats à Délium, dans la Béotie. La peste même, qui causa de si grands ravages dans Athènes, ne put être imputée qu'à Périclès, qui, pressé par l'ennemi, enferma dans la ville tout le peuple de la campagne. Nicias, plus heureux, prit aux Lacédémoniens l'île de Cythère, dont la position était si avantageuse pour incommoder la Laconie; remit sous l'obéissance d'Athènes plusieurs villes révoltées de la Thrace, força les Mégariens de se renfermer dans leur ville, s'empara du port de Nisée, fit une descente sur les terres de Corinthe, où il tailla en pièces un nombre considérable d'ennemis, et tua leur général Lycophron.

Ce fut en vain que les Lacédémoniens voulurent s'opposer aux ravages qu'il fit sur les côtes de la Laconie ; le fort de Thyrée, occupé par les Eginètes, tomba en son pouvoir, et les habitans furent conduits prisonniers à Athènes.

La victoire conduisant toujours les drapeaux des Athéniens, Démosthène se rendit maître de Pylos, qu'il fortifia. Les peuples du Péloponèse, sous la conduite du roi Agis, quittèrent alors l'Attique pour courir au secours des Lacédémoniens ; mais, ayant été vaincus dans un grand combat, ils se virent forcés de jeter environ quatre cents hommes dans Sphacterie, île très-voisine de Pylos, et dont elle couvrait le port. Il était très-important aux Athéniens de faire ces quatre cents hommes prisonniers ; mais le siége de cette île étant très-difficile, ils se repentirent bientôt d'avoir fait cette entreprise, et sur-tout d'avoir refusé les propositions de paix que les Lacédémoniens leur avaient fait faire par des ambassadeurs.

Profitant adroitement du mécontentement de ses concitoyens, Cléon ne manqua pas d'attribuer le mauvais succès de cette entreprise à la timidité de Nicias, et de lui reprocher d'avoir laissé échapper les ennemis ; il poussa même l'impudence jusqu'à dire que, s'il avait commandé l'armée, il aurait défait les Lacédémoniens. Les Athéniens, accoutumés à ses folles bravades, lui répondirent ironiquement d'une voix unanime : *Que ne vas-tu tout-à-l'heure contre les Lacédémoniens ?*

Nicias, lui-même, se levant, lui dit : *Qu'il lui cédait de bon cœur l'honneur de cette expédition*; et lui ayant ensuite donné le pouvoir de prendre avec lui autant de troupes qu'il le jugerait nécessaire, il lui ajouta : « Ne t'amuses point » à faire des bravades que le plus lâche peut faire, » parce qu'il le peut sans danger, et vas rendre à » ton pays quelque service important et considérable. »

Cléon, interdit, voulut d'abord reculer : mais, vivement pressé par les Athéniens et par Nicias, il se remit de son trouble, accepta le commandement, et eut la témérité de dire en s'embarquant : « Qu'en moins de vingt jours il pas- » serait au fil de l'épée les ennemis, ou qu'il les » amènerait prisonniers à Athènes, » ce qu'il exécuta.

Le triomphe de Cléon et l'humiliation qui en résulta pour Nicias causèrent de grands troubles dans Athènes. Cléon, abusant de sa gloire et de sa puissance, se livra à une audace effrénée. Il introduisit parmi les orateurs une licence et un mépris de toutes les bienséances, qui firent bientôt de l'art oratoire une école d'intrigue et de séduction dont les mauvais citoyens savent si bien employer les ressorts pour tromper le peuple.

De tous les orateurs qui haranguèrent alors dans Athènes, Alcibiade est celui qui mérite le plus d'être distingué. Il eût même échappé à cette corruption fatale qui désolait la république, sans une impétuosité de caractère et une ambition démesurée qui furent la cause de grands changemens dans la conduite et le gouvernement des affaires publiques.

Deux hommes s'opposaient avec opiniâtreté à la paix de la Grèce. Cléon, dans Athènes, voulait la continuation de la guerre, parce qu'elle cachait sa méchanceté et ses vices; et Brasidas, à Lacédémone, la demandait, parce qu'elle prêtait un nouveau lustre à ses vertus. Tous deux furent punis de leur obstination, et trouvèrent la mort dans le combat qui se donna près d'Amphipolis. Nicias alors travailla de toutes ses forces à rétablir la bonne harmonie entre les deux villes, et à faire jouir la Grèce entière des douceurs de la paix. La justesse de ses remontrances et la sagesse de ses conseils produisirent le meilleur effet. Les Lacédémoniens et les Athéniens convinrent d'abord d'une suspension d'armes d'un an, pendant lequel, rapprochés et bientôt réunis par les liens du commerce, ils sentirent réciproquement le besoin de mettre fin aux hostilités, et signèrent la paix, qui fut appelée *Niceium*, le chef-d'œuvre de Nicias.

Les principaux articles portèrent que les places et les prisonniers seraient rendus de part et d'autre, et que l'on tirerait au sort pour savoir lequel des deux peuples ferait le premier cette restitution. Nicias, à force d'argent, acheta le sort; de façon que les Lacédémoniens furent les premiers qui évacuèrent les places dont ils s'étaient rendus maîtres sur les Athéniens. Les Corinthiens et les Béotiens, mécontens de ce traité, firent tous leurs efforts pour rallumer la guerre; mais Nicias, afin de cimenter encore davantage la paix, conclut entre les deux villes une ligue offensive et défensive, tendante à s'armer contre tous ceux qui auraient le dessein de les diviser.

Alcibiade, naturellement ennemi du repos, et jaloux de voir les Lacédémoniens s'adresser exclusivement à Nicias, avait vainement tenté plusieurs fois de rompre la paix, lorsqu'une occasion favorable à ses désirs vint se présenter. Les Athéniens reprochaient aux Lacédémoniens d'avoir fait une ligue particulière avec les Béotiens, et de n'avoir pas, conformément aux traités, restitué les villes de Panacte et d'Amphipolis dans l'état où elles étaient. Alcibiade fit valoir ces griefs, et chercha, en les exagérant, tous les moyens d'irriter le peuple. Il engagea même les habitans d'Argos à envoyer des ambassadeurs à Athènes pour demander une ligue entre les deux villes.

Les Lacédémoniens, instruits de cette démarche des Argiens, envoyèrent de leur côté des ambassadeurs à Athènes, avec des pleins pouvoirs. Introduits dans le conseil, ils déduisirent leurs plaintes, qui furent trouvées raisonnables et fondées. Alcibiade alors, craignant qu'on ne leur donnât la juste satisfaction qu'ils désiraient, les prit en particulier, et les assura *qu'il les aiderait de tout son crédit, pourvu qu'ils ne se vantassent pas d'avoir de pleins pouvoirs de Sparte, et qu'ils assurassent qu'ils n'en étaient pas munis : que c'était là le seul moyen d'obtenir toutes leurs demandes.* Les ambassadeurs, ajoutant foi à ses paroles, quittèrent Nicias pour s'attacher à lui.

Bien satisfait d'avoir réussi auprès d'eux, Alcibiade les conduisit à l'assemblée du peuple, et là, il leur demanda à haute voix *s'ils étaient pourvus de pouvoirs nécessaires pour régler toutes choses.* Ils répondirent que non. Alcibiade alors, changeant tout-à-coup à leur égard, prit le conseil à témoin de leurs discours, et exhorta le peuple *à ne croire ni écouter des hommes qui mentaient si ouvertement, et qui, sur la même sujet, disaient aujourd'hui une chose, demain tout le contraire.*

Qui pourrait exprimer la surprise et le trouble des ambassadeurs lacédémoniens? Le peuple, aveuglé, voulait que l'on conclût à l'instant une ligue contre les Argiens, lorsque Nicias, à force de paroles, les amena à l'autoriser à partir lui-même pour Lacédémone.

Son séjour dans cette ville n'eut pas le succès qu'il en avait espéré. Le parti des Béotiens l'emporta, et il eut le regret de revenir dans sa patrie sans avoir aplani les difficultés qui étaient survenues. Quoique le peuple d'Athènes conservât pour lui les égards qui lui étaient dus, il n'en essuya pas moins les plus vifs reproches. Alcibiade fut nommé général. On fit une ligue avec les Mantinéens et les Eléens, et on envoya des troupes à Pylos, pour ravager la Laconie. La guerre ainsi éclata de nouveau.

C'était à peu près l'époque où les Athéniens condamnaient à l'ostracisme. Les divisions qui s'étaient élevées entre Nicias et Alcibiade donnaient tout lieu de croire que l'un des deux encourrait cette peine.

Parmi les ambitieux qui voulaient profiter de la division des esprits pour s'emparer du gouvernement, Hyperbolus, homme très-ordinaire, se montra des plus empressés. Cette circonstance rapprocha, pour l'instant, Nicias et Alcibiade. Ils se réunirent contre leur ennemi commun, et parvinrent à le faire condamner à l'ostracisme. Ce fut avec lui que finit cette punition honorable, qui jusque là avait paru ne devoir être infligée qu'à des hommes dont l'ambition ou les vertus excitaient la crainte ou l'envie.

Sur ces entrefaites, les Égestains et les Léontins envoyèrent à Athènes des ambassadeurs, afin d'engager les Athéniens à porter la guerre en Sicile. Nicias s'opposa fortement à cette entreprise; mais, malgré tous ses efforts, elle fut décrétée, et le commandement lui en fut donnée, conjointement avec Alcibiade et Lamachus. Il ne lui resta donc d'autre parti que celui de temporiser; et, en conséquence, il eut assez d'adresse pour faire prévaloir son avis, qui était de se borner à côtoyer la Sicile, et pour faire rejeter celui de Lamachus, qui voulait que l'on marchât d'abord sur Syracuse; ainsi que celui d'Alcibiade, qui conseillait de faire révolter toutes les villes contre les Syracusains.

Peu de temps après, les Athéniens mandèrent Alcibiade pour lui faire son procès; et Nicias, en sa qualité de second général, eut le commandement de l'armée. Ses exploits se bornèrent, pour le moment, à mettre le siége devant Hybla, et à ruiner une petite bourgade de barbares, nommée *Hiccara*.

Les Syracusains, qui avaient été d'abord effrayés de l'arrivée des Athéniens, reprirent peu-à-peu courage, et résolurent de venir les attaquer dans leur camp. Mais Nicias les ayant attirés, par une ruse de guerre, à Catane, leur livra bataille, et remporta sur eux une grande victoire dont il ne sut point profiter; car, ayant ramassé ses troupes en quartier d'hiver à Naxe, les Syracusains se rallièrent de nouveau, retournèrent à Catane, ravagèrent tout le pays, et brûlèrent le camp des Athéniens.

Nicias alors forma le dessein de ramener ses troupes en Sicile; ce qu'il exécuta avec tant de prudence, que les Syracusains ne furent instruits de son arrivée que par la prise du fort d'Épipoles. Quelques troupes que les Syracusains envoyèrent au secours du fort furent battues, et leur cavalerie, qui passait pour invincible, fut aussi mise en fuite. Mais ce qui surprit le plus les Syracusains, et ce qui parut le plus incroyable aux Grecs, c'est qu'en très-peu de temps Nicias, afin d'ôter aux Syracusains tout espoir de la part de leurs alliés, fit entourer Syracuse d'une forte muraille.

Les fatigues de la guerre altérèrent tellement sa santé, naturellement très-faible, qu'il fut obligé de garder le lit. Lamachus, brûlant de se distinguer, profita de cette circonstance pour attaquer les Syracusains, qui, de leur côté, étaient occupés à tirer une muraille depuis leur ville, pour empêcher les Athéniens d'achever celle à laquelle ils travaillaient; mais, entraîné par son ardeur guerrière, ce général s'avança si inconsidérément qu'il fut entouré par la cavalerie ennemie, et tué sur le champ de bataille. Les Syracusains fondirent aussitôt sur les retranchemens de Nicias, qui, à leur approche, se leva avec précipitation, et ordonna au peu de gens qui étaient près de lui de mettre le feu aux machines qui composaient ses retranchemens. La cavalerie des Syracusains, effrayée des tourbillons de flamme et de fumée qui s'élevaient dans les airs, se retira.

Plusieurs villes, voyant la fortune de Nicias, s'empressèrent de se déclarer en sa faveur ; les Syracusains, désespérant même de pouvoir défendre leur ville, faisaient des propositions d'accommodement, lorsque Gylippe, qui venait de Lacédémone à leur secours, leur rendit l'espérance et le courage. Son armée et celle de Nicias se trouvèrent bientôt en présence l'une de l'autre ; mais, avant d'engager le combat, Gylippe envoya un héraut d'armes aux Athéniens, pour leur dire qu'il leur donnait toute sûreté pour leur retraite, s'ils voulaient abandonner la Sicile. Nicias n'ayant fait aucune réponse à ces propositions, les deux armées en vinrent aux mains.

Les Athéniens eurent d'abord l'avantage ; mais le lendemain ils furent défaits, et repoussés jusque dans leur camp. Profitant de cette victoire, Gylippe fit un grand nombre de prisonniers, et obtint de plusieurs villes de puissans secours. Nicias, voyant ce changement soudain dans ses affaires, écrivit à Athènes pour demander une seconde armée, et pour être déchargé du commandement, dont sa mauvaise santé ne lui permettait pas de supporter tout le poids.

A la réception des lettres de Nicias, les Athéniens décidèrent de faire partir pour la Sicile Démosthène et Eurymédon, avec de nouvelles troupes, et nommèrent, en attendant leur arrivée, Ménandre et Euthidème, pour partager le commandement de leurs troupes dans cette île.

Pendant que Démosthène se préparait à faire voile, Nicias fut attaqué en même temps par mer et par terre. Sa flotte fut victorieuse ; mais son armée de terre fut complètement battue par Gylippe.

Fiers du succès de leurs troupes, et jaloux de réparer l'échec qu'avait éprouvé leur flotte, les Syracusains se préparèrent à livrer un second combat naval. Nicias, qui en redoutait les suites, était bien résolu de l'éviter, lorsque Ménandre et Euthidème, piqués d'ambition et de jalousie, le forcèrent malheureusement à l'accepter. Toute l'aile gauche de sa flotte fut détruite, et il perdit une grande quantité d'hommes et de vaisseaux. Honteux de cette défaite, il était plongé dans le plus affreux désespoir, lorsque Démosthène parut avec sa flotte. Les deux généraux avaient à peine eu le temps de s'entretenir ensemble, que Démosthène résolut d'attaquer sur-le-champ les Syracusains, et de prendre Syracuse d'assaut. Toutes les représentations de Nicias furent vaines, et il fut forcé de céder à l'impétuosité de Démosthène, qui, dès la nuit suivante, attaqua le port d'Epipoles. Il eut d'abord l'avantage de surprendre l'ennemi ; mais s'étant engagé trop avant, il tomba dans les bandes des Béotiens, qui firent un grand carnage de son armée, et y portèrent le trouble et l'effroi.

Nicias se plaignit hautement de la témérité de Démosthène, qu'il avait tant désapprouvée. Celui-ci se justifia de son mieux, et fut d'avis de remonter sur les vaisseaux pour se retirer. Nicias ne voulait entendre parler ni d'embarquement, ni de fuite, disant : « Qu'il n'y avait aucun danger » de rester dans le camp, et que quand il y en » aurait, il aimait mieux mourir par la main de » ses ennemis que par celle de ses concitoyens ». Malgré ce langage, Nicias changea bientôt de sentiment ; et forcé par une nouvelle armée arrivée au secours de Syracuse, et une maladie contagieuse qui se répandit dans son camp, il donna l'ordre à ses troupes de se tenir prêtes à partir au premier signal.

Les Syracusains ayant consulté les augures, qui leur furent favorables, résolurent de s'opposer à cette retraite, et, en conséquence, ils livrèrent un combat naval où la victoire se décida entièrement pour eux.

La fuite par mer devenant impossible aux Athéniens, ils tombèrent dans le plus grand découragement. Les Syracusains, occupés à célébrer leur victoire par des festins et des sacrifices, leur laissaient cependant quelque espoir de retraite par terre, lorsque Gylippe, par les conseils d'Hermocrate, employa une ruse qui lui réussit complétement. Il fit avertir Nicias, par des espions, que les Syracusains leur avaient dressé des embûches sur tous les chemins. Abusé par ce stratagème, Nicias ne partit pas. Le lendemain matin, il apprit que tous les passages étaient gardés par l'ennemi. Il n'en essaya pas moins de se retirer. Harcelé pendant huit jours de marche, il avait su conserver son armée invincible, lorsque Démosthène, qui était resté en arrière, fut fait prisonnier avec toute son armée, après avoir fait une vigoureuse résistance. Pour ne pas survivre à son malheur, ce général se perça de son épée; mais les ennemis, qui survinrent dans ce moment, arrêtèrent son bras, et empêchèrent que le coup ne fût mortel.

Dès que Nicias eut appris cette fatale nouvelle, il envoya un héraut d'armes à Gylippe, pour lui faire des propositions, qu'il rejeta avec hauteur et des menaces injurieuses.

Attaqué de nouveau, Nicias se soutint encore toute la nuit. Le lendemain, son armée fut poursuivie jusque sur les bords du fleuve Asinarus, où la plus grande partie de ses soldats furent engloutis. Voyant qu'il ne lui restait plus aucune espérance, il se jeta aux genoux de Gylippe, et lui dit : « Gylippe, au milieu de votre victoire,
» ayez pitié, je ne dis pas de moi, qui, par l'excès
» de mes malheurs, ai acquis une assez grande
» gloire, mais ces pauvres Athéniens. Souvenez-
» vous que les revers de la fortune ne sont nulle
» part si communs qu'à la guerre, et n'oubliez pas
» que les Athéniens ont toujours usé modérément
» et généreusement de leurs victoires, toutes les
» fois qu'ils ont eu l'avantage sur les Lacédé-
» moniens. »

Gylippe, touché de compassion à la vue de son ennemi implorant sa miséricorde, le releva, chercha à le consoler, et ordonna à ses troupes de cesser à l'instant le carnage. Nicias, Démosthène, et tous ceux qui échappèrent à la mort furent conduits prisonniers à Syracuse, au milieu des acclamations de l'armée triomphante.

A leur arrivée, on convoqua une assemblée de Syracusains et de leurs alliés. L'orateur Buryclès y proposa ce décret : « Premièrement, que
» le jour que Nicias avait été fait prisonnier
» serait une fête solennelle ; que cette fête serait
» appelée *Asinaria*, du nom du fleuve sur le
» bord duquel cette grande victoire avait été remportée.
» Quant aux prisonniers, que les domestiques
» et tous les alliés seraient vendus publiquement,
» et que tous les Athéniens d'une condition
» libre, et tous les Siciliens qui avaient
» embrassé leur parti, seraient mis en prison
» dans les carrières, excepté les deux généraux,
» que l'on ferait mourir sans différer ».

Les applaudissemens couvrirent le discours de l'orateur. Hermocrate voulut en vain représenter qu'il était encore plus glorieux de bien user de la victoire que de la remporter : un mouvement général d'improbation se fit entendre. Gylippe voulut aussi réclamer les deux généraux, mais ils lui furent refusés.

Hermocrate fit alors prévenir Nicias et Démosthène de ce qui se passait. Sur cet avis, ces deux généraux se tuèrent eux-mêmes. Leurs corps, exposés à la porte de la prison, servirent long-temps de spectacle au peuple. Quant aux autres prisonniers, la plupart moururent dans les carrières. Ceux qui avaient été cachés par les soldats furent vendus comme esclaves, et on leur imprima la marque d'un cheval sur le front.

LEÇON.

Demande. Qui fut le père de Nicias ?
Réponse. Nicératus.

D. Quel fut son caractère ?
R. Une timidité, une défiance naturelle, ternirent souvent l'éclat des bonnes qualités qu'il avait reçues de la nature.

D. Quelle place occupa-t-il dans Athènes ?
D. La première.

D. Fut-il chéri du peuple ?
R. Sa magnificence et ses largesses lui firent obtenir sa faveur.

D. Fut-il juste dans la distribution de ses grâces ?
R. Non. La politique seule servit de guide à sa générosité.

D. Fut-il heureux à la guerre ?
R. Son extrême prudence lui fit obtenir quelques succès ; c'est à lui que l'on dut la paix dont jouit un moment la Grèce.

D. Termina-t-il heureusement sa carrière ?
R. Non ; engagé malgré lui dans une guerre contre les Syracusains, sa faiblesse et sa timidité lui firent perdre de momens favorables ; il fut battu, et voulut vainement quitter la Sicile.

D. Comment mourut-il ?

R. De sa propre main, après avoir été condamné à mort par les Syracusains, qui l'avaient fait prisonnier.

D. Lui rendit-on quelques honneurs ?

R. Non ; son corps, exposé à la porte de la prison, servit long-temps de spectacle au peuple.

MARCUS CRASSUS.

(Depuis la fondation de Rome, 671. Avant J. C., 80.)

Marcus Crassus, n'étant encore que dans l'adolescence, eut la douleur de voir proscrire son père et son frère par Marius, et lui-même eût subi le même sort, s'il ne se fût sauvé en Espagne. La crainte du seul nom de Marius y était si grande, qu'il n'osa se découvrir qu'à un ami de son père, nommé *Vibius Pacianus*, qui le cacha dans une caverne située près de la mer. Tous les soirs il lui faisait porter tout ce qui était nécessaire à sa subsistance ; et, grâce à ses soins officieux, il passa huit mois dans cette retraite sans être découvert, et jouissant de toutes les commodités de la vie.

La mort ayant enlevé Marius, ainsi que Cinna son successeur, Crassus reparut. Il se mit à la tête de deux mille cinq cents hommes qui étaient venus lui offrir leurs services, et alla d'abord trouver Métellus Pius en Afrique, et ensuite Sylla, qui le reçut avec plaisir et avec les égards dus à sa naissance et à ses malheurs.

Sylla passa en Italie, et comme il se plaisait à éprouver les jeunes gens qui servaient sous ses drapeaux, il ordonna à Crassus d'aller lever des

troupes dans le pays des Marses. Ce dernier, sachant qu'il fallait pour y parvenir traverser un pays sans cesse battu par des partis ennemis, demanda une escorte. Sylla, qui ne s'attendait pas à cette réponse pusillanime, lui dit avec colère : « L'escorte que je te donne, c'est ton père, ton » frère, tes amis, qui ont été égorgés contre les » lois, avec la dernière injustice, et dont je poursuis aujourd'hui les meurtriers. »

Piqué d'un pareil reproche, Crassus passa heureusement au milieu des ennemis, leva une grosse armée, et chercha toutes les occasions de montrer son courage, en se jetant avec ardeur au milieu des plus grands dangers. Afin de récompenser tant de valeur, Sylla lui donna le commandement de l'aile droite de son armée, le jour d'une bataille décisive qui se donna aux portes de Rome, contre Télérinus, chef des Samnites. L'aile gauche, à la tête de laquelle était Sylla, fut rompue, et il croyait déjà la bataille perdue, lorsqu'il apprit que Crassus, ayant enfoncé et mis les ennemis en fuite, avait décidé de la victoire.

Malgré de pareils services, Sylla eut pour Pompée des distinctions si marquées, qu'elles excitèrent la jalousie de Crassus, et qu'il demanda un jour, avec un rire moqueur, à quelqu'un qui disait en sa présence : *Voici le grand Pompée. — De quelle taille est-il ?*

Cette préférence de Sylla pour Pompée vint, en grande partie, de l'avarice sordide de Crassus, qui, cherchant avec avidité toutes les occasions de s'enrichir, fit des exactions horribles, sollicita le don de plusieurs biens confisqués, et poursuivit un homme, dans le pays des Brutiens, sans la participation de Sylla, et seulement pour s'emparer de ses richesses. Informé de cette odieuse conduite, Sylla ne voulut plus l'employer dans les affaires publiques. Crassus, se tournant alors du côté du gouvernement civil, s'attacha à l'éloquence, et particulièrement à celle du barreau. Il se montra toujours plus attentif et plus zélé avec ses cliens que Pompée et César, qui couraient la même carrière. Ces attentions, ce zèle, cette aménité, lui méritèrent beaucoup d'amis, et le conduisirent insensiblement à un degré de puissance que la circonstance suivante vint augmenter encore.

Un habitant de Capoue, nommé *Lentulus-Batialus*, entretenait dans cette ville un certain nombre de gladiateurs, dont la plupart étaient Gaulois et Thraces. Ces hommes, indignés de l'injustice et des mauvais traitemens de leur maître, résolurent de s'enfuir, et soixante-dix d'entre eux furent assez heureux pour exécuter ce projet. En sortant de la ville, ils trouvèrent une charrette remplie d'armes, dont ils s'emparèrent, et élurent aussitôt trois capitaines, dont le premier fut Spartacus, Thrace de nation, mais de race numide, homme plein d'audace et de fierté, et à qui la nature avait fait don des forces physiques et morales.

Ses premiers succès augmentèrent rapidement son armée. Tous les détachemens que les Romains envoyèrent contre lui furent battus, et Clodius, Publius Marinus, Lentulus et Cassius eurent la honte d'être vaincus. Le sénat alors décréta le rappel de ces consuls, et donna le commandement général de l'armée à Crassus, qui était, à cette époque, préteur.

Ce général alla d'abord camper dans le pays des Picintins, pour y attendre Spartacus, qui devait le traverser. Il envoya à sa rencontre un de ses lieutenans, nommé *Mummius*, avec ordre d'observer l'ennemi, mais en lui défendant expressément d'engager avec lui le plus petit combat. Mummius, loin de suivre les ordres qu'il avait reçus, attaqua Spartacus, qui le battit complètement. Crassus, justement irrité, après avoir fait les plus vifs reproches à Mummius, donna un exemple terrible de discipline militaire. Il fit décimer les soldats qui avaient pris la fuite, et rien ne put soustraire à la mort cinquante sur qui le sort tomba.

Après cette expédition sévère Crassus, poursuivit Spartacus jusque dans la presque île des Rhégiens, vis-à-vis de Messine; et, afin de ne pas laisser ses troupes dans l'oisiveté, et d'ôter en même temps tout secours à l'ennemi, il résolut de fermer cet isthme d'une forte muraille.

Spartacus, peu intimidé d'abord par ce travail, commença cependant d'en craindre les suites quand il vit que les vivres allaient bientôt lui manquer. Il profita d'une nuit pendant laquelle il tombait beaucoup de neige, pour combler une tranchée dans un endroit où la muraille n'était pas encore faite, et échappa ainsi heureusement. Crassus ne s'aperçut qu'au point du jour de sa fuite; mais cet incident ne le découragea point.

La mésintelligence se mit alors dans l'armée de Spartacus, composée de Thraces et de Gaulois, naturellement divisés par une haine nationale. Crassus, qui, de son côté, craignait que le sénat n'envoyât Pompée, qui lui ravirait sa gloire et le fruit de ses travaux, poursuivait sans relâche Spartacus, qui fut enfin forcé d'accepter le combat, et qui tua son cheval, en disant : « Si je suis » vainqueur, j'aurai assez de chevaux; si je suis » vaincu, je n'en ai plus besoin ». Après une glorieuse résistance, les Thraces et les Gaulois furent défaits, et Spartacus, couvert de blessures, resta mort sur le champ de bataille.

Malgré la précipitation que Crassus avait mise dans ses opérations, il ne put cependant empêcher Pompée de lui ravir une partie de sa gloire; car, étant arrivé assez à temps pour poursuivre les fuyards, il écrivait à Rome. « Que Crassus avait » bien défait, en bataille rangée, ces fugitifs, » mais que la racine de cette guerre, c'était lui » qui l'avait entièrement détruite. »

Loin de s'énorgueillir de ses victoires, Crassus, sentant sans doute la supériorité de Pompée, rechercha ses bonnes grâces, pour être nommé consul avec lui. Mais, dès qu'ils furent tous deux en place, ils ne tardèrent pas à être divisés de nouveau.

Un événement particulier fournit à Crassus l'occasion de faire éclater la grandeur de son âme. Onatius Aurélius, chevalier romain, dit hautement, dans une assemblée du peuple : « Ju-

» le roi leur maitre voulait bien user de sa mo-
» dération en cette rencontre, avoir pitié de la
» vieillesse de Crassus, et épargner le sang des
» Romains qu'il tenait dans ses états, et qui était
» bien plus assiégés qu'assiégeans ». Crassus, irrité de ce discours, déclara aux ambassadeurs
qu'*il leur ferait entendre sa réponse dans Sé-
leucie.*

Les ambassadeurs partirent, et Crassus se remit
en marche. Il côtoyait l'Euphrate depuis quelques jours, lorsqu'un capitaine d'Arabes, nommé
Ariamnes, vint se présenter à sa tente. Plusieurs
le reconnurent pour avoir servi Pompée, et pour
en avoir reçu des bienfaits en considération de son
affection pour les Romains. Ce fourbe engagea,
par les espérances les plus séduisantes, Crassus à
quitter les bords du fleuve, et à suivre, par un
chemin beaucoup plus court, l'ennemi qui fuyait,
et qui n'osait soutenir sa présence. Ce fut en vain
que Cassius voulut s'opposer à ce changement de
route; Crassus se livra en aveugle aux conseils
perfides d'Ariamnes.

Le traître lui fit d'abord traverser une plaine
fertile, et l'ayant peu-à-peu enfoncé dans des dé-
serts sablonneux et immenses, il le quitta sous
le prétexte d'aller travailler pour lui, et sous la
promesse de le rejoindre avec de nouveaux avis.

Les Romains, brûlés dans ces lieux arides par
la chaleur et la soif, s'applaudissaient pourtant
de n'avoir rencontré aucun ennemi. Mais quel
fut leur étonnement lorsque, le lendemain du départ d'Ariamnes, leurs coureurs vinrent annoncer
qu'ils étaient tombés dans un corps de Parthes,

et que toute leur armée approchait pour les attaquer! Crassus rangea aussitôt la sienne en bataille; il prit le commandement du centre, donna celui de l'aile gauche à Cassius, et celui de l'aile droite à son fils Crassus, qui, quoique jeune encore, donnait déjà les plus grandes espérances.

Les ennemis s'étant laissé approcher, parurent tout-à-coup prendre la fuite; mais dans un moment, Crassus se vit entouré de toutes parts. Le combat s'engagea, et fut des plus opiniâtres. Les Romains, surpris de la vivacité avec laquelle les Parthes lançaient leurs flèches, recevaient la mort sans pouvoir se défendre. Les traits attachaient leurs mains à leurs boucliers, ou clouaient leurs pieds à la terre.

Le courage des Romains se soutint tant qu'ils conservèrent l'espérance que ces flèches cruelles s'épuiseraient. Mais quand ils aperçurent des chariots qui en étaient chargés, leur constance les abandonna. Le jeune Crassus, à la tête de treize cents cavaliers, chargea les Parthes, qui plièrent un instant, mais qui revinrent bientôt en plus grand nombre, et qui, caracolant sans cesse, désolèrent avec leurs flèches fatales les Romains, sans se laisser approcher.

Crassus, qui avait vu fuir les Parthes devant son fils, avait saisi ce moment pour se couvrir d'un espèce de coteau; mais dès qu'il apprit le danger qu'il courait, il vola à son secours. Il n'était plus temps : les barbares revenaient à lui avec des chants de victoire; et, portant la tête du jeune Crassus au bout d'une lance, ils demandaient *de quelle famille était ce brave guerrier, qui ne pouvait être le fils d'un homme aussi lâche que Crassus.*

Ce triste spectacle produisit deux effets bien différens. Il enflamma Crassus de colère, et plongea ses soldats dans la consternation et l'accablement. Le cri du combat qu'ils jetèrent fut faible et languissant, et celui des Parthes, au contraire, fut plein de fierté. On combattit jusqu'à la fin du jour avec un acharnement incroyable. Les Parthes se retirèrent à la nuit, disant « qu'ils accor-
» daient à Crassus cette nuit seule, afin qu'il la
» donnât à pleurer son fils, à moins qu'il ne trou-
» vât plus expédient de penser à ses affaires, et
» qu'il n'aimât mieux aller volontairement vers
» Arsace que d'y être traîné ».

Succombant sous le poids de son infortune, couché à l'écart, la tête enveloppée de sa robe, Crassus ne voulait recevoir aucune consolation, ni donner aucun ordre. Les officiers tinrent alors conseil entre eux, et décidèrent de se retirer à la ville de Carres, laissant dans leur camp quatre mille malades ou blessés, qui furent impitoyablement égorgés le lendemain.

L'armée fugitive des Romains avait déjà dépassé Carres, lorsque Crassus fut encore trompé par un guide infidèle, qui le conduisit dans un marécage, d'où il ne sortit qu'avec la plus grande peine, et pour être de nouveau attaqué par les Parthes. Il n'eut que le temps de se retirer, avec huit à dix mille hommes, sur le sommet d'une montagne.

Séréna, qui commandait l'armée ennemie, craignant que Crassus ne lui échappât pendant la nuit, eut encore recours à la ruse. Il fit courir le bruit, parmi les prisonniers, que le roi des Parthes avait le plus grand désir de se réconcilier avec les Romains, et après en avoir relâché quelques-uns, il s'avança lui-même sans armes, et tendant la main en signe de paix, il demanda une conférence à Crassus. Cette proposition fut reçue avec des cris de joie par les Romains. Crassus se douta bien que c'était un piége qu'on lui tendait ; mais ni ses représentations ni ses prières ne purent persuader les soldats, qui, prêts à se révolter, le forcèrent à descendre la montagne où il s'était retiré.

Mille hommes le suivirent ; on le reçut avec honneur. Suréna lui dit « que, dès ce moment la
» la paix était faite avec son roi et les Romains,
» et qu'il ne fallait plus qu'aller la signer sur les
» bords de l'Euphrate ». Crassus n'en crut pas moins marcher à la mort. On le monta à cheval ; mais peu-à-peu il fut enveloppé et massacré avec toute sa troupe. Ceux qui étaient demeurés dans le camp, privés de chefs, se dispersèrent, et tombèrent entre les mains des Arabes, qui ne leur firent point de quartier.

En lisant ces détails, qui ne s'attendrirait sur le sort de ces trente mille Romains, qui périrent ainsi, victimes de l'ambition démesurée d'un seul homme ?

LEÇON.

DEMANDE. Où naquit Marcus Crassus?
RÉPONSE. A Rome.

D. Y passa-t-il son adolescence?

R. Non; son père et son frère ayant été proscrits par Marius, il fut obligé de se sauver en Espagne.

D. S'y fit-il connaître?

R. Non; il n'osa se confier qu'à un seul ami de son père, nommé *Vibius Pacianus*, qui le tint caché dans une caverne.

D. Quand reparut-il?

R. Après la mort de Cinna, successeur de Marius.

D. Où alla-t-il?

R. En Italie, auprès de Sylla.

D. S'y distingua-t-il?

R. Son extrême valeur lui gagna la confiance de Sylla, qui, dans une affaire importante, lui donna le commandement de l'aile droite de son armée.

D. Quels furent ses défauts?

R. Une avarice et une soif de richesses qui le rendirent injuste et méprisable, et lui firent perdre les bonnes grâces de Sylla.

D. A quoi dut-il la puissance qu'il eut dans Rome ?

R. A la défaite de Spartacus, qui avait résisté à tous les autres généraux romains.

D. A qui dut-il le consulat ?

R. A Pompée, dont il brigua la faveur, mais avec lequel il eut ensuite des contestations éternelles.

D. Mourut-il dans Rome ?

R. Non; ayant eu à soixante ans le gouvernement de la Syrie, il alla, contre le vœu des Romains, porter la guerre chez les Parthes, qui le battirent, le firent prisonnier, et lui ôtèrent la vie.

TULLUS HOSTILLIUS.

(Depuis la fondation de Rome, 82. Avant J. C , 669.)

Tullus Hostillius descendait d'une ancienne et illustre famille de Médulie, ville bâtie par les Albains, et dont Romulus avait fait une colonie romaine. Son aïeul vint s'établir à Rome, et servit avec distinction sous Romulus. Les Romains voulant donner un successeur à Numa, fixèrent leur choix sur le jeune Tullus Hostillius, déjà célèbre par plusieurs belles actions. Il signala son avènement au trône par un acte de générosité qui lui gagna l'affection de cette classe du peuple malheureusement trop oubliée dans tous les gouvernemens, c'est-à-dire la plus pauvre. Il renonça, en sa faveur, à une vaste étendue de terres fertiles, dont les deux rois ses prédécesseurs avaient joui, et dont ils employaient les revenus aux frais des sacrifices.

Tullus trouva la juste récompense de ses bienfaits dans le zèle que le peuple mit à le seconder dans les guerres qu'il eut à soutenir.

Cluilius, homme vain et ambitieux, était dictateur d'Albe. Il voyait avec des yeux d'envie la puissance des Romains s'accroître de jour en jour.

Après bien des tentatives inutiles pour susciter une guerre entre les habitans d'Albe et ceux de Rome, il réussit à engager quelques mauvais sujets à piller les terres des Romains, leur promettant d'avance l'impunité.

Les Romains repoussèrent cette insultante attaque, et poursuivirent les ravisseurs jusque sur les terres des Albains. C'était précisément ce que Cluilius demandait. Il convoqua aussitôt une assemblée du peuple; et exagérant les malheurs de cette escarmouche, il détermina les Albains à envoyer des ambassadeurs à Rome, pour demander justice, ou pour déclarer la guerre, dans le cas où on la refuserait.

Tullus fit aussi, de son côté, partir des ambassadeurs pour Albe. Mais toutes ces démarches n'étant, de part et d'autre, dictées que par la politique, la guerre se déclara. Les Albains entrèrent les premiers sur le territoire romain, et dressèrent leur camp dans un lieu qui fut appelé par la suite *Fossa Cluilia*. Les Romains se postèrent à quelque distance des Albains, dans la position qui leur parut la plus avantageuse. Les armées restèrent quelque temps en présence sans s'attaquer.

Fatigué de cette inaction, Cluilius était sorti de ses lignes, et avait déjà pris jour pour une affaire générale, lorsqu'on le trouva mort dans sa tente, sans aucune marque de blessure ou de poison.

Tullus ne laissa pas échapper une occasion si favorable. Il tourna le camp ennemi, et marcha sur Albe. Métius Fufétius fut nommé dictateur à la place de Cluilius. Il était impossible de faire un plus mauvais choix. C'était un homme sans courage et sans probité. L'ardeur qu'il avait témoignée à semer la division entre les deux villes avait été la seule cause de son avancement. Dès qu'il fut dictateur, son premier dessein fut d'attaquer l'armée romaine; mais les deux peuples étant menacés d'une nouvelle guerre, il pensa qu'il valait mieux se réunir contre l'ennemi commun.

En effet, les Véiens et les Fidenates, dévorés d'ambition, ne cherchaient qu'une occasion favorable de se venger de l'espèce de dépendance dans laquelle Romulus les avait mis. Ils résolurent donc d'épier l'instant où les Romains et les Albains se livreraient bataille, pour fondre également sur les vainqueurs et sur les vaincus. Ce projet fut éventé; et Fufétius, qui en fut le premier averti, fit tous ses efforts pour porter les esprits à la paix; mais n'ayant pu y réussir, il s'adressa à Tullus, et lui demanda une entrevue, dont le but était de l'engager à terminer leurs différends, et à cimenter, par une paix solide, l'union et l'amitié entre les deux nations.

Quelque sages que fussent ces propositions, elles donnèrent lieu à plusieurs contestations dans le conseil des Albains. Mais ces contestations n'ayant amené aucun résultat, on proposa de terminer la querelle par le sort des armes. On choisit donc six jeunes champions, dignes, à tous égards, d'être les arbitres d'un si grand intérêt.

Sequinius, citoyen d'Albe, avait eu deux filles jumelles qui s'étaient mariées le même jour, l'une à un citoyen romain nommé *Horace*; l'autre à un Albain nommé *Curiace*. Les premiers fruits de leur hymen furent trois jumeaux, qu'elles mirent au monde presqu'en même temps. Egalement pleins de force et de courage, ils étaient les jeunes gens les plus accomplis des deux villes.

Ce fut à eux que le sort des deux nations fut confié. Le jour pris, les deux armées s'assemblèrent dans une grande plaine. On fit des sacrifices, et on jura de s'en tenir à ce qui serait décidé dans le combat. Les champions avancèrent, revêtus de belles armes et ornés de fleurs, comme des victimes dévouées à la mort. Après s'être embrassés, ils commencèrent le combat. La victoire, long-temps incertaine, finit par se décider pour les trois Romains.

Il serait difficile de peindre le désespoir des Albains. Tullus le diminua, en leur promettant de ne faire aucun changement dans leur constitution, et de prendre également les intérêts des deux nations. Le calme rétabli des deux côtés, il se disposa à tirer vengeance de la perfidie des Véiens et des Fidenates; il les somma donc de comparaître à Rome, pour se justifier d'avoir conjuré la ruine des Romains et des Albains; mais au lieu d'obéir, ils prirent les armes, et levèrent l'étendard de la révolte. Tullus mit alors sur pied toutes les forces de la république; et les Albains, conformément aux derniers traités, lui fournirent un secours considérable.

Malgré l'usage, qui ne conférait que pour une année la dignité de dictateur, Fufétius avait été continué. Tullus, qui lui témoignait une entière confiance, lui communiqua tous ses desseins. Mais Fufétius, jaloux de la supériorité de puissance dont jouissaient les Romains, conçut le plus noir des projets. Il députa secrètement vers ceux de ses ennemis qui balançaient encore à se révolter, pour les exhorter à secouer le joug de l'obéissance, et leur promettre de tourner, le jour de la première bataille, toutes ses forces contre les Romains.

Tullus fit marcher ses troupes sans aucune défiance, et alla camper à la vue de Fidènes, où il trouva les ennemis rangés en bataille devant la ville. Il attaqua le troisième jour. Il commanda l'aile gauche, qui faisait face aux Véiens, et Fufétius la droite, placée près d'une montagne, vis-à-vis des Fidenates. Les Albains, avant qu'on fût à la portée du trait, se séparèrent de leurs alliés, et gagnèrent peu-à-peu la montagne. Les Fidenates ne doutant pas que cette séparation ne fût l'accomplissement des promesses de Fufétius, attaquèrent l'aile droite des Romains, et cherchèrent à l'envelopper. Les Romains, se voyant abandonnés, perdaient déjà courage, lorsque Tullus, par une présence d'esprit qu'on ne saurait trop admirer, prévint la perte de son armée, et déjoua les projets du perfide Fufétius. Il combattait avec succès à la tête de l'aile gauche, quand on vint lui apprendre que les Albains avaient abandonné le poste, et s'étaient retirés sur les hauteurs. A cette nouvelle, les Romains se croyant investis, prirent l'épouvante.

Tullus lui-même ne peut s'empêcher d'éprouver un moment d'effroi ; mais, rappelant tout son courage, il dit à haute voix : « Romains, la vic-
» toire est à nous ; c'est par mon ordre que les

» Albains se sont emparés de la montagne, ils
» vont envelopper les Fidenates, et les charger
» en queue; songez à partager avec eux la gloire
» de cette journée ». Aussitôt il marcha contre
les ennemis, et ordonna à sa cavalerie de lever
les piques, afin de cacher à son infanterie la re‑
traite des Albains. Animée par la voix de son roi,
la cavalerie se précipite sur les Fidenates, qui, à
leur tour, prennent l'alarme, et commencent à
craindre que Fufétius ne les ait trahis. Tullus les
enfonce, les met en fuite, et dès qu'il les voit
hors d'état de se rallier, il tourne contre les Véiens,
et obtient sur eux les mêmes avantages. La dé‑
route est générale. Les Véiens repoussés jusqu'au
Tibre y sont engloutis, et tout le camp tombe au
pouvoir du vainqueur.

Quand Fufétius, qui, sur le sommet d'une
montagne, observait ce qui se passait, s'aperçut
que Tullus avait remporté la victoire, il descen‑
dit dans la plaine, et se mit à la poursuite des
fuyards. Mais Tullus, révolté de cette nouvelle
lâcheté, résolut d'en faire une punition exem‑
plaire. Cependant il laissa le dictateur poursuivre
les ennemis, et voulut que sa perfidie fût bien
prouvée avant de se déclarer publiquement son
accusateur. Le rapport des prisonniers albains,
à la charge de Fufétius, confirmèrent ses doutes.
En conséquence, il assembla la nuit même les
sénateurs romains, leur découvrit la trahison
dont ils avaient pensé être les victimes, et leur
laissa le soin de délibérer sur le supplice dont on
devait punir les traîtres.

Les sénateurs furent très-embarrassés, et sur le

genre de punition à infliger aux coupables, et sur les mesures qu'il fallait prendre pour les mettre à exécution. Oter, par un jugement particulier, la vie au dictateur et aux principaux officiers de l'armée albaine leur paraissait une entreprise trop dangereuse ; ils craignaient de susciter par-là une nouvelle guerre aux Romains. Tullus leva tous ces obstacles, en proposant un plan qui fut adopté d'une voix unanime, et exécuté de la manière suivante.

Il ordonna à Horace de se rendre sur-le-champ à Albe, avec l'élite de la cavalerie et de l'infanterie, et de raser la ville jusqu'aux fondemens, lui recommandant d'excepter les temples, et lui enjoignant expressément de ne maltraiter ni piller aucun citoyen.

A peine avait-il donné cet ordre, que le perfide Fufétius vint le complimenter sur sa victoire. Tullus le reçut avec un visage serein, et s'étendit beaucoup sur la valeur des Albains. « Les » services que vous nous avez rendus, ajouta-t-il, » sont si importans, qu'il y aurait la plus noire » ingratitude à ne pas les récompenser. Faites-» moi donc donner une liste des principaux offi-» ciers qui se sont distingués dans le combat, afin » que je reconnaisse leurs services. »

Fufétius, enchanté, écrivit sur-le-champ la liste qui était demandée, ayant grand soin d'y placer ses amis et ses complices.

Muni de cet écrit, Tullus convoqua une assemblée générale des Romains et des Albains. La coutume était de se rendre sans armes à ces sortes d'assemblées. Le dictateur et les principaux Al-

bains furent placés sur le même tribunal que Tullus. Quand tout le monde fut réuni, ce dernier fit investir le lieu de l'assemblée par les plus braves et les plus déterminés d'entre ses troupes. Alors il rendit grâces aux dieux pour l'éclatante victoire que les Romains venaient de remporter, et dit : « que les Véiens et les Fidenates n'étaient pas les
» seuls ennemis qu'ils eussent à punir ; qu'on en
» avait découvert de plus perfides, puisque, sous
» le voile de l'amitié, ils cachaient les plus noirs
» attentats. Ces faux amis, ajouta-t-il, sont les
» Albains, qui ont violé la foi des traités et les
» plus saints des sermens. Je sais que le crime
» de Fufétius et de quelques officiers de l'armée
» albaine n'est pas celui d'Albe entière ; mais la
» sûreté de Rome demande qu'elle prenne des
» mesures pour se garantir à l'avenir de trahisons
» pareilles. Je vous préviens donc qu'il a été ar-
» rêté, par un décret du sénat, que la ville serait
» rasée, qu'on transférerait ses habitans à Rome ;
» et que Fufétius et ses complices seraient livrés
» à la rigueur des lois conservatrices des sermens
» qui ont eu les dieux pour témoins. »

À ce discours, la surprise des Albains fut extrême. Les pauvres, contens de changer d'état, y applaudirent ; les riches, au contraire, témoignèrent la plus grande consternation. Fufétius, sommé par Tullus de se justifier, dit : « qu'il
» n'avait agi que par les ordres secrets du sénat
» d'Albe, qui lui avait enjoint de faire tout ce
» qui dépendait de lui pour se soustraire à la
» domination romaine : qu'il espérait assez de la
» valeur de ses concitoyens, pour être persuadé

» qu'ils ne souffriraient pas qu'on rasât leur ville,
» et qu'on livrât au supplice un dictateur et des
» généraux qui n'avaient agi que pour leurs in-
» térêts. »

Les Albains, touchés de ce discours, voulurent courir aux armes ; mais les Romains les continrent ; et Tullus, furieux, s'écria : « Albains, il
» n'est plus temps de crier aux armes : Albe a
» existé. Oubliez ces murs abattus, et regardez
» désormais Rome comme votre seule patrie.
» Mais, au nom des dieux, ne comblez pas votre
» honte en embrassant la défense du lâche Fufé-
» tius ; et le supplice qui l'attend est réservé à
» tous ceux qui auraient la coupable audace de
» vouloir l'y soustraire. »

Les Albains, saisis d'épouvante, se soumirent à leur malheureux sort. Tullus remit Fufétius entre les mains des licteurs, qui le battirent d'abord de verges, et l'écartelèrent ensuite, en présence des deux armées.

Albe détruite, et Fufétius mort, Tullus employa l'hiver à régler à Rome les affaires du gouvernement. Au commencement du printemps, il marcha contre les Fidenates, les battit, mit le siége devant Fidènes, et força ses habitans de se rendre à discrétion. Cette guerre terminée, il en soutint une autre contre les Sabins, qui dura deux ans ; les Romains demeurèrent vainqueurs, et revinrent à Rome chargés des dépouilles de leurs ennemis.

Quelque temps après, les Sabins, au mépris de la paix qu'ils avaient signée, profitèrent de la rupture de Tullus avec les Latins pour recommencer la guerre. Mais Tullus, après avoir fait une trêve avec ces derniers, battit de nouveau les Sabins, pilla leur camp, et ravagea leurs terres.

La trêve expirée, Tullus reprit la guerre avec les Latins. Quoiqu'elle durât cinq ans, elle ne fut cependant pas sanglante ; et comme on n'y exerça aucune vengeance particulière, la paix n'éprouva pas de difficultés. Médulie fut la seule ville qui souffrit pendant le cours de cette guerre.

Rome jouissait au sein de la paix du bonheur le plus parfait, lorsque la superstition vint tout-à-coup porter le trouble et l'effroi parmi le peuple : de prétendus prodiges, arrivés sur une montagne voisine des ruines d'Albe, étaient regardés comme le présage des plus grands malheurs. La peste, qui survint, acheva d'abattre tous les esprits ; et, pour mettre le comble à ces désastres, Tullus fut brûlé dans son palais avec sa famille entière. La cause de cet incendie est fort incertaine. Les uns l'attribuent au feu du ciel, d'autres en accusent Ancus Marcius, qui aspirait à la royauté, et qui, en effet, succéda à Tullus. Ce dernier sentiment paraît le plus vraisemblable.

Tullus fut un prince plein de mérite ; mais, plus occupé de la gloire de Rome que du bonheur de ses habitans, il fut peu regretté. L'aversion qu'il montra, pendant les dernières années de son règne, pour les cérémonies que Numa avait instituées, lui fit perdre, dit-on, l'affection du peuple. Il régna trente-deux ans, et jouit trois fois des honneurs du triomphe.

LEÇON.

Demande. Quelle était l'origine de Tullus Hostillius ?

Réponse. Il descendait d'une ancienne et illustre famille de Médulie ; quelques actions éclatantes qu'il fit dans sa jeunesse engagèrent les Romains à le choisir pour roi.

D. Comment signala-t-il son avènement au trône ?

R. Par un acte de générosité qui lui gagna les cœurs de la classe indigente. Il renonça en sa faveur à une étendue de terres fertiles dont les deux rois ses prédécesseurs avaient joui.

D. Avec quel peuple se trouva-t-il d'abord en guerre ?

R. Avec les Albains.

D. Comment se termina-t-elle ?

R. Après plusieurs combats, où les avantages furent égaux, on résolut, de part et d'autre, de remettre le sort des deux nations à la valeur de six champions.

D. Comment se nommaient-ils ?

R. Les trois Romains se nommaient les Horaces, et les trois Albains, les Curiaces.

D. Quels furent les vainqueurs ?

R. Les Horaces.

D. Que fit Tullus Hostillius, quand il eut rétabli le calme de ce côté?

R. Il chercha à se venger de la perfidie des Véiens et des Fidenates, qui levèrent ouvertement l'étendard de la révolte.

D. Les vainquit-il?

R. Malgré la trahison de Fufétius, qui commandait les Albains, ses alliés, il mit les Véiens et les Fidenates en déroute, et s'empara de leur camp.

D. Comment punit-il les Albains?

R. En faisant raser leur ville.

D. Et Fufétius?

R. Il le fit écarteler en présence des deux armées.

D. Quel autre peuple combattit-il encore?

R. Les Sabins et les Latins. Partout il fut vainqueur.

D. Après tant de victoires, quelle fut la position de Rome?

R. Elle jouit, pendant quelque temps, du bonheur le plus parfait.

D. Qui le troubla?

R. La superstition, qui vint tout-à-coup porter l'effroi parmi le peuple, et la peste, qui acheva d'abattre tous les esprits.

D. N'arriva-t-il pas quelque autre malheur!

R. Tullus Hostillius fut brûlé dans son palais, avec sa famille entière.

D. Sait-on la cause de cet incendie?

R. Elle est incertaine.

D. Tullus Hostillius fut-il regretté?

R. Plus occupé, pendant son règne, de la gloire de Rome que du bonheur de ses habitans, on fut peu sensible à sa perte.

D. Combien de temps régna-t-il?

R. Trente-deux ans, pendant lesquels il jouit trois fois des honneurs du triomphe.

LUCIUS JUNIUS BRUTUS.

(Depuis la fondation de Rome, 709; avant J. C., 42)

Lucius Junius Brutus était fils de Marcus Junius, qui jouissait de la plus grande considération à Rome, sous le règne de Tarquin-l'Ancien. Tarquin-le-Superbe étant monté sur le trône à force de crimes, immola à sa sûreté les citoyens les plus distingués. Marcus Junius et son fils aîné furent ses premières victimes. Lucius Junius Brutus, trop jeune encore pour être l'objet des soupçons du tyran, eut recours à un artifice sans lequel il eût indubitablement perdu la vie; en avançant en âge, il contrefit l'insensé, et sut si bien prendre le regard, la voix, la démarche d'un homme stupide, qu'il fut surnommé *Brutus*, c'est-à-dire *brute*, surnom le plus honteux qu'on pût alors imaginer, mais qu'il sut illustrer à jamais.

Tarquin avait une ambition démesurée. Aucun crime, quelque horrible qu'il fût, ne l'arrêtait quand il s'agissait de satisfaire cette horrible passion. Bien persuadé que Brutus était véritablement dans un état d'imbécillité, il se contenta de s'emparer de ses biens; et afin de couvrir ce larcin du voile de la bienveillance, il lui permit de vivre à sa cour, avec ses fils, qui s'amusaient beaucoup des extravagances qu'il affectait de faire devant eux.

Une maladie contagieuse ayant causé de grands ravages dans Rome, Tarquin envoya ses deux fils, Aruns et Titus, consulter l'oracle de Delphes sur les causes de ce fléau. Brutus les accompagna dans ce voyage. Après avoir obtenu la réponse qu'ils désiraient, les deux princes voulurent savoir à qui l'empire des Romains était destiné. Le dieu répondit que c'était à celui qui baiserait le premier sa mère. Les fils de Tarquin, afin de conserver entre eux la bonne union, convinrent de baiser ensemble leur mère; mais Brutus, qui comprit mieux qu'eux le véritable sens de l'oracle, se laissa tomber pour baiser la terre, mère commune des humains.

Indépendamment de cette action, il en fit une autre, qui ne prouvait pas moins la sagacité de son esprit. Car afin de mieux assurer auprès des princes la croyance de son imbécillité, il fit présent au dieu d'un bâton; mais ce bâton était creux et renfermait une baguette d'or.

Brutus continuait toujours son rôle, attendant qu'il se présentât quelque occasion digne pour lui de le quitter. La crainte générale qu'inspirait Tarquin enchaînait sa bonne volonté, et le condamnait à ne s'occuper que de projets, sans savoir ni quand, ni comment ils pourraient être mis à exécution. Tarquin était détesté, mais assez puissant pour imposer à la haine, il serait peut-être mort roi, s'il n'eût eu un fils tel que Sextus.

Ce monstre conçut un si violent amour pour Lucrèce, femme de Collatinus, qu'il eut recours au plus noir des forfaits pour satisfaire sa fatale passion. Cette généreuse Romaine, le modèle de toutes les vertus, ne voulut pas survivre à son déhonneur; et, pour prouver son innocence, elle se poignarda en présence de son père Lucrétius, de son époux, et de deux amis de sa famille, Brutus et Valérius. Il est facile de se représenter toute l'horreur de cette scène. C'est un père, un époux, ce sont des amis qui cherchent à rappeler à la vie une femme infortunée : secours impuissans ! elle n'est plus. Toute la maison retentit des accens de la douleur. Brutus contemple un moment ce triste spectacle, puis passant tout-à-coup du désespoir à la rage, il retire du sein de Lucrèce le fer encore tout fumant, et jure par ce sang le plus chaste qui fut jamais, une haine éternelle à Tarquin, à son coupable fils, à toute sa famille. Ce mouvement devint général. Le poignard passe des mains de Collatinus dans celles du père de Lucrèce et de Valérius, et le serment de vengeance est répété par eux.

Brutus leur découvre à l'instant le stratagème dont il s'est servi pour conserver sa vie. Il leur dit que depuis long-temps il s'occupe, dans le silence, de la forme du gouvernement la plus propre à rendre Rome heureuse, et que le fruit de ses réflexions le porte à croire qu'il faut ou faire disparaître ce titre odieux de roi, qui tend toujours à la tyrannie, ou le modifier de manière qu'il n'éblouisse plus le peuple, et qu'il mette l'autorité sous la dépendance absolue des lois. Sa prudence est admirée, son projet reçu avec enthousiasme, et les promesses les plus solennelles lui sont faites de suivre aveuglément ses conseils.

Mais pour obtenir cette vengeance si désirée, il fallait émouvoir le peuple, et le tirer de la léthargie dans laquelle il était plongé. Le spectacle du corps ensanglanté de Lucrèce, et le détail du crime qui venait de causer sa mort, étaient bien faits pour opérer cette révolution. Les restes inanimés de la plus chaste des femmes sont donc portés sur la place publique. Collatinus et le père de Lucrèce racontent hautement leurs malheurs. Les larmes coulent de tous les yeux ; mais Brutus, qui veut plus que des larmes, fait avec tant d'énergie l'énumération des crimes du tyran, qu'il parvient à rappeler l'assemblée à des sentimens dignes de l'héroïne qui est sous leurs yeux, et qui leur demande vengeance. La jeunesse de Collatie court aussitôt aux armes; Brutus se met à sa tête, et marche vers Rome, plaçant au milieu de sa petite troupe le corps de Lucrèce, comme un centre autour duquel doivent se réunir tous les bons citoyens.

Le cortége funèbre traverse les rues de Rome. Une partie du peuple le suit, l'autre est convoquée par les hérauts ; le corps de Lucrèce est déposé sur un lieu élevé devant la porte du sénat. Brutus paraît à la tribune aux harangues ; mais ce n'est plus le stupide Brutus qui parle, c'est le défenseur de la vertu, le vengeur du crime, l'ami de la liberté. Il rappelle aux Romains tous les sujets de mécontentement et d'indignation que Tarquin a donnés depuis son avènement au trône.

Ses meurtres, ses exactions, ses exils, la pauvreté, l'humiliation à laquelle le peuple est réduit, rien n'est oublié ; il invite ses concitoyens à profiter de l'absence du tyran pour recouvrer leur liberté ; il les conjure de s'emparer sur-le-champ de la ville, et de faire un décret qui en bannisse à jamais les Tarquin. Le peuple, tour-à-tour agité par la douleur, la colère, la honte et l'espérance, se retire un moment pour délibérer. Les voix sont recueillies, et les Tarquin chassés. Brutus propose alors une nouvelle forme de gouvernement ; elle est adoptée. Lucrétius est élu roi des choses sacrées : Brutus et Collatinus sont nommés consuls.

Dès que Tarquin eut appris ce qui se passait à Rome, il arriva en grande diligence devant cette ville, avec une suite peu nombreuse. Il trouva les portes fermées, et les remparts garnis de troupes. Elles lui refusèrent l'entrée, et lui annoncèrent l'arrêt qui le bannissait à perpétuité. La rage et le désespoir dans le cœur, il revint à son camp. Mais tout y avait changé de face ; Brutus s'y était transporté, et les troupes lui avaient juré de servir avec lui la cause de la liberté. Tarquin, repoussé de toutes parts, se retira à Gabies, où il avait établi roi Sextus, son fils aîné.

Après avoir ramené à Rome les troupes qui composaient le camp, Brutus fit confirmer, par un nouveau décret, le bannissement perpétuel des Tarquin. Les consuls et le peuple s'engagèrent, par les sermens les plus solennels, à ne jamais les rappeler, et à s'opposer de toutes leurs forces à ceux qui voudraient rétablir à Rome l'autorité royale.

Tarquin resta quelque temps à Gabies, où plusieurs partisans de la tyrannie vinrent le joindre. Il envoya des ambassadeurs aux Latins pour les engager à prendre ses intérêts. Mais les Latins furent inflexibles, et déclarèrent qu'ils n'entreprendraient rien pour lui contre le peuple romain. Se voyant sans espérance de ce côté, il se rendit à Tarquinie, où il fut bien reçu. Il rappela les services que son aïeul avait rendus à toutes les villes d'Étrurie, et parvint, à force de larmes et de prières, à obtenir des Étruriens qu'ils enverraient des ambassadeurs aux Romains.

Ces ambassadeurs, qu'il choisit lui-même, et auxquels il remit de grandes sommes d'argent, ainsi que les instructions nécessaires pour les distribuer à propos, arrivèrent à Rome. Le sénat leur donna audience. Ils demandèrent, au nom des habitans de Tarquinie, un sauf-conduit pour Tarquin, afin qu'il lui fût permis de venir se justifier, et de prouver qu'il n'avait rien fait qui méritât l'exil. Ils ajoutèrent à cette demande l'assurance que, dans le cas où le peuple romain serait déterminé à abolir la royauté, Tarquin ne réclamerait que la seule faveur de vivre dans sa patrie en simple particulier. Brutus répondit aux ambassadeurs que les Romains s'étaient engagés, par les sermens les plus solennels, à ne jamais rappeler les Tarquin, et que toutes les démarches qu'on pourrait faire en leur faveur seraient inutiles.

Quoique les ambassadeurs tarquiniens se fussent attendus à ce refus, ils en témoignèrent leur surprise, et se rabattirent à prier le sénat romain de rendre à Tarquin les biens que son aïeul possédait avant de monter sur le trône. Après cette demande, ils se retirèrent, et allèrent attendre le résultat de la délibération qui serait prise à cet égard.

Brutus parla avec force contre une pareille demande. Il dit que la fortune des Tarquin était un bien faible dédommagement pour la république de la longue tyrannie qu'ils avaient exercée ; il représenta que jamais ils ne pourraient vivre en hommes privés, et que leur rendre leurs richesses c'était donner des armes à des tyrans. Collatinus, qui plus que tout autre devait être l'ennemi de Tarquin, fut d'un avis tout contraire. Il observa que si les Romains retenaient leurs biens, on les accuserait de n'avoir chassé leur roi que pour s'emparer de ses richesses. Il ajouta même qu'un refus serait pour eux un prétexte légitime de prendre les armes, tandis que si l'on satisfaisait à leur demande, ils ne trouveraient personne qui voulût les aider dans une guerre aussi injuste.

Le sénat passa plusieurs jours à délibérer sur cette importante affaire ; mais n'ayant rien osé déterminer, la décision en fut remise au peuple. Après bien des discussions, l'avis de Collatinus parut le plus équitable, et fut adopté à la majorité d'une seule voix.

Les ambassadeurs, enchantés de cette décision, donnèrent les plus grands éloges à la conduite équitable des Romains, et écrivirent à Tarquin pour qu'il envoyât des personnes sûres, à qui on pût remettre ce qui lui appartenait. Mais le principal objet de leur mission n'étant pas encore rempli, ils différèrent leur départ sous différens prétextes, et firent un politique emploi des sommes que Tarquin leur avait remises. Bientôt ils apprirent que la sévérité du gouvernement indisposait bien des esprits. Ils surent qu'on se plaignait sourdement de ce que les grâces étaient difficiles à obtenir, les lois inexorables, la justice égale entre tous les citoyens. Ces sujets de mécontentement, quoiqu'ils fussent injustes, fournirent aux ambassadeurs les moyens de former une conjuration, qui eut pour chefs Vitellius, beau-frère de Brutus, les Aquilin, neveux de Collatinus, et les deux fils de Brutus, Titus et Tibérius.

Les conjurés tenaient leur assemblée chez les Aquilin, dont la maison était isolée. Les ambassadeurs tarquiniens avaient grand soin de prévenir Tarquin de tout ce qui s'y passait, et l'instruisaient des mesures qu'ils prenaient pour son rétablissement. Tarquin leur écrivit qu'il voulait savoir le nom et les qualités de chaque conjuré, afin de pouvoir récompenser leur zèle quand il serait remonté sur le trône, et demanda pour cet effet un écrit signé de leur main. Les conjurés eurent l'imprudence de consentir aux désirs de Tarquin. Ils s'assemblèrent donc un soir au rendez-vous ordinaire, pour lui donner ce qu'il demandait; se croyant sans témoins, ils parlèrent ouvertement de leurs projets; mais un esclave, nommé *Vindicius*, qui avait quelque soupçon du motif de leur assemblée, s'étant caché, entendit toute leur conversation, et alla sur l'heure même en rendre compte à Valérius. Celui-ci, après s'être assuré de l'esclave, se rendit de grand matin, avec quelques-uns de ses amis, chez les Aquilin, surprit les conjurés, saisit leurs lettres, et s'empara de leurs personnes.

Les consuls aussitôt montèrent sur leur tribunal, et ordonnèrent qu'on leur amenât les coupables. Ils parurent pieds et mains liés. Tout le peuple, les yeux fixés sur Brutus, oubliait sa colère, pour ne songer qu'au malheur de ce père infortuné. Soit respect pour ce consul, soit pitié pour la jeunesse des coupables, mille voix s'élevèrent à-la-fois pour demander leur grâce. Mais Brutus, imposant silence à cette multitude compatissante, fit approcher ses enfans, et leur demanda, par trois fois, s'ils avaient quelque chose à dire pour leur justification. N'en ayant obtenu aucune réponse, il ordonna aux licteurs de faire leur devoir. Il fut obéi, et les deux têtes tombèrent en sa présence.

Les Aquilin furent alors appelés. N'ayant rien pu dire pour leur défense, ils se jetèrent aux pieds de Collatinus, dans l'espérance d'obtenir leur grâce. Mais Brutus ordonna aux licteurs de les traîner au supplice. Collatinus s'oppose à l'exécution de cet ordre, et supplie son collègue d'avoir compassion de ses neveux. Brutus est inexorable, et veut qu'ils périssent. Collatinus prétend qu'il a le droit de les absoudre. La querelle s'échauffe. Brutus, sans désemparer, convoque une assemblée générale. Il y accuse hautement Collatinus de perfidie, et déclare qu'il se démet du consulat si on lui laisse encore pour collègue un traître digne du dernier supplice.

Collatinus veut se défendre, mais le peuple, irrité, demande son bannissement. Voyant l'orage prêt à fondre sur sa tête, il ne pense plus qu'à prévenir l'infamie d'une déposition forcée, et se démet volontairement du consulat.

Brutus, qui craignait qu'on ne l'accusât de vouloir régner seul, convoqua une nouvelle assemblée dans le Champ de Mars. Valérius y fut élu consul. Le plus parfait accord régna dès ce moment entre ces deux dépositaires de l'autorité. Les conjurés reçurent le juste châtiment de leur crime, et l'esclave Vindicius obtint sa liberté, ainsi qu'une somme considérable du trésor public. Quant aux ambassadeurs tarquiniens, quoiqu'ils fussent fortement compromis, ils eurent la permission de se retirer.

Le calme rétabli, les consuls portèrent le sénat au nombre de trois cents. Les biens de Tarquin furent confisqués au profit du peuple, et tous ses palais détruits. On accorda une amnistie générale à tous ceux qui l'avaient suivi, sous la condition qu'ils seraient rendus à Rome dans l'espace de vingt jours.

Peu de temps après, on apprit que les Véiens et les Tarquiniens s'étaient déclarés ouvertement pour Tarquin, et qu'ils avaient levé une nombreuse armée, afin de forcer les Romains à le reprendre pour roi. Les consuls se remirent en campagne et marchèrent à la rencontre des ennemis. L'ardeur des troupes étant égale de part et d'autre, on ne différa pas de se livrer bataille.

Valérius, commandant l'aile droite, était opposé aux Véiens; et Brutus, à l'aile gauche, avait à combattre les Tarquiniens, qui avaient pour chef Aruns, fils de Tarquin. Dès que ce jeune prince eut aperçu Brutus, il poussa à toute bride sur lui pour l'accabler d'injures, et le défier à un combat singulier. Brutus, furieux, s'élança hors du rang. Le combat ne fut pas long, car, du premier choc, ils se percèrent mutuellement de leurs lances, et expirèrent dans l'instant même.

Cependant Valérius remporta la victoire, et rentra triomphant à Rome. Le corps de Brutus fut porté par les plus distingués d'entre les chevaliers. Le sénat et le peuple allèrent au-devant de lui. Le lendemain, on célébra ses funérailles. Valérius prononça son oraison funèbre. Les dames romaines portèrent son deuil pendant une année. Enfin, on lui érigea une statue dans le Capitole; il était représenté un poignard à la main.

LEÇON.

Demande. Où naquit Lucius Junius Brutus?
Réponse. A Rome.

D. Comment se nommait son père?

R. Marcus Junius, qui périt, ainsi que son fils aîné, par les ordres de Tarquin-le-Superbe.

D. Quel artifice Lucius Junius Brutus employa-t-il pour se soustraire aux poursuites de ce tyran ?

R. Il contrefit l'insensé, et sut si bien prendre le regard, la voix et la démarche d'un homme stupide, qu'il fut surnommé *Brutus*, c'est-à-dire, *brute*.

D. Quelle conduite Tarquin tint-il avec lui ?

R. Persuadé qu'il était véritablement dans un état d'imbécillité, il se contenta de s'emparer de ses biens ; et, pour couvrir ce larcin d'une apparence de justice, il le prit à sa cour.

D. Brutus continua-t-il long-temps ce rôle difficile ?

R. Le crime de Sextus, fils de Tarquin, lui donna l'occasion de le quitter. Il vengea la mort de la chaste Lucrèce en faisant bannir à jamais les Tarquin de Rome.

D. Les intrigues de ce tyran détrôné ne donnèrent-elles pas lieu à Brutus d'offrir un exemple de sévérité que la postérité admire, mais que la nature réprouve ?

R. Ses deux fils, Titus et Tibérius, étant entrés dans une conjuration qui tendait à rappeler les Tarquin dans Rome, il les condamna à mort ; jugement qui fut exécuté en sa présence.

D. Tarquin ne tenta-t-il pas encore une fois de remonter sur le trône ?

R. Les Véiens et les Tarquiniens s'étant déclarés ouvertement pour lui, Brutus se mit aussitôt en campagne, et marcha à leur rencontre.

D. Quel fut le sort de Brutus ?

R. Aruns, fils de Tarquin, l'ayant aperçu le jour de la bataille, poussa à toute bride sur lui pour l'accabler d'injures. Brutus, furieux, s'élança hors des rangs ; et, après un combat de peu de durée, ils se percèrent tous deux, et expirèrent à l'instant même.

D. Quels honneurs rendit-on à Brutus ?

R. Son corps fut porté à Rome par les plus distingués d'entre les chevaliers ; le sénat et le peuple allèrent au-devant de lui. Le lendemain, on célébra ses funérailles, et les dames romaines portèrent son deuil pendant une année.

D. Ne lui éleva-t-on pas une statue ?

R. On lui en éleva une dans le Capitole. Il y était représenté un poignard à la main.

FIN DU TOME PREMIER.

TABLE

DU TOME PREMIER.

Notice sur Plutarque......... *Page* v
Thésée............................. 1
Romulus........................... 14
Numa Pompilius................... 26
Lycurgue........................... 35
Solon.............................. 46
Publius Valérius, surnommé Publicola.. 59
Thémistocle....................... 67
Furius Camillus.................... 76
Périclès........................... 87
Fabius Maximus.................... 97
Alcibiade.......................... 105
Caïus Marcius Coriolan............. 114
Timoléon........................... 124
Marcus Claudius, surnommé Marcellus.. 133
Aristide........................... 143
Philopœmen......................... 152
Titus Quinctius Flaminius.......... 162

Lysandre. . . . . *Page* 182
Lucius Cornélius Sylla. 190
Paul Emile 200
Pélopidas 213
Caton le Censeur. 227
Pyrrhus. 237
Cimon 251
Lucullus. 260
Nicias 272
Marcus Crassus 288
Tullus Hostillius. 301
Lucius Junius Brutus. 314

FIN DE LA TABLE DU TOME PREMIER.

www.ingramcontent.com/pod-product-compliance
Lightning Source LLC
Chambersburg PA
CBHW050758170426
43202CB00013B/2481